Hegel, der Mensch und die Geschichte

Fröhliche Wissenschaft 136

Georges Bataille

Hegel, der Mensch und die Geschichte

Die Hegel-Essays, herausgegeben, übersetzt und mit einem Nachwort von Rita Bischof

Inhaltsverzeichnis

Kritik der Grundlagen der Hegel'schen Dialektik[1]

Die marxistische Auffassung der Dialektik ist oft angefochten worden. Zuletzt hat Max Eastman sie als eine Form des religiösen Denkens charakterisiert. Allerdings war die marxistische Dialektik bislang immer nur Gegenstand einer negativen Kritik[2], und jene, die sie kritisierten, haben sich wie simple Abrissarbeiter aufgeführt. Sie wollten nicht sehen, dass sie einem Körper das Blut entziehen, wenn sie der Ideologie des Proletariats die dialektische Methode nehmen, und sie gingen darüber hinweg, weil die Hegel'sche Philosophie, unter welcher Form auch immer, mit ihren gewöhnlichen Vorstellungen nicht zu vereinbaren ist. Daher wurde die marxistische Dialektik im Allgemeinen auf dieselbe Weise behandelt wie auch die Hegel'sche Dialektik, nämlich mit Widerwillen zurückgewiesen.

Mit Nicolai Hartmann[3], bei dem man die Elemente einer wirklichen positiven Kritik finden kann, beginnt jedoch eine neue Weise, die Hegel'sche Dialektik zu verstehen. Die Hinweise, die von diesem deutschen Professor in einem

Artikel der *Revue de métaphysique et de morale*[4] gegeben werden, sprechen für sich: Sie drücken in kurzer Form eine Richtung aus, die unseres Erachtens von größtem Interesse für marxistische Studien ist. N. Hartmann hat es sich zur Aufgabe gemacht, nacheinander die verschiedenen, in der Hegel'schen Philosophie entfalteten dialektischen Themen zu untersuchen und sie sowohl hinsichtlich ihrer Grundlage als auch ihrer Form zu vergleichen. Er unterscheidet zwischen solchen, die in der Wirklichkeit begründet und durch *Erfahrung* gerechtfertigt sind, und anderen, die nur eine rhetorische Bedeutung besitzen. Als Beispiel der Letzteren führt er das berühmte Thema von Sein und Nichtsein an. »Im Laufe einer solchen Untersuchung«, sagt Hartmann, »setzt sich die Hegel'sche *Logik* auf schwerwiegende Weise dem Verdacht aus, im Wesentlichen nur in einer Dialektik zu bestehen, die in keiner Realität begründet ist. Das gilt noch viel mehr«, fügt er hinzu, »für die *Naturphilosophie* (eine Evidenz, die in diesem Bereich allerdings nicht neu ist und die man bereits von ihren Ergebnissen her kennt).«[5]

Der grundlegende Unterschied zwischen der Kritik Hartmanns und der marxistischen Kritik manifestiert sich von Anfang an. Für Marx und Engels ist die Dialektik immer noch das allgemeine Gesetz einer fundamentalen Wirklichkeit, wie sie es bereits für Hegel war. Zwar haben sie die Logik durch die Natur oder die Materie ersetzt, doch darum ist für sie das Universum als Ganzes nicht weniger der antithetischen Entwicklung ausgeliefert. Für Hartmann handelt es sich dagegen nur noch darum, den Wert dialektischer Überlegungen an besonderen Fällen zu erweisen. Nicht nur bleibt die Universalität außer Betracht, auch die Natur wird, mehr als jedes andere Element, von Anfang an als ein verbotener Bereich angesehen. Die dialektischen, von Hartmann gerechtfertigten Themen sind weder der *Logik* noch der *Naturphilosophie* entlehnt, sondern entstammen der *Rechtsphilosophie*, der *Philosophie der Geschichte* und der *Phänomenologie des Geistes*. Das erste Beispiel, das er anführt, um seine Auffassung zu begründen, hat nichts mit dem Gerstenkorn oder der Bestellung des Bodens zu tun, sondern ist der Klassenkampf und damit das Hegel'sche Thema von »Herr und Knecht«. Es ist also eine marxistische Erfahrung, auf die sich ein moderner Philosoph, der die Dialektik in der Wirklichkeit zu begründen sucht, unmittelbar bezieht.[6]

Man muss übrigens anerkennen, dass Marx und Engels selber die Notwendigkeit einer ähnlichen Arbeit, wie sie Hartmann in unseren Tagen unternommen hat, verspürt haben – wenn auch nur in ihrem elementaren Prinzip. Dass sie einen anderen Untersuchungsbereich als Hartmann wählten und den Ehrgeiz hatten, den dialektischen Vorstellungen den Charakter allgemeiner Naturgesetze zu geben, steht zwar nicht in Widerspruch zu der Tatsache, dass Engels versuchte, diesen Gesetzen in einer langen Studie über die Naturwissenschaften einen Erfahrungswert zu geben. Aber wir können nicht umhin, von Anfang an zwischen dem von Hartmann a posteriori zugelassenen Bereich und demjenigen zu unterscheiden, den sich Engels a priori vorgenommen hat. Hartmann hat methodisch zu erkennen versucht, welche der dialektischen Themen als Ausdruck gelebter Erfahrung verstanden werden können, während Engels es sich zur Pflicht machte, diese Gesetze in der Natur zu finden, das heißt in einem Bereich, der auf den ersten Blick jeder vernünftigen Auffassung einer antithetischen Entwicklung verschlossen scheint.

Hartmanns indifferente Haltung hinsichtlich der *Naturphilosophie* entspricht der aller Vertreter der Naturwissenschaften seit Hegel. Diesen Letzteren musste eine dialektische Konstruktion der von ihnen untersuchten Beziehungen als unvereinbar mit der Wissenschaft erscheinen: Die Wissenschaft sollte so weit wie möglich ohne die Intervention eines Elements auskommen, das ihr so fremd wie der systematische Widerspruch ist, und es zeigte sich, dass sie tatsächlich mühelos ohne ein solches Element auskam. Der Einwand gegen die Einführung der Dialektik drängte sich den Gelehrten mit solcher Notwendigkeit auf, dass sie ihn nicht einmal mehr formulieren mussten.

Nicht nur zeigt die Geschichte aller modernen wissenschaftlichen Untersuchungen, wie wenig Möglichkeiten die Natur der Dialektik bietet: Hegel hat selbst als Erster herausgestellt, dass die Natur gerade durch ihre Ohnmacht, den Begriff zu realisieren, der Philosophie Grenzen setze.[7] Der Philosophie, das heißt: der dialektischen Konstruktion des Werdens der Dinge. Für ihn ist die Natur der *[Ab-]Sturz* der Idee, eine Negation, das heißt, gleichzeitig eine Revolte und ein *Nichtsinn.*

Selbst wenn er von seinen idealistischen Vorurteilen abstrahiert hätte, wäre Hegel nichts unvernünftiger erschienen, als die Gründe für die Objektivität der dialektischen Gesetze in der Natur zu suchen. Dieser Versuch kann *de facto* nur dazu führen, die dialektische Konstruktion auf ihren schwächsten Teil zu stützen, das heißt, zum Paradox des Kolosses auf tönernen Füßen. Gerade diejenigen Elemente, die bei Marx und Engels auf einmal zur methodischen Grundlage werden, haben der Anwendung der Methode den größten Widerstand entgegengesetzt, nicht nur *per definitionem*, sondern auch und vor allem in der Praxis: Wie groß auch die Mühe gewesen sein mag, die Hegel auf sich nahm, um die in der *Naturphilosophie* angetroffenen Schwierigkeiten zu lösen, dieser Teil seiner Arbeit hat ihn nicht zufriedengestellt. Selbst wenn man grundsätzlich anerkennt, dass Schwierigkeiten dieser Ordnung es nicht erlauben, Engels' Versuch als an sich unhaltbar anzusehen, war sein Scheitern in den Prämissen bereits angelegt. Die Ersetzung der Logik durch die Natur ist nur die Charybdis als Scylla der nachhegelschen Philosophie.

Heute ist eine neue, auf der Erfahrung beruhende Rechtfertigung der Dialektik notwendig. Und wir werden sehen, aus welchem Grund ihre Ausführung nur auf dem eigentlichen Gebiet ihrer spezifischen Entwicklung, das heißt auf dem unmittelbaren Gebiet des Klassenkampfs, in der Erfahrung und nicht in den apriorischen Wolken universeller Auffassungen stattfinden kann.

Das Scheitern von Engels, der acht Jahre lang daran arbeitete, eine Dialektik der Natur vorzubereiten, und bis 1885 nur das zweite Vorwort zum *Anti-Dühring*[8] zustande gebracht hatte, war bislang noch nicht Gegenstand von Untersuchungen, wie sie die beträchtliche Anstrengung des großen Pioniers der Revolution trotz allem verdient hätte. Viele Leute ziehen es vor, vom dialektischen Materialismus zu sprechen, als handele es sich um eine formulierte Doktrin und nicht um ein Projekt, das nicht verwirklicht wurde.[9] Diese Fahrlässigkeit ist umso unangebrachter, als das Projekt weder aus Zeitmangel noch aus einem anderen, der Natur dieses Projekts äußerlichen Umstand aufgegeben wurde. Engels selbst hat sich zwar auf den Tod von Marx und die Notwendigkeit berufen, die unvollendet gebliebenen Werke seines Freundes abzuschließen. Dennoch hat er dieses zweite Vorwort geschrieben: In ihm hat er die Unzulänglichkeiten des *Anti-Dühring* in Bezug auf die Entwicklungen der Dialektik eingeräumt und die Dialektik in einer Weise definiert, die nur als Preisgabe seiner Ausgangsposition verstanden werden kann. Die ungeheure, die bewundernswerte Anstrengung von Engels, heute dank der Veröffentlichung durch Rjasanov bekannt, hat also doch ein Ergebnis erbracht: die Änderungen an der These des *Anti-Dühring* im zweiten Vorwort. Diese Zurücknahme genügt an sich selbst, um von der Tatsache Rechenschaft abzulegen, dass Engels eine Arbeit unvollendet ließ, der er, wie er selber sagte, acht Jahre lang den Großteil seiner Zeit gewidmet hatte.

Noch im Jahr 1881/82 hatte man in einer von Rjasanov[10] veröffentlichten Anmerkung eine Bestätigung der dialektischen Auffassung in ihrer verräterischsten Form gefunden. Darin wird das »Gesetz« der Negation der Negation zwar als eines von drei wesentlich dialektischen Gesetzen der Naturgeschichte angeführt. Die anschließende Ausführung aber hört bereits bei der Umwandlung von Qualität in Quantität auf.[11] Für die »Negation der Negation« selbst wird kein Beispiel angeführt, und in einem Exposé von 1885, das der Unzulänglichkeit des 1878 veröffentlichten *Anti-Dühring* abhelfen sollte, taucht sie gar nicht mehr auf.

Trotzdem könnte man sich leicht darüber verständigen, dass, wenn ein Teil des *Anti-Dühring* Kritik verdient, es der ist, der die Beispiele für die »Negation der Negation« enthält: die Geschichten von dem Gerstenkorn, dem Schmetterling und den geologischen Schichten. Die Unzulänglichkeit dieses Teils ist umso bedauernswerter, als ohne die »Negation der Negation« die Dialektik ihren praktischen Wert für das soziale Terrain verliert. Weit davon entfernt, auf diese brennende Frage zurückzukommen, hört Engels 1885 auf, in der »Negation der Negation« das »Wesentliche der dialektischen Auffassung der Natur« zu sehen. Daher soll hier der Übergang zum zweiten Vorwort vollständig zitiert werden: »Es sind aber gerade die als unversöhnlich und unlösbar vorgestellten polaren Gegensätze, die gewaltsam fixierten Grenzlinien und Klassenunterschiede, die der modernen theoretischen Naturwissenschaft ihren beschränkt metaphysischen Charakter geben. Die Erkenntnis, dass diese Gegensätze und Unterschiede in der Natur zwar vorkommen, aber dort nur eine relative Gültigkeit besitzen, dass dagegen jene vorgestellte Starrheit und absolute Gültigkeit erst durch unsre Reflexion in die Natur hineingetragen wird – diese Erkenntnis macht den *Knotenpunkt*[12] der dialektischen Auffassung der Natur aus.«[13]

Diese Aussage bedeutet nichts Geringeres als den Verzicht auf die Hoffnung, in der Natur das allgemeine Gesetz begründen zu können, dessen besonderer Fall der Klassenkampf wäre.

In der Tat hat es keinen Sinn, und schon gar keinen praktischen, Fakten einander anzunähern, die so verschieden wie die Umwandlung von Energie in Wärme (oder jede andere Veränderung in der Natur) und der Klassenkampf sind. Der Klassenkampf, auf den wir uns nur als auf das wichtigste Beispiel beziehen, ist dadurch charakterisiert, dass 1. der positive Begriff des Kapitalismus notwendig den negativen Begriff des Proletariats einschließt; 2. die im Begriff des

Proletariats implizierte Realisierung der Negation auf ihre Weise, aber mit gleicher Notwendigkeit die Negation der Negation einschließt (weshalb die Revolution sowohl einen negativen als auch einen positiven Sinn besitzt). Dieses elementare Schema kann durch andere Anwendungen verändert werden: Wie Hartmann herausstellt[14], können die dialektischen Themen eine große Zahl höchst unterschiedlicher Formen annehmen, aber man kann die Veränderung zugestehen und sich trotzdem weigern, das Schema als identisches zu erkennen, wenn es unter einer so armseligen Form erscheint, dass es unmöglich ist, sich eine noch größere Verarmung vorzustellen. Wenn es sich nur darum handelt, die Verschiedenheit in der Identität oder die Identität in der Verschiedenheit zu erkennen, wenn es nur darum geht zuzugeben, dass das Unterschiedene nicht notwendig mit sich identisch bleibt, ist es zwecklos und sogar unvorsichtig, sich auf die Hegel'sche Dialektik zu berufen. Diese Dialektik gehört einer Richtung des Denkens an, deren »lange Versuchsgeschichte« nicht exakt diejenige ist, an die Engels dachte, als er den Ausdruck verwendete. Man muss den Dingen ins Auge sehen und zugeben, dass die Dialektik noch andere Vorläufer als Heraklit, Platon oder Fichte kennt. Noch deutlicher als an diese knüpft sie an Denkrichtungen wie die Gnosis und die neuplatonische Mystik sowie an Phantome wie Meister Eckart, den Kardinal Nikolaus von Kues oder Jakob Böhme an, und es ist kaum überraschend, dass das Denken dieser Phantome, so wie Hegel es aufgenommen und sich angeeignet hat, auf den Bereich der Naturwissenschaft nicht angewendet werden kann. Auch die Dialektik verkümmert und findet sich auf ihren elendsten Stand reduziert, wenn sie in einem Bereich herumstreunt, in dem sie sich nur als Schmarotzer behaupten kann. Doch andererseits ist dasselbe Denken, in seiner reichsten Form aufgefasst, das angemessene und allein angemessene Denken, wenn es darum geht, das Leben und die Umwälzungen der Gesellschaften darzustellen.

Um diese Angemessenheit zu bewahren, muss das dialektische Denken, welche religiösen Vorläufer es auch immer hatte, in seiner vollständigen Form aufgefasst werden. Dadurch, dass sich eine auf die Naturwissenschaften gestützte Begründung der Dialektik in verkümmerter Gestalt als unzureichend erwies, wurde der Weg frei für die analytische Arbeit auf der von Hartmann definierten Grundlage.

Bleibt das seltsamste Element von Engels *Weltanschauung*[15], seine dialektische Auffassung der Mathematik[16], die durch gewisse Seiten an den mathematischen Idealismus des Kusaners erinnert, den wir soeben als einen der mystischen Vorläufer der Hegel'schen Dialektik angeführt haben.

Engels ist zwar keines mathematischen Idealismus verdächtig, aber seine Auffassung darüber befremdet umso mehr, als sie sich nur in dem Maße vom mathematischen Idealismus entfernt, in dem sie die Mathematik mit der Natur gleichsetzt. Diese Verwirrung manifestiert sich im folgenden Absatz des zweiten Vorworts zum *Anti-Dühring*: »Es handelt sich bei meiner Rekapitulation der Mathematik und der Naturwissenschaften selbstredend darum«, sagt er, »mich auch im Einzelnen – woran im allgemeinen kein Zweifel für mich bestand – davon zu überzeugen, dass *in der Natur*[17] dieselben dialektischen Bewegungsgesetze ... sich durchgesetzt haben«.[18] Andererseits führt er mathematische Beispiele für die Negation der Negation aus der Geschichte [geologischer Bewegungen] und der Geschichte der Eigentumsformen an.

Jedenfalls hatte Engels in der Mathematik so etwas wie einen privilegierten Bereich derjenigen Auffassungen erblickt, die er einführen wollte: In diesem Bereich kam der Dialektik nicht nur der legitimste, sondern auch der notwendigste Platz zu. Die Mathematik diente ihm als das überzeugendste Beispiel einer Wissenschaft, die das dialektische Stadium erreicht hat.

Umso wichtiger ist es, hier darauf hinzuweisen, dass diese Wissenschaft in ihrer Entwicklung konsequent alles verworfen hat, was eine solche Interpretation hätte begünstigen können. Was Engels als eine Vervollkommnung[19] ansieht, wurde von den Mathematikern als Auswuchs betrachtet, als ein Übel, das es zu beseitigen galt.[20] [Ursprünglich stützte sich die Infinitesimalrechnung tatsächlich auf widersprüchliche Begriffe, und die Beweise, auf die man stieß, waren in Engels' Worten »vom Standpunkt der Elementarmathematik aus streng genommen falsch«.[21] Während des ganzen 18. Jahrhunderts arbeitete man, ohne sich um die logischen Schwierigkeiten zu kümmern, die mit dem Gebrauch des unendlich Kleinen, des Grenzwerts, der Stetigkeit usw. verbunden waren. »Das bloße Beweisen tritt hier entschieden in den Hintergrund zugunsten der mannigfachen Anwendung der Methode auf neue Untersuchungsgebiete.«[22] Aber dieser Satz, den Engels ins Präsens setzt, traf nur auf eine überwundene Etappe der Analysis zu. Vom Beginn des 19. Jahrhunderts an waren Mathematiker wie Gauß, Abel, Cauchy darauf bedacht, ihre Beweise in absoluter Strenge zu führen und von dieser Grundlage aus die Beweise ihrer Vorgänger zu revidieren. Ihre Nachfolger setzten diese klärende Arbeit fort und machten sich an die Prinzipien der Analysis: Der Grenzwert, die Stetigkeit, die Differenzierbarkeit, die Integrierbarkeit usw. wurden in einer Weise definiert, die jeden Widerspruch ausschloss, und 1886 hatte Jules Tannery die mathematische Aktivität eines ganzen Jahrhunderts zusammengefasst, als er schrieb: »Man kann die Analysis vollständig auf dem Begriff der ganzen Zahl und den Begriffen aufbauen, die sich auf die Addition ganzer Zahlen beziehen. Es ist zwecklos, an ein anderes Postulat, eine andere Gegebenheit aus Erfahrung zu appellieren; der Begriff des Unendlichen, aus dem man in der Mathematik kein Geheimnis machen sollte, reduziert sich auf Folgendes: Nach jeder ganzen Zahl kommt eine andere.«[23] Dass Engels die neuesten Arbeiten der Wissenschaften seiner Zeit nicht gekannt hat, kann man ihm nicht vorwerfen, aber wenn er über die Differentialrechnung schreibt: »Dass dies Verhältnis zwischen zwei verschwundenen Größen, der fixierte Moment ihres Verschwindens, ein Widerspruch ist, erwähne ich nur nebenbei; es soll uns aber ebenso wenig stören, wie es die Mathematik insgesamt seit zweihundert Jahren gestört hat«[24], sollte man auch daran erinnern, dass dieser Widerspruch die Wissenschaftler nicht nur gestört, sondern ganz entschieden schockiert hat; sie haben all ihre Anstrengungen darauf gerichtet, ihn zu beseitigen, und sie waren erfolgreich, es wäre unsinnig, das zu leugnen. Die Analysis tritt heute mit der gleichen logischen Strenge auf wie die Arithmetik und die Algebra. Zwar trifft zu, dass Engels sogar in der elementaren Mathematik Beispiele für die Negation der Negation oder das dialektische Denken entdeckte. Aber es kann nicht darum gehen, sie eins zu eins aufzugreifen; man kann sogar ganz allgemein sagen, dass alle diese Beispiele auf einer gewissen »realistischen« Weise, den mathematischen Symbolismus und die Sprache der Mathematik zu interpretieren, beruhen. Weil die »Kurve ersten Grades« die gerade Linie bezeichnet, glaubt Engels daraus auf die Identität von Gerade und Kurve schließen zu können; dabei ist es doch ganz klar, dass der Gebrauch dieses letzten Wortes nur eine sprachliche Konvention ist. Desgleichen bedeutet die Tatsache, dass eine Wurzel eine Potenz sein kann, nur, dass das Zeichen, welches das Ziehen einer Wurzel ausdrückt, bequem durch eine Zahl mit Exponenten ersetzt werden kann. Der mathematische Symbolismus kann, in die Alltagssprache überführt, leicht zu Widersprüchen führen; aber es sind sozusagen Widersprüche ohne Wirklichkeit, Pseudowidersprüche. Zitieren wir noch die veränderlichen Größen: »Absurde Widersprüche … wirklicher Unsinn«, hat Engels gesagt, »nur geordnete Paare wirklicher Zahlen« würde ein Mathematiker sagen.

Die Mathematik, die höhere oder nicht, hat sich in einer Weise entwickelt, die Engels' Programm in jeder Hinsicht widersprochen und jeden Anschein einer Dialektik beseitigt hat. Strenge in den Beweisen, Widerspruchsfreiheit der Prinzipien, durchgängige Übereinstimmung mit der Logik: Dieses Ziel strebte sie an und hat es alles in allem auch erreicht. Man könnte natürlich einwenden, dass mit der Mengenlehre neue Schwierigkeiten aufgetaucht sind und dass transfinite Zahlen dialektisch getönten Entwicklungen Raum geben könnten. Aber die Haltung der Mathematiker (ihre praktische Anstrengung) ist den neuen wie den alten Paradoxen gegenüber die gleiche: Weit davon entfernt, in ihnen das Ergebnis einer höheren Denkweise zu sehen, sind sie ihnen ein Ärgernis, das eine neue Arbeit logischer Reduktion erzwingt. Wir führen dafür nur die Arbeiten von Hilpert und der polnischen Schule an.

Wenn eine mathematische Theorie in ihren Anfängen ein gewisses »Schwanken« in ihren Prinzipien aufweist und es in ihren Beweisen an Strenge fehlen lässt, ist das eine Schwäche – ist es nicht überflüssig, das zu betonen? –, aber kein Beweis[25] für den dialektischen Charakter des

Gegenstands der Naturwissenschaften. Die Mathematik kann sich nur dadurch entwickeln, dass sie die Auswüchse und Schwächen negiert, die ihre Entwicklung mit sich bringt. Doch sind die Struktur eines abgeschlossenen Teils der Wissenschaft und die Umwege, die der menschliche Geist nehmen musste, um imstande zu sein, diese Struktur zu finden, zweierlei. Die Dialektik drückt nicht die Natur der Mathematik aus; sie gilt als Agens nicht als Gegenstand der wissenschaftlichen Tätigkeit.

Diese letzte Bemerkung führt zum wesentlichen Thema dieses Artikels zurück. Es geht nicht darum, das dialektische Denken abzuschaffen, aber man sollte wissen, von welcher Grenze an seine Anwendung Früchte trägt. Dafür ist es von Nutzen, sich auf folgenden Absatz von Plechanow zu beziehen: »Unter den Wissenschaften, welche die Franzosen moralische oder politische Wissenschaften nennen, gibt es keine, die nicht unter dem mächtigen und sehr fruchtbaren Einfluss von Hegels Genie gestanden hätte.«[26] Diese Bemerkung drückt den wirklichen Antrieb aus, den die Wissenschaften der Dialektik verdanken, und setzt ganz selbstverständlich die faktische Sterilität derselben Methode in den Naturwissenschaften voraus; sie koinzidiert mit den Prinzipien von Hartmanns Exposé, der einen

Anwendungsbereich für die dialektische Methode sucht. Es ist richtig, dass Plechanow nicht an eine Grenze gedacht hat, es ist aber auch wichtig anzumerken, dass er auf seine Weise das frappierende Privileg der *politischen und moralischen Wissenschaften* erkannt hat. Es ist dies übrigens nur eine vage Bezeichnung: Hartmann gebraucht den stärker Hegel'schen Begriff der Geisteswissenschaften, der relativ genau ist. Natürlich darf die Terminologie in diesem Fall der Natur des Objekts, das von einer Gruppe mehr oder weniger homogener Wissenschaften untersucht wird, nicht vorgreifen, und es kann im Voraus auch keine genaue Begrenzung festgelegt werden.

Die Veröffentlichung einzelner Ergebnisse von Hartmanns Analyse wird die Elemente für eine exaktere Bestimmung bereitstellen. Diese Analyse hat sich nacheinander auf jede der zahlreichen dialektischen Entwicklungen erstreckt, die das Werk Hegels ausmachen, und sie hat als vorbereitendes Ziel diejenigen dieser Entwicklungen, die eine gelebte Erfahrung darstellen, von denen unterschieden, die Auswüchse toten Fleisches sind. Man muss aber nicht unbedingt ihre Veröffentlichung abwarten, um den Bereich solcher Forschungen auch auf Tatsachen auszudehnen, die nicht in Hegels Philosophie eingegangen sind.

Von Hartmanns Methode aus ist es möglich, Themen zu analysieren, die erst durch die jüngsten Entwicklungen der Wissenschaften als solche aufkamen. Man darf nicht vergessen, dass sich im Verlauf solcher Analysen notwendigerweise zahlreiche zusätzliche Probleme ergeben. Daher stellt sich die neue Untersuchung von Anfang an als eine grenzenlose Aufgabe dar. Dass die Resultate zweier vergleichbarer Analysen am Ende der Arbeit zusammenfallen, ist daher selbst von einer gemeinsamen Methode aus, die sich unabhängig von den mehr oder weniger offenen Absichten aufdrängt, mit denen sie bei Hartmann korrespondieren kann, eher unwahrscheinlich.

Wir geben uns damit zufrieden, hier einige Hinweise auf die Möglichkeiten einer längeren methodischen Ausarbeitung zu geben, die zu einer Wiederaneignung allgemeiner Auffassungen führen könnte. Die genauen Punkte, an denen das eingeführte dialektische Denken reale Beziehungen auszudrücken beginnt, müssen anhand besonderer Fälle bestimmt werden. Beispielsweise kann keine begriffliche Opposition von der biologischen Entwicklung eines Mannes Rechenschaft ablegen, der nacheinander Kind, Jugendlicher, Erwachsener und Greis ist. Wenn man dagegen die psychologische Entwicklung desselben Mannes vom psychoanalytischen Gesichtspunkt aus betrachtet, kann man sagen, dass sein Dasein zunächst durch die Verbote begrenzt wird, die der Vater seinen Trieben entgegensetzt. Unter dieser prekären Bedingung ist er darauf beschränkt, unbewusst den Tod des Vaters herbeizusehnen. Gleichzeitig finden die Wünsche, die er gegen die väterliche Gewalt richtet, ihren Widerhall in der Persönlichkeit des Sohnes selbst, der als Rückstoß seiner Todeswünsche die Kastration auf sich zu ziehen sucht. In den meisten Fällen ist diese Negativität des Sohnes weit davon entfernt, den wirklichen Charakter des Lebens auszudrücken, das zahlreiche und widersprüchliche Aspekte gleichzeitig anbietet. Dennoch wird gerade durch diese Negativität die Notwendigkeit gesetzt, dass der Sohn den Platz des Vaters einnimmt, was nur dadurch gelingt, dass er eben die Negativität zerstört, die ihn bis dahin charakterisiert hat.

Die Bedeutung dieses Themas ergibt sich aus der Tatsache, dass es um eine von jedem menschlichen Wesen gelebte Erfahrung geht, dank derer die Termini der dialektischen Entwicklung zu den Elementen der wirklichen Existenz werden.

Von diesem Beispiel aus können wir überdies die Konstellation einer gewissen Zahl von Problemen bestimmen: Es erlaubt, die Richtung anzuzeigen, die unseres Erachtens der Einführung einer Dialektik des Wirklichen entspräche.

1. Das Thema von Vater und Sohn zeigt deutlich, dass die Natur nicht für einen Bereich aufgegeben wurde, der eine wirkliche Aufkündigung der Kontinuität mit ihr bedeuten würde. Die Phänomene, von denen die Psychoanalyse Rechenschaft ablegt, lassen sich in letzter Instanz auf *Triebe* zurückführen, deren *Ziel* zwar in psychologischen Termini ausgedrückt wird, deren Quelle aber somatischer Natur ist. Das heißt nicht, dass von einem Dualismus von Materie und Geist die Rede ist: Zu Gegenständen der dialektischen Forschung werden nur die komplexesten Produkte der Natur. Das Problem ihres spezifischen Charakters kann redlich nur gestellt werden, wenn man die verhasste und vulgäre Hypothese des Spiritualismus von Anfang an beiseitestellt, wozu gerade die Psychoanalyse autorisiert.

2. Nicht nur wurde der Bereich der Natur nicht für Phantome aufgegeben, die ihr absolut heterogen sind; es blieb auch die Frage offen, ob eine Denkmethode, die nicht direkt im Studium der Natur oder in einer rein logischen Arbeit, sondern, wie das gewählte Beispiel zeigt, in einer gelebten Erfahrung begründet ist, ob eine Denkmethode, die von der Struktur desjenigen, der

denkt, beherrscht wird, nicht wenigstens in einem gewissen Maße auch für das Verständnis der Natur eingesetzt werden kann. Wer diese Methode anwenden will, muss sich zuallererst der Grenzen bewusst werden, die ihr von ihrem Ursprung her selbst gesetzt werden. Das läuft darauf hinaus, sich des gewagten Charakters einer Hypothese zu bedienen, der zufolge die relativ einfachen Formen der Natur dadurch untersucht werden können, dass man sich auf die Gegebenheiten stützt, die von den komplexeren Formen zur Verfügung gestellt werden.

3. Um zur Praxis zurückzukehren, ist ein letztes Problem zu lösen, das aus dem Unterschied resultiert, der unmittelbar zwischen einer auf den Naturwissenschaften begründeten Methode und einer Dialektik besteht, die ihren historischen Ursprung in der gelebten Erfahrung anerkennt. In der ersten ist es nicht möglich, eine Unterscheidung zwischen gegensätzlichen Termini zu treffen, die gewöhnlich als positiv und negativ bezeichnet werden können, die aber nicht so beschaffen sind, dass diese Bezeichnungen nicht austauschbar wären. Das hat Engels selbst in einer der von Rjasanov veröffentlichten Anmerkungen festgestellt.[27] Wenn man sich jedoch auf die Beispiele bezieht, die wir für gültig halten und in denen die Negativität einen spezifischen Wert erreicht, verhält es sich ganz an-

ders. Es könnte leicht gezeigt werden, dass die grundlegenden dialektischen Methoden der marxistischen Geschichtsauffassung insgesamt zu dieser letzten Kategorie gehören und dass sowohl ihre tiefe Originalität als auch ihre praktische Bedeutung genau daraus entspringen, dass sie den konstanten Rückgang auf Kräfte oder auf negative Handlungen in ihre Taktik aufnehmen, nicht als einen Zweck, sondern als Mittel, das von der historischen Entwicklung selbst gefordert wird. Die Untersuchung dieses Merkmals der Dialektik ist umso bedeutender, als gerade solche Rekurse die Geschmeidigkeit und gleichzeitig die Macht des Marxismus bedingen, ihn radikal den reformistischen Lösungen[28] entziehen und aus ihm eine lebendige Ideologie des modernen Proletariats als einer Klasse machen, die das Bürgertum zu einer negativen Existenz, zur revolutionären Aktivität verurteilt hat, die von nun an den Grund für eine neue Gesellschaft legt.[29]

Hegel, der Tod und das Opfer[30]

Das Tier stirbt. Aber der Tod des Tieres ist das Werden des Bewusstseins.[31]

I. Der Tod

Die Negativität des Menschen

In den *Jenenser Vorlesungen von 1805–1806*, im Augenblick der vollen Reife seines Denkens, zu der Zeit, als er die *Phänomenologie des Geistes* schrieb, hat Hegel den schwarzen Charakter der Menschheit so ausgedrückt:

> »Der Mensch ist diese Nacht, dies leere Nichts, das alles in ihrer Einfachheit enthält, ein Reichtum unendlich vieler Vorstellungen, Bilder, deren keines ihm gerade einfällt oder die nicht als gegenwärtige sind. Dies [ist] die Nacht, das Innere der Natur, das hier existiert – *reines Selbst*. In phantasmagorischen Vorstellungen ist es ringsum Nacht; hier schießt ein blutig[er] Kopf, dort ein[e] andere weiße Gestalt hervor und ver-

> schwinden ebenso. Diese Nacht erblickt man, wenn man dem Menschen ins Auge blickt – in eine Nacht hinein, die *furchtbar* wird; es hängt die Nacht der Welt hier einem entgegen.«[32]

Man darf diesen »schönen Text«, in dem sich Hegels Romantik ausdrückt, selbstverständlich nicht im Vagen belassen. Wenn Hegel Romantiker war, war er es vielleicht *von Grund auf* (jedenfalls war er Romantiker zu Beginn – in seiner Jugend –, als er revolutionär im gängigen Sinn war). Damals hat er in der Romantik noch nicht die Methode gesehen, durch die ein herablassender Geist glaubt, die wirkliche Welt der Willkür seiner Träume unterzuordnen.[33] Alexandre Kojève, der den Text zitiert, sagt, dass diese Zeilen den »zentralen und letzten Gedanken der Hegel'schen Philosophie« ausdrücken, nämlich »den Gedanken, dass Grundlage und Quelle der objektiven Wirklichkeit und des menschlichen Daseins das Nichts ist, das sich als negierende oder schöpferische, freie und ihrer selbst bewusste Tat manifestiert und offenbart«.[34]

Um Zugang zu Hegels verwirrender Welt zu schaffen, sah ich mich verpflichtet, sie sowohl in ihren eklatanten Gegensätzen wie in ihrer letzten Einheit sinnfällig zu machen.

Für Kojève ist »die ›dialektische‹ oder anthropologische Philosophie Hegels letztlich eine *Philosophie des Todes* (oder, was dasselbe ist: des Atheismus)«.[35]

Aber auch wenn der Mensch der »Tod [ist], der ein menschliches Leben führt«, so ist diese Negativität, die im Tod gegeben ist, nicht weniger das Prinzip des Handelns, da der Tod des Menschen ein wesentlich gewollter ist (er leitet sich von Risiken her, die ohne Notwendigkeit, ohne biologische Gründe eingegangen wurden). Für Hegel ist nämlich das Tun Negativität, und die Negativität ist Tun. Der Mensch, der die Natur negiert, indem er in sie gleichsam als ihr Gegenbild die Anomalie eines »reinen Selbst« einführt – ist einerseits im Schoß dieser Natur gegenwärtig wie eine Nacht im Licht, wie eine Innerlichkeit in der Äußerlichkeit *an sich* seiender Dinge – wie eine Phantasmagorie, in der sich alles nur zusammenfügt, um sich wieder aufzulösen, alles nur auftaucht, um zu verschwinden, in der es nichts gibt, was nicht pausenlos der *Nichtung*[36] der Zeit anheimfällt und darin die Schönheit des Traumes gewinnt. Doch dazu gibt es einen komplementären Aspekt: Denn diese Negation der Natur ist nicht nur im Bewusstsein gegeben – in dem das aufscheint, was *an sich* ist (aber nur um wieder zu verschwinden); diese Negation entäußert sich und verändert, indem sie sich entäußert, tatsächlich (verändert *an sich*) die Wirklichkeit der Natur. Der Mensch arbeitet und kämpft, er gestaltet das Gegebene oder die Natur um: er schafft, indem er die Natur zerstört, die Welt, eine Welt, die es zuvor nicht gab. Auf der einen Seite gibt es Poesie: die Zerstörung eines *blutigen Kopfes*, der plötzlich aufgetaucht ist und sich wieder auflöst, auf der anderen Seite Tun: die Arbeit, den Kampf. Auf der einen Seite das »reine Nichts«, von dem sich der Mensch »nur *für eine gewisse Zeit* unterscheidet«.[37] Auf der anderen eine historische Welt, in der die Negativität des Menschen, dieses Nichts, das ihn von innen her zerfrisst, die Gesamtheit des konkret Wirklichen hervorbringt (gleichzeitig Objekt und Subjekt, wirkliche Welt, verändert oder nicht, und Mensch, der denkt und die Welt verändert).

Hegels Philosophie ist eine Philosophie des Todes – oder des Atheismus[38]

Das Wesentliche – und Neue – an der Hegel'schen Philosophie ist, dass sie die Totalität dessen, was ist, beschreibt. Und da sie von dem, was ist, Rechenschaft ablegt, legt sie folglich auch von all dem Rechenschaft ab, was vor unseren Augen erscheint, einschließlich des Denkens und der Sprache, die diese Erscheinung ausdrücken – und offenbaren.

»Es kommt nach meiner Einsicht«, sagt Hegel, »[…] alles darauf an, das Wahre nicht als *Substanz*, sondern ebenso sehr als *Subjekt* aufzufassen und auszudrücken.«[39]

Anders gesagt, die Erkenntnis der Natur ist unvollständig, sie fasst nur und kann nur abstrakte Entitäten, isoliert vom Ganzen einer unauflöslichen, allein konkreten Totalität, ins Auge fassen. Die Erkenntnis muss daher gleichzeitig eine anthropologische sein: »außer den natürlichen Grundlagen der natürlichen Wirklichkeit«, schreibt Kojève, »muss sie auch die des menschlichen Daseins suchen, das allein imstande ist, sich selbst durch die Rede zu offenbaren«.[40] Natürlich fasst diese Anthropologie den Menschen nicht nach Art der modernen Wissenschaften auf, sondern als eine Bewegung, die unmöglich innerhalb der Totalität isoliert werden kann. In gewisser Weise handelt es sich sogar um eine Theologie, in welcher der Mensch an die Stelle Gottes getreten ist.

Das menschliche Dasein, das Hegel innerhalb und im Zentrum der Totalität situiert, ist deutlich von dem der griechischen Philosophie unterschieden. Hegels Anthropologie ist die der jüdisch-christlichen Tradition, die den Menschen durch die *Freiheit*, die *Geschichtlichkeit* und die *Individualität* definiert. Wie der jüdisch-christliche Mensch ist auch der Mensch Hegels ein geistiges (das heißt, »dialektisches«) Wesen. Doch in der jüdisch-christlichen Welt erscheint und verwirklicht sich die volle Geistigkeit erst im Jenseits, und der Geist im eigentlichen Sinn, der objektiv wirkliche Geist, ist Gott: »ein unendliches und ewiges Wesen«. Für Hegel dagegen ist das »geistige« oder »dialektische« Wesen »notwendig *zeitlich* und endlich«. Das will sagen, dass nur der Tod die Existenz eines geistigen oder dialektischen Wesens im Sinne Hegels gewährleistet. Wenn das Tier, welches das natürliche Sein des Menschen ausmacht, nicht sterben würde, mehr noch, wenn der Mensch nicht den Tod in sich hätte als Quelle seiner Angst, die umso stärker ist, als er sie sucht, ersehnt und sich manchmal sogar freiwillig auferlegt, gäbe es weder Mensch noch Freiheit, weder Geschichte noch Individuum. Anders gesagt: Nur wenn er sich in dem gefällt, was ihm gleichwohl Angst einflößt, wenn er das mit sich selbst identische Sein ist, welches das (identische) Sein selbst aufs Spiel setzt, ist der Mensch wahrhaft Mensch: Er trennt sich vom Tier. Von nun an ist er kein unveränderlich Gegebenes mehr wie ein Stein, sondern hat in sich die *Negativität*; und die Kraft, die Gewalt dieser Negativität werfen ihn in die unaufhörliche Bewegung der Geschichte, die ihn verändert und die allein die Totalität des konkret Wirklichen in der Zeit realisiert. Allein die Geschichte hat die Macht, das, was ist, zu vollenden, es im Ablauf der Zeit zu vollenden. Daher ist aus dieser Sicht die Idee eines ewigen, unveränderlichen Gottes nur eine provisorische Vollendung, die in Erwartung einer besseren überlebt. Erst die vollendete Geschichte und der Geist des (Hegel'schen) Weisen, dem sich die Geschichte offenbart, dem sie sich in der vollen Entwicklung des Seins und der Totalität seines Werdens vollends offenbart hat, nehmen tatsächlich eine souveräne Position als Regent ein, die Gott nur provisorisch innehatte.

Tragikomischer Aspekt der Göttlichkeit des Menschen

Diese Sichtweise kann völlig zu Recht für komisch gehalten werden. Hegel sprach übrigens nicht explizit darüber. Die Texte, die sie *implizit* zum Ausdruck bringen, sind uneindeutig, und ihre extreme Schwierigkeit entzieht sie vollends dem Tageslicht. Kojève seinerseits bleibt vorsichtig. Er spricht ohne Nachdruck darüber und vermeidet es, Schlüsse daraus zu ziehen. Um die Situation, in die Hegel, zweifellos ungewollt, geraten war, angemessen darzustellen, hätte es in der Tat des Tons oder des Schreckens der Tragödie, zumindest in abgeschwächter Form, bedurft. Doch die Dinge sollten bald eine Wendung ins Komische nehmen.

Wie dem auch sei, die Gottheit kennt die Erfahrung des Todes so wenig, dass ein in der Tradition verankerter Mythos den Tod und die Angst vor dem Tod mit dem einzigen und ewigen Gott der jüdisch-christlichen Welt verbunden hat. Der Tod Jesu hat insofern an der Komödie teil, als man in das Bewusstsein eines allmächtigen und unendlichen Gottes nur mittels Willkür das Vergessen seiner – ihm eigentümlichen – ewigen Göttlichkeit einzuführen vermochte. Der christliche Mythos nahm das »absolute Wissen« Hegels vorweg, das in der Tatsache begründet ist, dass nichts Göttliches (im vorchristlichen Sinn des *Sakralen*) vorstellbar ist, das nicht auch *endlich* wäre. Aber das vage Bewusstsein, in dem sich der (christliche) Mythos vom Tod Gottes bildete, unterscheidet sich trotzdem von demjenigen Hegels: Um eine Gottesgestalt, die das Unendliche begrenzte, im Sinn der Totalität zu verbiegen, war es notwendig, als Widerspruch zu einem Fundament eine Bewegung auf das Endliche hin einzuführen.

Hegel konnte die Summe (die Totalität) aus den Bewegungen, die sich in der Geschichte abspielen, ziehen – und er musste das auch. Aber der Humor scheint mit der Arbeit und dem Fleiß, den die Dinge fordern, nicht vereinbar. Ich werde darauf zurückkommen, denn für den Augenblick habe ich nur Verwirrung gestiftet … Es ist schwierig, von einer Menschheit, die durch die göttliche Größe gedemütigt worden ist, zu der … des vergöttlichten, souveränen Weisen zu gelangen, der seine Größe von der menschlichen Nichtigkeit ausgehend aufbläht.

Ein Haupttext

Eine einzige Forderung ragt aus dem Vorangegangenen klar und deutlich heraus: Es kann nur dann authentische Weisheit (absolutes Wissen oder was sonst dem nahe kommt) geben, wenn der Weise sich (wenn ich so sagen darf) auf die Höhe des Todes begibt, wie groß seine Angst davor auch sein mag.

Eine Stelle aus der *Vorrede* zur *Phänomenologie des Geistes* bringt die Notwendigkeit einer solchen Haltung drastisch zum Ausdruck. Niemand kann daran zweifeln, dass dieser bewundernswerte Text von Anfang an nicht nur in Hegels Verständnis, sondern in jeder Hinsicht von wesentlicher Bedeutung ist.

»Der Tod«, schreibt Hegel, »wenn wir diese

Unwirklichkeit so nennen wollen, ist das Furchtbarste, und das Tote festzuhalten, das, was die größte Kraft erfordert. Die kraftlose Schönheit hasst den Verstand, weil er ihr dies zumutet, was sie nicht vermag. Aber nicht das Leben, das sich vor dem Tode scheut und von der Verwüstung rein bewahrt, sondern das ihn erträgt und in ihm sich erhält, ist das Leben des Geistes. Er gewinnt seine Wahrheit nur, indem er in der absoluten Zerrissenheit sich selbst findet. Diese [verschwenderische][41] Macht ist er nicht als das Positive, welches von dem Negativen wegsieht, wie wenn wir von etwas sagen, dies ist nichts oder falsch, und nun, damit fertig, davon weg zu irgendetwas anderem übergehen; sondern er ist diese Macht nur, indem er dem Negativen ins Angesicht schaut, bei ihm verweilt. Dieses Verweilen ist die Zauberkraft, die es in das Sein umkehrt.«[42]

Die menschliche Negation der Natur und des natürlichen Seins des Menschen

Eigentlich hätte ich das Zitat schon früher beginnen lassen sollen. Doch wollte ich diesen Text nicht mit den rätselhaften Zeilen beschweren, die ihm vorangestellt sind. Ich werde aber den Sinn der wenigen ausgelassenen Zeilen anzeigen, indem ich Kojèves Interpretation aufgreife, ohne die uns das Folgende, trotz des relativ klaren Anscheins, verschlossen bliebe.

Für Hegel ist es gleichzeitig grundlegend und ganz und gar erstaunenswert, dass der menschliche Verstand (das heißt die Sprache, die Rede) die Kraft hat (es handelt sich um ein unvergleichliches Vermögen), von der Totalität die sie konstituierenden Elemente zu scheiden. Diese Elemente (dieser Baum, dieser Vogel, dieser Stein) lassen sich eigentlich nicht vom Ganzen scheiden. Sie sind »untereinander durch räumliche und zeitliche, also unauflösliche materielle Bindungen verknüpft«. Ihre Trennung impliziert die menschliche Negativität gegenüber der Natur, von der ich gesprochen habe, ohne jedoch ihre entscheidende Konsequenz herauszuarbeiten. Dieser Mensch, der die Natur negiert, könnte in keiner Weise außerhalb ihrer existieren. Er ist nicht nur der Mensch, der die Natur negiert, sondern zuallererst ein Tier, das heißt, er selbst ist die Sache, die er negiert: daher kann er die Natur nicht negieren, ohne sich selbst zu negieren. Der Charakter der Totalität des Menschen ist in einem bizarren Ausdruck von Kojève gegeben: diese Totalität ist zunächst Natur (natürliches Sein), sie ist das »anthropophore Tier« (die Natur, das unauflöslich ans Ganze der Natur gebundene Tier, das den Menschen trägt).

Die Negativität des Menschen, der wirksame Wunsch des Menschen, die Natur zu negieren, indem er sie zerstört – indem er sie auf seine eigenen Zwecke reduziert: er macht zum Beispiel aus ihr ein Werkzeug, und das Werkzeug wird zum Modell des von der Natur isolierten Objekts –, kann vor ihm selbst nicht haltmachen: Soweit er Natur ist, setzt sich der Mensch seiner eigenen Negativität aus. Die Natur negieren heißt das Tier negieren, das der Negativität als Stütze dient. Der Verstand, der die Einheit der Natur zerbricht, will zweifellos nicht den Tod des Menschen, aber zum scheidenden Tun des Verstandes gehört die monströse Energie des Denkens, des »rein abstrakten Ich«, das sich wesentlich der Verschmelzung, dem untrennbaren Charakter der – für das Ganze konstitutiven – Elemente widersetzt und entschlossen an der Trennung festhält.

Es ist die Setzung des getrennten Seins des Menschen als solche, seine Isolierung in der Natur und folglich auch seine Isolierung inmitten von seinesgleichen, die ihn dazu verdammt, endgültig zu verschwinden. Das Tier negiert nichts; verloren in der globalen Tierwelt, wie die Tierwelt in der Natur verloren ist (und in der Totalität dessen, was ist), ohne sich ihr entgegenzusetzen, verschwindet das Tier nicht wirklich … Ohne Zweifel stirbt die individuelle Fliege, aber diese Fliegen hier sind dieselben wie im letzten Jahr. Die des letzten Jahres wären tot? … Schon möglich, aber sie sind nicht verschwunden. Die Fliegen bleiben sich selbst gleich wie die Wellen des Meeres. Das ist etwas aufgesetzt: ein Biologe trennt diese Fliege hier vom Schwarm; ein Griff mit der Pinzette reicht dafür. Aber er trennt sie um seinetwillen, nicht um der Fliegen willen. Um sich von den anderen zu trennen, bräuchte die Fliege die monströse Kraft des Verstandes: Sie würde sich dann benennen und das machen, was der Verstand gewöhnlich mittels der Sprache tut; er allein begründet die Scheidung der Elemente, und sie begründend, gründet er sich auf sie im Innern einer aus getrennten und benannten Entitäten gebildeten Welt. In diesem Spiel trifft das menschliche Tier auch auf den Tod: Es trifft genau genommen auf den menschlichen Tod, den einzigen, der Furcht erregt, der vereist, der aber nur den Menschen erschreckt und gefrieren lässt, weil der als ein abgetrenntes und unersetzliches Wesen vom Bewusstsein seines kommenden Verschwindens erfüllt ist; der einzige wirkliche Tod setzt die Abtrennung und durch die Rede, die trennt, das Bewusstsein, getrennt zu sein, voraus.

So weit drückt Hegels Text eine *einfache* und *allgemeine* Wahrheit aus – aber auf eine philosophische, ja sogar sibyllinische Weise. In dem zitierten Absatz aus der *Vorrede* bestätigt und beschreibt Hegel dagegen einen *persönlichen* Gewaltmoment. Hegel, das heißt der Weise, dem ein absolutes Wissen endgültige Befriedigung gewährt. Das ist keine fessellose Gewalt. Hegel entfesselt nicht die Gewalt der Natur, sondern vielmehr die Energie oder die Gewalt des Verstandes, die Negativität des Verstandes, der sich der reinen Schönheit des Traums widersetzt, die nicht handeln kann und daher ohnmächtig ist.

Die Schönheit des Traums gehört nämlich zu der Welt, in der noch nichts von dem sie Umgebenden geschieden ist, in der im Unterschied zu den abstrakten Gegenständen des Verstandes jedes Element in konkreter Form, in Raum und Zeit gegeben ist. Aber die Schönheit kann nicht *handeln*. Sie kann lediglich sein und sich erhalten. Handelte sie, wäre sie nicht mehr, denn das Handeln würde als Erstes das zerstören, was sie ist: die Schönheit, die nichts sucht, sondern ist, die es ablehnt, sich stören zu lassen, die aber von der Kraft des Verstandes gestört wird. Es liegt außerdem nicht in der Macht der Schönheit, dem Ansinnen des Verstandes zu entsprechen, der von ihr verlangt, das Werk des menschlichen Todes zu betreiben, indem sie ihn festhält. Sie ist insofern dazu unfähig, als sie sich, um dieses Werk zu betreiben, ins Handeln verstricken müsste. Die Schönheit ist souverän, sie ist ein Zweck, oder sie ist nicht: deshalb ist sie auch unfähig zu handeln; aufgrund ihres Prinzips ist sie sogar ohnmächtig und kann deshalb der tätigen Negation des Verstandes nicht nachgeben, der die Welt verändert und dadurch selbst etwas anderes wird, als er ist.[43]

Diese Schönheit ohne Selbstbewusstsein kann nicht wirklich den Tod ertragen und sich in ihm erhalten, aber aus einem anderen Grund als das Leben, »das sich vor dem Tode scheut und von der Verwüstung rein bewahrt«. Diese Schönheit, die nicht handelt, leidet darunter, die zutiefst unauflösliche Totalität dessen, was ist (des konkret Wirklichen), in Stücke brechen zu sehen. Sie selbst bliebe gern das Zeichen eines Einverständnisses des Realen mit sich selbst. Sie kann nicht zu jener bewussten Negativität werden, jenem luziden, vom Negativen absorbierten Blick, der in der Zerrissenheit erwacht ist. Diese letzte Haltung setzt den gewaltsamen oder mittels der Arbeit geführten Kampf des Menschen gegen die Natur voraus, dessen Ergebnis sie ist. Es ist dies der historische Kampf, in dem sich der Mensch als »Subjekt« oder als »abstraktes

Ich« des Verstandes, als ein getrenntes und benanntes Sein erschafft.

»Das heißt«, präzisiert Kojève, »dass das Denken und die das Wirkliche offenbarende Rede aus der negierenden Tat entstehen, die das Nichts verwirklicht, indem sie das Sein zunichtemacht, und zwar das gegebene Sein des Menschen im Kampf, das gegebene Sein der Natur in der Arbeit (die übrigens aus der wirklichen Begegnung mit dem Tod im Kampf hervorgegangen ist). Das besagt also, dass das menschliche Sein nichts anderes als diese Tat ist; es ist der Tod, der ein menschliches Leben führt.«[44]

Ich insistiere auf der durchgehenden Verbin dung eines abgründigen und eines unerbittlich bodenständigen Aspekts von Hegels Philosophie, der einzigen, die den Anspruch erhebt, vollständig zu sein. Die divergierenden Möglichkeiten entgegengesetzter menschlicher Gestalten treffen in ihr aufeinander und vereinigen sich, die Gestalt des Sterbenden und die des stolzen Menschen, der den Tod abwehrt, die Gestalt des Herrn und die des an die Arbeit gefesselten Menschen, die Gestalt des Revolutionärs und die des Skeptikers, dessen egoistisches Interesse den Wunsch begrenzt. Hegels Philosophie ist nicht nur eine Philosophie des Todes. Es ist auch eine Philosophie des Klassenkampfes und der Arbeit.

Ich habe jedoch nicht die Absicht, im Rahmen dieser Studie noch einen zweiten Aspekt ins Auge zu fassen, sondern möchte jetzt die Hegel'sche Doktrin dem annähern, was wir über das »Opfer« wissen.

II. Das Opfer

Das Opfer einerseits und der vom Tod und der Opferung absorbierte Blick Hegels andererseits

Ich werde nicht über die Interpretation der Opferung sprechen, die Hegel in dem der Religion gewidmeten Kapitel der *Phänomenologie* dargelegt hat.[45] Ihr kommt in der Entwicklung des Kapitels zweifellos eine Bedeutung zu, aber sie lenkt vom Wesentlichen ab und ist meines Erachtens im Hinblick auf die Opfertheorie von geringerem Interesse als die implizite Darstellung in der *Vorrede*, die ich immer noch kommentiere.

Über das Opfer in der Hegel'schen Philosophie könnte ich im Wesentlichen sagen, dass in gewissem Sinn der Mensch im Opfern seine Wahrheit offenbart und begründet hat: Im Opfer hat er das Tier[46] in sich selbst zerstört und von sich und dem Tier nur die unkörperliche Wahrheit, die Hegel beschreibt, übrig gelassen, was aus dem Menschen – nach dem Ausdruck Heideggers – ein *Sein zum Tode* macht oder nach dem Ausdruck Kojèves »den Tod, der ein menschliches Leben führt«.

In Wirklichkeit liegt Hegels Problem in der Opferhandlung. In der Opferung trifft der Tod wesentlich das körperliche Sein, und gerade in ihr »lebt der Tod ein *menschliches* Leben«. Man müsste sogar sagen, dass die Opferung die exakte Antwort auf Hegels Ansinnen ist, dessen Formulierung ich aufgreifen werde:

»Der Geist gewinnt seine Wahrheit nur, indem er in der absoluten Zerrissenheit zu sich selbst findet. Diese [verschwenderische] Macht ist er nicht als das Positive, welches von dem Negativen wegsieht […], sondern er ist diese Macht nur, indem er dem Negativen ins Angesicht schaut, bei ihm verweilt.«

Bedenkt man, dass die Institution des Opfers praktisch universell ist, wird klar, dass die im Tod des Menschen verkörperte Negativität nicht nur keine willkürliche Konstruktion Hegels ist, sondern bereits für den Geist der einfachsten Menschen, die noch keine Vereinbarungen kannten, wie sie dann ein für alle Mal die Zeremonien einer Kirche bestimmen sollten, von einhelliger Bedeutung war. Es ist bemerkenswert, dass eine allgemeine *Negativität* in der Entwicklung stabiler Institutionen mit gleicher Form und gleichen Wirkungen über den ganzen Erdball hinweg einen engen Parallelismus bewahrt hat.

Ob er lebt oder stirbt, der Mensch kann den Tod unmittelbar nicht erkennen

Ich werde später von den profunden Unterschieden sprechen, die zwischen dem Menschen des Opfers, der in Unkenntnis (ohne Bewusstsein) der genauen Umstände seines Tuns verfährt, und dem Weisen (Hegels) bestehen, der sich den Implikationen eines in seinen eigenen Augen absoluten Wissens stellt.

Doch trotz dieser Differenzen geht es für beide darum, das Negative zur Erscheinung zu bringen (immer in konkreter Form, das heißt im Innern einer Totalität, deren konstitutive Elemente nicht voneinander geschieden werden können). Die privilegierte Erscheinungsweise der Negativität ist der Tod, aber der Tod offenbart in Wirklichkeit nichts. Grundsätzlich ist es das natürliche, animalische Sein, durch dessen Tod der Mensch sich selbst offenbart wird, doch eine solche Offenbarung findet nie statt. Ist das animalische Sein, das ihn trägt, erst einmal tot, hat auch der Mensch aufgehört zu sein. Damit sich der Mensch schließlich sich selbst offenbart, müsste er sterben, aber er müsste es lebend tun – müsste zuschauen, wie er aufhört zu sein. Anders gesagt, der Tod selbst müsste (Selbst-)Bewusstsein werden, und zwar in demselben Augenblick, in dem er das bewusste Sein vernichtet. In gewisser Weise findet das auch statt (wenigstens ist es dabei stattzufinden oder findet auf flüchtige, ungreifbare Weise statt), nämlich mittels einer List. In der Opferung identifiziert sich der Opfernde mit dem zu Tode verletzten Tier. Er stirbt, indem er im Tier sich selbst sterben sieht, in gewisser Weise sogar durch seinen eigenen Willen und im Einverständnis mit dem Opfermesser. Aber das ist eine Komödie!

Es wäre zumindest eine Komödie, wenn es eine andere Methode gäbe, den Lebenden die Verwüstungen des Todes zu offenbaren: diese Beendigung des endlichen Seins, das einzig vollendet wird, einzig vollendet werden kann, durch seine Negativität, die es tötet, *beendet* und endgültig abschafft. Hegel zufolge gibt es Befriedigung nur im Bewusstsein des Todes, und nur von ihm wird der Wunsch gestillt. Die Befriedigung wäre jedoch mit dem, wofür der Tod steht, unvereinbar, wenn sie den Tod als Ausnahme voraussetzte, wenn also das befriedigte Sein kein volles Bewusstsein davon hätte, dass es von Grund auf sterblich ist, und wenn es später durch den Tod aus der Befriedigung vertrieben werden würde. Deshalb muss das Bewusstsein, das der Mensch von *sich* hat, diese Bewegung der Negativität denken (widerspiegeln), die ihn hervorbringt und aus ihm einen Menschen macht, weil sie ihn eines Tages tötet.

Seine eigene Negativität wird ihn töten, aber von da an wird nichts mehr für ihn sein: Sein Tod ist schöpferisch, wenn ihn aber das Bewusstsein des Todes – der wunderbaren Zauberkraft des Todes – nicht berührt, bevor er stirbt, wäre es für ihn zu Lebzeiten, als ob ihn der Tod nicht treffen könnte, und dieser kommende Tod würde ihm keinen *menschlichen* Charakter mehr verleihen können. Daher muss es um jeden Preis so sein, dass der Mensch in dem Augenblick, in dem er wirklich stirbt, lebt oder dass er mit dem Eindruck lebt, wirklich zu sterben.

Die Erkenntnis des Todes kann nicht auf eine List verzichten: das Schauspiel

Die aufgezeigte Schwierigkeit kündigt die Notwendigkeit eines *Schauspiels* oder allgemeiner einer *Vorstellung* an, ohne deren Wiederholungen wir im Angesicht des Todes so fremd und unwissend bleiben könnten, wie es anscheinend die Tiere sind. Nichts eignet dem Tier weniger als die mehr oder weniger vom Wirklichen entfernte Fiktion des Todes.

Der Mensch lebt nicht vom Brot allein, sondern auch von Komödien, von denen er sich willentlich täuschen lässt. Es ist das Tier, das natürliche Sein im Menschen, das isst. Aber der Mensch wohnt dem Kult und dem Schauspiel bei. Und er kann lesen: Soweit die Literatur souverän und authentisch ist, setzt sie in ihm die eindrückliche Magie der tragischen und komischen Schauspiele fort. Es handelt sich, zumindest in der Tragödie[47], darum, uns mit einer sterbenden Person zu identifizieren, so dass wir selbst zu sterben glauben, während wir am Leben sind. Es genügt im Übrigen bereits die reine und einfache Einbildungskraft, deren Bedeutung dieselbe ist wie die der klassischen Formen der List, der Schauspiele und Bücher, mit denen sich die Menge behilft.

Übereinstimmung und Unstimmigkeiten zwischen dem naiven Verhalten und der hellsichtigen Reaktion Hegels

Ich habe Hegels Reaktion in die Nähe des Opfers, des obersten Themas der *Darstellung* (der Kunst, der Feste, der Schauspiele), gerückt, um zu zeigen, dass seine Reaktion das grundlegende menschliche Verhalten ist. Das ist keine Phantasie, kein seltsames Verhalten, sondern der Ausdruck par excellence, den die Tradition bis ins Unendliche wiederholt hat. Nicht nur Hegel, die ganze Menschheit hat überall und immer durch einen Umweg begreifen wollen, was der Tod ihr gibt und gleichzeitig entzieht.

Dennoch besteht zwischen Hegel und dem Menschen des Opfers ein tiefgreifender Unterschied. Hegel gelangte auf bewusste Weise zu der Vorstellung, die er sich vom Negativen machte: Er hat sie klarsichtig in einem bestimmten Punkt der »kohärenten Rede« lokalisiert, mit der er sich sich selbst offenbarte. Diese Totalität schließt die Rede, durch die sie offenbart wird, ein. Wohingegen der Mensch des Opfers, dem eine diskursive Erkenntnis dessen, was er tut, fehlt, nur eine sinnliche, das heißt dunkle, auf die nicht intelligible Emotion beschränkte Erkenntnis davon besitzt. Allerdings hat Hegel den Schock des Todes, jenseits des Diskurses und trotz seiner (in einer »absoluten Zerrissenheit«), selbst als noch heftiger empfunden. Heftiger vor allem deshalb, weil die ausgreifende Bewegung der Rede dessen Bedeutung grenzenlos ausgedehnt hat, das heißt im Rahmen der Totalität des Wirklichen. Für Hegel hat die Tatsache, dass er am Leben blieb, zweifellos alles verschlimmert. Während der Mensch des Opfers sein Leben wesentlich bewahrt. Er erhält es nicht nur, weil das Leben für die Vorstellung des Todes notwendig ist, es geht ihm auch darum, es zu *bereichern*. Betrachtet man die Sache jedoch von oben, ist die spürbare und *gewollte* Erregung in der Opferung von größerem Interesse als die unwillkürliche Empfindung Hegels. Die Erregung, von der ich spreche, ist bekannt, sie kann definiert werden, es ist der *sakrale* Schrecken: die zugleich furchtbarste und reichste Erfahrung, die selbst nicht auf die Zerrissenheit beschränkt ist, die sich im Gegenteil wie ein Theatervorhang auf ein Jenseits dieser Welt öffnet, in dem der anbrechende Tag alle Dinge verwandelt und in ihrem engstirnigen Sinn zerstört.

Obwohl Hegel der Naivität des Opfers das wissende Bewusstsein und die endlose Verkettung eines diskursiven Denkens gegenüberstellt, gibt es in diesem Bewusstsein, dieser Verkettung noch einen dunklen Punkt: Man könnte nicht sagen, dass Hegel den »Augenblick« der Opferung verkennt: dieser Augenblick ist im Ganzen der Bewegung der *Phänomenologie* enthalten; er ist impliziert in der Tatsache, dass erst die Negativität des Todes, die der Mensch akzeptiert, aus dem menschlichen Tier einen Menschen macht. Da Hegel aber nicht gesehen hat, dass die Opferung genügt, um vom Ganzen der Bewegungen des Todes[48] zu zeugen, und dass die in der Vorrede der *Phänomenologie* beschriebene letzte – nur dem Weisen zugehörige – Erfahrung einmal eine *ursprüngliche* und *universelle* war – er wusste übrigens nicht, wie recht er hatte, und mit welcher Genauigkeit er die innere Bewegung der Negativität beschrieben hatte –, hat er den Tod nicht klar und deutlich vom Gefühl der Traurigkeit unterschieden, der gegenüber die naive Erfahrung eine wahre Achterbahn der Gefühle bedeutet.

Die Traurigkeit des Todes und die Lust

Der eindeutige Charakter des Todes bei Hegel hat Kojève zu folgendem Kommentar veranlasst, der sich immer noch auf die Stelle in der *Vorrede* bezieht: »Gewiss steigert die Idee des Todes nicht das *Wohlbehagen* des Menschen, der Tod macht ihn nicht *glücklicher* und verschafft ihm weder *Lust* noch Freude.«[49] Kojève hat sich gefragt, wie aus einem Verweilen beim Negativen, einem Vis-à-vis mit dem Tod, Befriedigung entsteht, weil er redlicherweise glaubte, die gewöhnliche Befriedung zurückweisen zu müssen. Die Tatsache, dass Hegel selbst diesbezüglich sagt, der Geist »gewinnt seine Wahrheit nur, indem er in der absoluten Zerrissenheit sich selbst findet«, kann grundsätzlich nicht von der Negation Kojèves getrennt werden. Folglich wäre es eigentlich überflüssig zu insistieren ... Kojève sagt schlicht, dass allein die Idee des Todes »den Stolz des Menschen befriedigen kann«. Der Wunsch nach Anerkennung, den Hegel an den Anfang der historischen Kämpfe stellt, könnte sich tatsächlich in einer unerschrockenen Haltung ausdrücken, die geeignet ist, einen Charakter zum Vorschein zu bringen. »Nun kann aber der Mensch«, sagt Kojève, »nur dann seine Freiheit, seine Geschichtlichkeit und seine ›in der Welt einzige‹ Individualität behaupten und zur Anerkennung bringen, wenn er sterblich und begrenzt ist und sich als sterblich und begrenzt fühlt, das heißt, wenn er fühlt, dass er in einem Universum ohne Jenseits und ohne Gott existiert.«[50] Aber wenn Kojève die gewöhnliche Befriedigung, das Glück, beiseiteschiebt, schiebt er auch die »absolute Zerrissenheit« beiseite, von der Hegel spricht: In der Tat lässt sich eine solche Zerrissenheit nur schwer mit dem Wunsch nach Anerkennung vereinbaren.

Dennoch gibt es einen Punkt, an dem die Befriedigung und die Zerrissenheit koinzidieren, und der wird erreicht, wenn sie sich mit der Lust vereinen. Eine solche Koinzidenz findet in der »Opferung« statt und gilt ganz allgemein *von der naiven Form des Lebens* wie von jeder Existenz in der Gegenwart, die zur Erscheinung bringt, was der Mensch *ist*: was er an Neuem in die Welt gebracht hat, nachdem er *Mensch* geworden ist und unter der Voraussetzung, dass seine »*animalischen*« Bedürfnisse befriedigt sind.

Jedenfalls ist die *Lust*, zumindest die Sinnenlust solcherart, dass Kojèves Behauptung schwerlich aufrechterhalten werden kann: Die Idee des Todes trägt in gewissem Sinn und in gewissen Fällen dazu bei, die Lust zu vervielfachen. Ich denke sogar, dass der Erotik die Welt des Todes (oder besser: seine gewöhnliche Verbildlichung) als Form par excellence der Beschmutzung zugrunde liegt. Im hellwachen Bewusstsein ist das Gefühl der Sünde mit der Idee des Todes verbunden, und *auf dieselbe Weise* ist das Gefühl der Sünde mit der Lust assoziiert.[51] Ohne eine irreguläre Situation, ohne die Verletzung eines Verbots, dessen einfachstes – und zugleich stärkstes – Beispiel aktuell das der Nacktheit ist, gibt es auch keine menschliche Lust.

Das Bild des Opfers war in seiner Epoche außerdem mit dem Besitz assoziiert: es handelte sich um eine Opferung, dessen Opfer die Frau war … Diese Assoziation der antiken Poesie steckt voller Sinn: Sie bezieht sich auf einen ganz bestimmten Punkt der Sinnlichkeit, an dem sich das sakrifizielle Element, das Gefühl des sakralen Schreckens, selbst in abgeschwächter Form noch, mit dem Gefühl süßer Lust verbindet und an dem der Geschmack an der Opferung und die Emotion, die sie freisetzt, nichts aufweisen, was dem Genuss konträr wäre.

Es muss auch noch gesagt werden, dass das Opfer wie die Tragödie Teil eines Festes waren: Es kündigte eine blinde, todbringende Freude und die große Gefahr, die in einer solchen Freude liegt, an. Genau das aber ist das Prinzip der *menschlichen* Freude: Sie übersteigt und bedroht mit dem Tod, wen sie in ihre Bewegung hineinzieht.

Die fröhliche Angst, die angsterfüllte Freude

Die Bindung des Todes an die Lust, die im Bewusstsein nicht oder nicht unmittelbar gegeben ist, widersetzt sich der Traurigkeit des Todes, die im Hintergrund des Bewusstseins immer vorhanden ist. Grundsätzlich, *auf bewusste Weise*, »schreckt der Mensch vor dem Tod zurück«. Zwar haben die zerstörerischen Wirkungen der Negativität die Natur zum Objekt. Aber wenn die Negativität des Menschen ihn der Gefahr aussetzt, dass er aus sich selbst oder zumindest aus dem Tier, dem natürlichen Sein, das er ist, den Gegenstand seiner zerstörerischen Negation macht, geschieht das gewöhnlich ohne das mindeste Bewusstsein von dem, was seine Bewegungen ausgelöst hat, und den Wirkungen, die sie zeitigen werden. Für Hegel war es jedoch wesentlich, sich der Negativität als solcher *bewusst zu werden*, das Furchtbare an ihr, hier den Schrecken des Todes, dadurch zu begreifen, dass er ihn erträgt und dem Todeswerk fest ins Angesicht sieht.

Hegel grenzte sich weniger von denen ab, die zurückscheuen, als vielmehr von denen, die sagen: »Das ist nichts«. Am meisten aber scheint er sich von jenen zu entfernen, die auf den Tod fröhlich reagieren.

Ich bestehe darauf, nach ihrer Ähnlichkeit nun auch die Opposition zwischen der naiven Haltung und derjenigen der – *absoluten* – Weisheit Hegels so klar wie möglich herauszuarbeiten. Ich bin mir allerdings nicht sicher, ob die weniger absolute dieser beiden Haltungen auch die naivere ist.

Hier nun ein paradoxes Beispiel für die fröhliche Reaktion auf das Ereignis des Todes.

Der irische und walisische Brauch des »wake« ist wenig bekannt, doch hat man ihn noch bis Ende des neunzehnten Jahrhunderts befolgt. Er ist Thema des letzten Werks von James Joyce[52], *Finnegan's Wake*, also *Finnegans Totenwache* (aber die Lektüre dieses berühmten Romans ist schwierig). In Wales pflegte man den *offenen*

Sarg aufrecht am Ehrenplatz des Hauses aufzustellen. Der Tote trug seine schönsten Kleider und seinen Zylinder. Die Familie lud alle seine Freunde ein, die den, der von ihnen gegangen war, desto mehr ehrten, je länger sie vor ihm tanzten und je mehr sie auf seine Gesundheit tranken. Es geht hier um den Tod eines *Anderen*, doch ist in solchen Fällen der Tod des Anderen immer auch das Bild des eigenen Todes. Niemand könnte das genießen, es sei denn unter folgender Bedingung: Da man den Toten, der ein anderer ist, für einverstanden hält, muss auch der Tote, zu dem der Trinker eines Tages werden wird, einverstanden sein.

Diese paradoxe Reaktion könnte dem Wunsch entsprechen, *die Existenz des Todes* zu leugnen. Ein logischer Wunsch? Ich glaube nicht. Im Mexiko unserer Tage ist es üblich, den Tod auf eine Ebene mit dem Vergnügen zu stellen: Man sieht auf den Festen Skelette in Gestalt von Hampelmännern, als Süßigkeiten oder Karussellpferde, doch ist mit dieser Sitte ein intensiver Totenkult verbunden, eine sichtbare Besessenheit vom Tod.[53] Wenn ich den Tod fröhlich betrachte, handelt es sich nicht darum zu sagen, indem ich mich vom Furchtbaren abwende: »Das ist nichts« oder »das ist falsch«. Im Gegenteil, die Fröhlichkeit, die an das Werk des Todes gebunden ist, flößt mir Angst ein, sie wird durch meine Angst stärker und steigert im Gegenzug diese Angst: Letztlich geben mir die fröhliche Angst und die angsterfüllte Fröhlichkeit in einem Chaudfroid der Gefühle die »absolute Zerrissenheit«, in der meine Freude mich vollends zerreißt, in der aber auf die Freude die Niedergeschlagenheit folgen würde, wenn ich nicht maßlos, bis zum bitteren Ende zerrissen würde.

Ich möchte eine ganz bestimmte Opposition sinnfällig machen: Einerseits ist die Haltung Hegels weniger integer als die der naiven Menschheit, aber das hat nur dann Sinn, wenn man umgekehrt die ohnmächtige, naive Haltung sich ohne Ausflüchte behaupten sieht.

Der Diskurs gibt dem Opfer im Nachhinein nützliche Zwecke

Ich habe den Sinn des Opfers in dem Verhalten gefunden, das der Mensch an den Tag legt, sobald er seine animalischen Bedürfnisse befriedigt hat: Der Mensch unterscheidet sich vom natürlichen Sein, das er auch ist, und die Geste der Opferung ist genau das, was er als Mensch ist. Das Schauspiel der Opferung macht seine Menschheit manifest. Vom animalischen Bedürfnis befreit, ist der Mensch souverän: Er macht, was ihm gefällt, nach seinem Belieben.

Unter diesen Bedingungen kann ihm sogar eine rigoros autonome Tat gelingen. Solange er seine animalischen Bedürfnisse befriedigen muss, ist er gezwungen, zweckrational zu handeln (er muss sich Lebensmittel beschaffen, vor Kälte schützen). Das setzt eine Knechtschaft voraus, eine Folge von Akten, die einem Endergebnis untergeordnet sind: der natürlichen, animalischen Befriedigung, ohne die der Mensch im eigentlichen Sinn, der souveräne Mensch, nicht bestehen könnte. Die Intelligenz, *das diskursive Denken* des Menschen, hat sich als Funktion der knechtischen Arbeit entwickelt. Einzig das sakrale, poetische Wort, auf die Ebene der kraftlosen Schönheit beschränkt, hat das Vermögen, die volle Souveränität zur Erscheinung zu bringen. Das Opfer ist daher nur insofern eine Weise, *souverän, autonom* zu sein, als die bedeutungsvolle Rede es ihm nicht mitteilt. In dem Maße, in dem der Diskurs es mitteilt, drückt er, was souverän ist, in Termini der *Knechtschaft* aus. Aber das *Souveräne* ist gerade dadurch definiert, dass es nicht *dient*. Die einfache Rede muss die Frage beantworten, die das diskursive Denken stellt, und diese Frage betrifft den Sinn, den auf der Ebene der Nützlichkeit jedes Ding haben muss. Jedes Ding ist im Prinzip dazu da, diesem oder jenem Zweck zu *dienen*. Daher geht die einfache Aufdeckung der Bindung des Menschen an die Vernichtung, die reine Selbstoffenbarung des Menschen (in dem Moment, in dem der Tod seine Aufmerksamkeit fesselt) schnell von der Souveränität zum Primat nützlicher Zwecke über. Der mit dem Ritus assoziierte Mythos betonte zunächst die kraftlose Schönheit der Poesie, aber der Diskurs über das Opfer ist mehr und mehr zur gewöhnlichen, interessierten Interpretation geworden. Auf Wirkungen aufbauend, die in der Poesie auf naive Weise vorgestellt wurden, wie etwa die Beschwichtigung eines Gottes oder die Reinheit der Wesen, gab die bedeutungsgebende Rede den Überfluss an Regen oder das Glück der Stadt als Zweck der Opferhandlung aus. Das große Werk von Frazer, das die *kraftlosesten* und, dem Anschein nach, dem Glück am wenigsten holden Formen der Souveränität beschwört, tendiert dazu, den Sinn ritueller Akte auf dieselben Zwecke zu beziehen wie die Feldarbeit, um so aus der Opferung einen agrarischen Ritus zu machen. Heute hat diese These des *Goldenen Zweigs* keinen Kredit mehr, aber sie schien sinnvoll, solange die Völker, die opferten, das souveräne Opfer im Rahmen einer Sprache von Ackerbauern reflektierten. Auf eine sehr willkürliche Weise, die niemals den Ansprüchen einer strengen Vernunft genügte, waren diese Völker darum bemüht, das Opfer den Gesetzen des Handelns zu unterwerfen, denen sie selbst unterworfen waren oder denen zu unterwerfen sie sich bemühten.

Die Ohnmacht des Weisen, vom Diskurs aus zur Souveränität zu gelangen

Daher ist auch die Souveränität des Opfers keine absolute. Sie ist es insofern nicht, als diese Institution in einer Welt der nützlichen Tätigkeit eine Form festhält, deren Sinn im Gegenteil darin liegt, souverän zu sein. Eine Verschiebung zugunsten der Knechtschaft kann daher nicht ausbleiben.

Wenn die Haltung des (Hegel'schen) Weisen ihrerseits nicht souverän ist, geschehen die Dinge wenigstens im entgegengesetzten Sinn: Hegel hat nicht gekniffen; zwar konnte er die authentische Souveränität nicht erreichen, aber er hat sich ihr doch, so weit er konnte, genähert. Was ihn von ihr trennte, könnte nicht einmal wahrgenommen werden, wenn wir in diesen das Opfer betreffenden Sinnverschiebungen, die, was einmal ein Zweck war, auf ein einfaches Mittel reduzierten, nicht ein reicheres Bild erahnen würden. Was auf Seiten des Weisen zu einer geringeren Strenge führt, ist nicht die Tatsache, dass der Diskurs seine Souveränität in einen Rahmen stellt, der ihr unangemessen ist und sie verkümmern lässt, im Gegenteil: Die Souveränität der Haltung Hegels entspringt einer Bewegung, die von der Rede offenbart wird und im Geist des Weisen nie von ihrer Offenbarung durch die Rede getrennt ist. Sie kann daher nicht vollständig *souverän* sein: Der Weise kann nicht umhin, sie dem Zweck einer Weisheit zu unterwerfen, die die Vollendung der Rede voraussetzt. Allein die Weisheit *wird* zur vollen Autonomie, zur Souveränität des Seins … Sie *würde* es wenigstens, wenn wir die Souveränität dadurch finden könnten, dass wir sie suchen: Wenn ich sie suche, habe ich das Projekt, souverän zu sein. Doch das *Projekt*, souverän zu sein, setzt ein knechtisches Sein voraus! Was die Souveränität des beschriebenen Moments dennoch garantiert, ist die »absolute Zerrissenheit«, von der Hegel spricht, die vorübergehende Zäsur der Rede. Allerdings ist diese Zäsur selbst nicht souverän. In gewisser Weise ist sie eher ein Unfall beim Aufstieg. Obwohl beide Formen von Souveränität, die naive und die weise, Ausdruck des Todes sind, unterscheiden sie sich, abgesehen von der Differenz eines mit der Geburt einsetzenden Niedergangs (vom allmählichen Verfall bis zur unvollkommenen Manifestation), auch noch in diesem präzisen Punkt: Auf Seiten Hegels handelt es sich genau genommen um einen Unfall. Es geht nicht um einen Zufall oder ein Unglück, die ohne Sinn wären. Die Zerrissenheit ist im Gegenteil voller Sinn. (»*Der Geist gewinnt seine Wahrheit*«, sagt Hegel (aber ich bin es, der das hervorhebt), »nur, indem er in der absoluten Zerrissenheit sich selbst findet.« Es ist ein unglücklicher Sinn. Er begrenzt und verkleinert die Offenbarung, die der Weise aus einem Verweilen an den Orten gewann, die der Tod beherrscht. Er empfing die Souveränität wie ein Gewicht, das er fallen ließ …

Ich wollte Hegels Haltung kleinreden? Aber das genaue Gegenteil ist der Fall! Ich wollte den unvergleichbaren Gehalt seiner Vorgehensweise aufzeigen. Zu diesem Zweck durfte ich aber den recht schwachen (und sogar unvermeidlichen) Teil des Scheiterns nicht verschleiern.

In meinen Augen folgt aus diesen Annäherungen eher die außergewöhnliche Sicherheit eines solchen Vorgehens. Auch wenn Hegel gescheitert ist, kann man nicht sagen, dass dies das Ergebnis eines Irrtums war. Der Sinn des Scheiterns unterscheidet sich von dem des Irrtums, der es verursacht hat: Der Irrtum ist vielleicht zufällig. Doch vom »Scheitern« Hegels kann man generell nur als einer authentischen und sinnreichen Bewegung sprechen.

Der Mensch ist de facto immer auf der Suche nach einer authentischen Souveränität. Dem

Anschein nach besaß er ursprünglich diese Souveränität, aber ohne jeden Zweifel war er sich ihrer nicht bewusst, so dass er sie in gewissem Sinn auch nicht besaß, da sie sich ihm entzog. Wir werden sehen, dass er auf mehrere Arten dem nachstellte, was sich ihm immer wieder entzog. Wesentlich ist, dass man die Souveränität nicht bewusst suchen und finden kann, weil die Suche von ihr entfernt. Aber ich würde denken, dass uns niemals etwas anders als auf missverständliche Weise gegeben ist.

Hegel, der Mensch und die Geschichte[54]

Mir scheint, die Spiele des gegenwärtigen Denkens werden gewöhnlich dadurch verfälscht, dass wir uns in der Unkenntnis der allgemeinen Darstellung des Menschen und des menschlichen Geistes gefallen, die Hegel ab 1806 entworfen hat. Ich kann nicht wissen, wie großartig diese Darstellung ist oder ob sie der bedeutendste Gegenstand ist, den sich mein Denken vornehmen sollte, ich weiß nur, dass sie existiert und sich in dem Maße aufzwingt, in dem wir sie kennenlernen. Das Mindeste, was man darüber sagen kann, ist, dass es aussichtslos wäre, sie zu ignorieren, und noch aussichtsloser, sie durch unvollkommene Improvisationen zu ersetzen, in die sich stillschweigend, vielleicht auch hinterlistig, all jene verwickeln, die vom Menschen sprechen.

Ich sage aber auch gleich zu Beginn, dass diese Unkenntnis teilweise entschuldigt werden kann. Die Lektüre Hegels ist schwierig, und das Exposé seiner Philosophie, das Alexandre Kojève in der *Introduction à la lecture de Hegel*[55] entworfen hat, bietet sich (wenn auch nur auf den ersten Blick) in einer Weise dar, die den Leser entmutigt. Ich maße mir nicht an, durch einen Artikel Schwierigkeiten zu beheben, die in hundertfünfzig Jahren nicht behoben worden sind. Doch ich werde versuchen, einen äußerst reichen Gehalt aufzudecken, welcher der Menschheit bislang entzogen war, aber von größtem Interesse für sie ist.

Die nahezu beherrschende Rolle, die der Marxismus heute spielt, hat übrigens dazu beigetragen, die Aufmerksamkeit auf die Philosophie Hegels zu lenken; aber eine eher von Engels als von Hegel selbst ausgehende Tendenz, die dialektischen Aspekte der Natur in den Vordergrund zu rücken, hat die grundlegende dialektische Entwicklung der Hegel'schen Philosophie, die sich auf den Geist – das heißt auf den Menschen – bezieht und deren entscheidende Bewegung aus dem Gegensatz von Herr und Knecht (der Teilung der menschlichen Gattung in entgegengesetzte Klassen) resultiert, in den Hintergrund gedrängt.

I. Der Souverän (oder der Herr)

Der Tod und die Tat

Ich werde mich nicht mit philosophischen Prinzipien aufhalten, da ich von der Hegel'schen Vorstellung des Menschen eine eher verblüffende als explizite Idee vermitteln möchten. Bevor ich aber vom Herrn und vom Knecht rede, werde ich zeigen, dass Hegels Philosophie in der Negativität begründet ist, die den Menschen aus der Perspektive des Geistes der Natur entgegensetzt. Die Negativität ist das Prinzip des Tuns, oder genauer: Das Tun ist Negativität und die Negativität Tun.[56] Der Mensch negiert zuallererst die Natur, indem er in sie als ihr Gegenbild die Anomalie eines »reinen Selbst« einführt. Das »reine Selbst« ist im Schoß der Natur anwesend wie eine Nacht im Licht, wie eine Innerlichkeit in der Äußerlichkeit von Dingen, die an sich sind und als solche den Reichtum des dialektischen Gegensatzes nicht entwickeln können.

Diese Innerlichkeit ist die des Todes; das »reine Selbst« setzt der stabilen Gegenwart der Natur diese drohende Bestimmung entgegen, die von Anfang an der Sinn seines Auftretens ist. Allerdings ist die Negation der Natur nicht nur im Todesbewusstsein gegeben – ich kann also insistieren und sagen, dass seine menschlichste

Form in der Kontemplation des blutigen Opfers[57] gegeben ist, doch diese Negation verändert wirklich (verändert *an sich*) das natürlich Gegebene durch die Arbeit. Das Handeln des Selbstseins beginnt, das die Welt verändert und eine von Grund auf menschliche Welt erschafft, die zwar von der Natur abhängig ist, aber im Kampf gegen sie entsteht.

Übrigens hängt das Tun, Hegel zufolge, nicht direkt mit der Arbeit[58] zusammen. Das Tun besteht in erster Linie im Kampf des Herrn um Anerkennung[59] – einem reinen Prestigekampf. Dieser Kampf ist wesentlich ein Kampf auf Leben und Tod, und das ist laut Hegel auch die Form, unter der dem Menschen seine Negativität (sein Todesbewusstsein) erscheint. Daher ist für ihn die Negativität des Todes eng mit der Negativität der Arbeit verbunden.

Ich werde diesen Todeskampf, der das eigentliche Thema der Dialektik des *Herrn* ist, auf meine Weise interpretieren, wobei ich mich auf die benachbarte Form des *Souveräns*[60] beziehe. Die Haltung des Herrn schließt die Souveränität ein, und das ohne jeden biologischen Grund eingegangene Risiko des Todes ist ihre Wirkung. Kämpfen, ohne die Befriedigung der animalischen Bedürfnisse zu bezwecken, heißt zunächst an sich selbst souverän sein, heißt eine Souveränität zum Ausdruck bringen. Jeder

Mensch ist ursprünglich souverän, aber diese Souveränität ist allenfalls die des wilden Tieres. Wenn der Mensch nicht auf Leben und Tod mit seinesgleichen kämpfen würde, könnte seine Souveränität nicht anerkannt werden, sie wäre wie inexistent. Es wäre die Souveränität eines Fuchses oder einer Amsel. Die Macht käme nicht ins Spiel, weil die Flucht vor einer Gefahr keine dauerhafte Knechtschaft nach sich zieht. Die animalische Souveränität bleibt dadurch unverändert. Aber die menschliche Souveränität ist nicht die des Fuchses, dem die Amsel niemals dienen wird, sondern eine, vor der sich andere Menschen verbeugen. Das geht so weit, dass, mag der angestrengte Kampf auch ein reiner Prestigekampf sein, ein Mensch noch lange nichts erreicht hat, wenn er seinen Gegner tötet. Ein Toter kann den, der ihn getötet hat, nicht anerkennen. Um das zu erreichen, muss der Sieger ihn zu seinem Knecht machen.

Seitdem teilt sich die Menschheit in zwei Klassen, in die der souveränen Menschen, die Hegel als Herren bezeichnet, und in die der Knechte, die den Herren dienen.

Zuallererst scheint es, als ob der Herr über Knechte sein Ziel erreicht hat. Der Knecht nimmt jede Unterwürfigkeit auf sich; er befreit den Herrn von den früheren Mühen und Tätigkeiten, ohne die er seine animalischen Bedürfnisse nicht befriedigen könnte. Ich füge dem eine persönliche Bemerkung hinzu: Bevor er Knechte hatte, besaß der Mensch nur eine beschränkte Souveränität. Vermutlich musste er sein Leben zweiteilen, in einen absolut souveränen und in einen im Dienst animalischer Zwecke tätigen Teil. Die Knechte erlaubten ihm, sich vom tätigen Teil zu befreien. Aber diese Befreiung hatte ihren Preis.

Im Leben des Herrn über Knechte hört der souveräne Teil, der im Prestigekampf zutage trat, auf, nur souverän zu sein, er hat noch eine andere Seite. Einerseits nimmt der Kampf den Wert und die Form einer nützlichen Tätigkeit an, andererseits wird diese Tätigkeit ständig auf andere Zwecke umgelenkt, die die Nützlichkeit in Richtung auf das Prestige überschreiten. Jedenfalls hat sich in den Händen des Herrn eine *Macht* angesammelt. Die Souveränität hört damit auf zu sein, was sie war: die kraftlose Schönheit, die ursprünglich in den Kämpfen nur zu töten verstand.

Die beiden früher üblichen Formen der Souveränität, die religiöse und die militärische, entsprechen dieser Teilung. Die religiöse bringt nicht unbedingt Vorteile mit sich, sie kann genauso gut Nachteile haben und brutal die Tatsache aufdecken, dass die Souveränität des Menschen eine Vertrautheit mit dem Tod ausdrückt:

Es lag in der Logik der Situation, dass der König das designierte Opfer der Opferhandlung war. Wie wir im folgenden Abschnitt sehen werden, ist auch der militärische Souverän der Sphäre des Todes geweiht, aber da er *handelt*, schlägt er den Weg zu wachsender Macht ein. Es gibt zwar keinen Grund, den Ursprung in sehr homogenen, strikt aneinandergereihten Formen zu vermuten, die untereinander keine Opposition kennen, trotzdem ist es möglich, ein Prinzip aufzustellen. Den Anfang machte die religiöse Souveränität, für die der Souverän nicht auf Grund dessen, *was er tut*, sondern aufgrund dessen, *was er ist*, Gegenstand der Anziehung war. In dem Maße aber, in dem die Souveräne gegen die reine Souveränität verstießen und auf die *Unternehmung* des Krieges vertrauten, in dem Maße, in dem sie von der Ohnmacht zur Macht übergingen, hatte ein mächtiger militärischer König die Möglichkeit, sich der rituellen Tötung – der Opferung – zu entziehen, indem er ein Ersatzopfer anbot. Man könnte unmöglich sagen: So haben sich die Dinge abgespielt. Aber es ist legitim zu denken, dass das nicht selten so geschehen ist, und diese Art Verschiebung spiegelt korrekt das Prinzip des Übergangs von einer rein religiösen Welt zu einer militärischen Welt wider, in der das Spiel realer Kräfte, *das, was man macht*, neben das religiöse Gesetz, *das ist*, tritt.

Der Verfall der Souveränität setzt sicherlich von dem Augenblick an ein, da der Kampf die Versklavung des besiegten Feindes bezweckt. Der König, der Macht ausübt und sich über das hinaus, *was er ist*, ohne zu handeln, für das anerkennen lässt, *was er macht*, für seine Macht, schlägt einen Weg ein, auf dem die Tat hocheffektiv ist und nicht mehr nur *reines* Prestige bezweckt. Wenn er aber nicht mehr nur die »kraftlose Schönheit« des religiösen Königs inkarniert, ist er der Held, der den Tod nicht scheut, der ihm »ins Angesicht sieht« und ihm die Stirn bietet; er wendet sich vom Tod nicht mit den Worten, »das ist nichts« oder »das ist falsch«[61] ab. Im Gegenteil, er verweilt bei ihm, und die Negativität, die er verkörpert, fährt in ihm fort, das menschliche Sein zu schaffen, unter Verachtung der Animalität des Todes, denn es ist ruhmreich, den Tod zu verachten.[62]

Diese Phänomenologie des Königtums legt von einer Fülle sehr reicher Formen Rechenschaft ab, die Hegel nicht kennen konnte. Da sie sich auf so wenig bekannte Tatsachen wie die rituelle Tötung der Könige oder ihre Ohnmacht bezieht, wird diese Sichtweise als gewagt erscheinen. Ich denke aber, dass wir selbst genug Erfahrung davon besitzen, wie stark die Institution des Königtums zwischen religiöser Ohnmacht und der Macht des Kriegsherrn oszilliert (dauerhaft, seit Anbeginn der Zeiten, wie es scheint).

II. Der Knecht und die Arbeit

Der Knecht ist für Hegel nicht nur der Sklave der antiken Gesellschaft, der Gegenstand eines individuellen Eigentums ist. Es ist ganz allgemein der Mensch, der nicht frei ist zu tun, was ihm gefällt: Sein Handeln, seine Arbeit, die Produkte seiner Arbeit gehören anderen.

Dennoch definiert ihn Hegel in erster Linie in Beziehung zum Tod. Was den Herrn auszeichnet, ist, dass er sein Leben riskiert. Der Herr hat der Knechtschaft den Tod vorgezogen. Der Knecht zog es dagegen vor, nicht zu sterben. Seine Knechtschaft ist wie die Herrschaft des Herrn das Ergebnis einer wirklich freien Wahl.

Der Knecht hat den Tod gescheut; er existiert weiter auf der Stufe des natürlichen Seins, des Tiers, das den Tod scheut. Aber gerade weil er der natürlichen Reaktion nachgab, weil ihm die Kraft fehlte, die man braucht, um sich als ein Mensch zu verhalten, findet er sich letztlich in einer besseren Position als der Herr, sobald es darum geht, die Möglichkeiten des Menschen restlos in sich zu verwirklichen. Der Herr bleibt mit sich selbst identisch, während der Knecht sich verändert, weil er arbeitet. »Der Herr«, sagt Kojève, »zwingt den Knecht zur Arbeit. Arbeitend wird der Knecht Herr über die Natur. Er ist aber nur Knecht geworden, weil er zunächst der Knecht der Natur war und sich mit ihr solidarisch machte, als er sich durch Bejahung des Instinkts der Selbsterhaltung ihren Gesetzen unterworfen hat. Indem der Knecht durch die Arbeit zum Herrn über die Natur wird, befreit er sich also von seiner eigenen Natur, von seinem eigenen Instinkt, der ihn an die Arbeit gebunden und ihn zum Knecht des Herrn gemacht hat. Indem die Arbeit den Knecht von der Natur befreit, befreit sie ihn gleichzeitig von seiner knechtischen Natur: Sie befreit ihn vom Herrn.«[63]

In Wirklichkeit ist die Todesangst vor dem Herrn, Ursprung der Knechtschaft, nicht nur das Eingeständnis, dem Herrn, der ihn überragt, unterlegen zu sein, sondern auch die dunkle Einsicht in das Elend des Herrn, der sein Leben für ein wenig beneidenswertes Ergebnis aufs Spiel gesetzt hat. Dadurch, dass der Herr die gegebenen Bedingungen abweist und überschreitet, weil er ihrer Annahme den Tod vorzieht, verstrickt er sich noch tiefer als sein Knecht in das begrenzte und gegebene Leben. Da er über die Arbeit des Knechts verfügt, kann er sogar stärker noch als früher auf die Natur einwirken. Aber er handelt nur durch die Vermittlung des

Knechts. Er selbst kann nichts tun, was die Welt verändert, und so erstarrt er letztlich in seiner Herrschaft.

Auf diese Weise hebt der militärische Souverän die profunde Ohnmacht des religiösen Souveräns in sich auf. Die Souveränität kann de facto nichts verändern. Wenn sie das, was ist, verändern will, ist sie keine reine Souveränität mehr. Umgekehrt hat der Knecht die wirkliche Macht, da er seine Bedingung nicht wirklich akzeptieren kann: Er ist als solcher die Negation des Gegebenen, ob es sich nun um ihn selbst (seinen Stand) oder um die Natur handelt. Degradierte Repräsentanten der souveränen Klasse vermitteln uns heute noch etwas von dem müßigen Geist der Trägheit, von dem ich gesprochen habe; diesen »Unnützen« kommen Menschen von raffinierter Erfindungskraft tatsächlich servil vor. Die Werturteile der Händler und Ingenieure übernehmen vom Geist der Knechtschaft das Gefühl, dass Tätigkeiten, die biologischen Zwecken dienen, gegenüber den Verhaltensweisen des »reinen Prestiges« von wesentlich größerer Bedeutung sind.

»Aber wie die Herrschaft zeigt, dass ihr Wesen das Verkehrte dessen ist, was sie sein will«, sagt Hegel, »so wird auch wohl die Knechtschaft vielmehr in ihrer Vollbringung zum Gegenteile dessen werden, was sie unmittelbar ist; sie wird als in sich *zurückgedrängtes* Bewusstsein in sich gehen und zur wahren Selbständigkeit sich umkehren«.[64]

Kojève sagt daher, »der Knecht, der seine Knechtschaft ›aufgehoben‹ hat, wird zum integralen, vollkommen freien, endgültig und vollständig durch das, was er ist, befriedigten und sich in dieser und durch diese Befriedigung vollendenden Menschen [...] Die Geschichte ist die Geschichte des Arbeiter-Knechtes.«[65] Und etwas später: »Die geschichtliche Zukunft gehört also [...] dem Arbeiter-Knecht. [...] Wenn die Furcht des Todes, die für den Knecht sich im Herrn inkarniert, auch die *conditio sine qua non* des historischen Fortschritts ist, so wird dieser doch einzig und allein durch die Arbeit des Knechts verwirklicht und vollendet.«[66]

Durch die erzwungene Arbeit koppelt sich der Knecht vom Produkt, das er nicht verzehrt, ab. Der Herr verzehrt es. Der arbeitende Knecht muss seine eigene Begierde zurückdrängen. Auf diese Weise bildet (erzieht) er sich, während der Herr das Produkt zerstört – verzehrt. Der Knecht zerstört selbst nicht, im Gegenteil, er formt den Gegenstand seiner Arbeit. »Er verschiebt die Zerstörung des Dinges, indem er es zunächst durch die Arbeit verwandelt; er bereitet es für den Verzehr zu [...]. Er verwandelt die Dinge und die Welt, indem er gleichzeitig sich selbst erzieht.«[67] Eine solche Ablösung vom Objekt der Begierde ist der vollkommene Gegensatz zur tierischen Haltung (etwa zu der eines Hundes angesichts eines Knochens). Was in dieser Ablösung genommen wird, ist die Angst, wenigstens die unmittelbare Angst: Denn die Angst schwächt sich in dem Maße ab, in dem der Wunsch zurückgehalten wird.

Bis jetzt habe ich mich in diesem Abschnitt eng an Hegel – und an Kojève – angelehnt. Nicht ohne mich manchmal zu fragen, ob die Abfolge der beschriebenen Momente auch die befriedigendste ist. Diese Zweifel betreffen nicht das Wesentliche, sondern rühren an das Auftreten der Momente, die wir auf *phänomenologische* Weise erkennen können, weil sie, obwohl seit langem in uns verschwunden und aufgehoben, dort auch im dialektischen Sinn aufbewahrt (das heißt sublimiert) sind.

Mir persönlich fällt es allerdings schwer zu vergessen, dass die Arbeit der Knechtschaft vorausgegangen sein muss. Das Merkwürdigste an der Abfolge der in der *Phänomenologie* beschriebenen Formen liegt vielleicht an der mangelnden Kenntnis einer im eigentlichen Sinn menschlichen Existenz, die der Versklavung der Besiegten vorausgegangen ist. Eigentlich ist es nicht von grundlegender Bedeutung: Man kann leicht darin übereinstimmen, dass die Geschichte an die Voraussetzung gebunden ist, dass ein inneres Drama (man kann es sich als vorrangig vorstellen) entäußert wurde und die oppositionellen Haltungen auf verschiedene Personen und Kategorien von Personen verteilt wurden. Aber Hegel hätte was sich entwickelt hat nicht beschreiben können, wenn sich das Drama nicht im Bewusstsein eines einzigen Individuums hätte verinnerlichen können. Das will nicht sagen, dass es zunächst innerlich war, wie der von Beschreibungen archaischer Gesellschaften genährte Geist geneigt wäre anzunehmen: Jedenfalls erlauben uns die Informationen der Ethnologen nicht, eine logische Abfolge zu erstellen, die, wenngleich nicht in allen Einzelheiten, so doch im Allgemeinen und im Großen und Ganzen der historischen Abfolge nahekommen muss.[68] Das Gegenteil ist richtig, meine ich: Die logische Konstruktion einer Folge von Ereignissen, die im Bewusstsein aufbewahrt sind, hat mehr Gewicht als die rekonstruierende Diskussion von den fragmentarischen Gegebenheiten der Wissenschaft aus.[69] Wie dem auch sei, ich neige zu dem Gedanken, dass der Mensch als solcher sowohl beim Tod verweilt als auch gearbeitet hat (er hat eine nicht natürliche Welt konstruiert und sich dadurch von der Angst befreit, gerade weil er – partiell – für ein zeitverschobenes Ergebnis gearbeitet hat. Es kann aber auch sein, dass der Abstand des geformten Gegenstands zu dem, der ihn herstellt, ohne ihn gleich zu verzehren (ihn zu zerstören), und der ihn formt, indem er sich selbst formt, die Wirkung von Verboten gewesen ist, die der Herrschaft des Herrn vorausgegangen sind, rein religiöser Verbote mithin. Es kann sein, dass sich der Mensch auf anderen Wegen als denen, die Hegel beschreibt, vom Tier getrennt hat und zum Menschen im eigentlichen Sinn geworden ist. Was bedeutet es schon, dass Hegel die Momente dieses demütigen Werdens an die Momente einer Geschichte band, deren gesamter Verlauf den Jahresringen eines Baumes gleicht, der über das Gras hinausgewachsen ist.

Was ich vorbringe, müsste ohne Zweifel in extenso erklärt und ausgearbeitet werden. Doch ich werde nur sagen, wohin meine Annahme führt. Der Mensch kann die unterschiedlichen Momente des Herrn und des Knechts in ein und demselben Individuum (und sogar in jedem Individuum) gelebt haben. Die Teilung, die Hegel im Raum vornimmt, fand zunächst in der Zeit statt. Das ist der Sinn eines klassischen Gegensatzes zwischen »sakraler Zeit« und »profaner Zeit«. Was die profane Zeit für die sakrale war, ist der Knecht für den Herrn. Die Menschen arbeiten in der »profanen Zeit«, um die Befriedigung ihrer animalischen Bedürfnisse zu gewährleisten; gleichzeitig häufen sie die Ressourcen an, die später in den exzessiven Schwelgereien der Feste (der »sakralen Zeit«) vernichtet werden. Der Übergang von der Zeit zum Raum schließt jedoch eine Umkehrung ein: In der zeitlichen Teilung hatte die Deutlichkeit der Opposition etwas Stabiles, in der räumlichen Teilung kündigt der Gegensatz von Herr und Knecht die Instabilität der Geschichte an: Der Herr ist das, was er nicht ist, und nicht das, was er ist; er kann nicht die Autonomie der sakralen Zeit haben, da er selbst noch in die sakrale Zeit die Bewegung der profanen Zeit einfügt, in der man im Hinblick auf ein Ergebnis handelt. Sein eigenes Sein führt, weil es dauert, ein Element ein, das der *Augenblickshaftigkeit* der »sakralen Zeit« entgegensteht, in der die Zukunft nicht mehr zählt, die Ressourcen vertilgt werden, das Opfer zerstört, vernichtet wird und in der es schließlich nur noch darum geht, »souverän im Tod«, »für den Tod« (in der Zerstörung und der Vernichtung) zu sein. Das persönliche Moment im Herrn akzentuiert die Lust zu wachsender Macht, und die Ergebnisse eines gewonnenen Krieges sind solider als die der Opferungen, auch wenn Letztere als wohltuend erschienen.

Wie man sieht, gibt es nicht einmal dann etwas Wesentliches an Hegels Sicht der Bewegung der Geschichte zu ändern, wenn man dem Menschen die Möglichkeit zugesteht, auch *ohne zu handeln* die Animalität in sich selbst zu *negieren*.[70] Das Werden des Knechts, seine vergeblichen Anstrengungen, (im Stoizismus oder im Skeptizismus) eine illusionäre Souveränität zurückzugewinnen, sein schlechtes Gewissen, sein Verzicht und der Bezug auf einen individuellen und ewigen, transzendenten und anthropomorphen Gott, seine Sehnsucht nach einem souveränen Leben, die Arbeit, die über die Wahrheit der natürlichen Welt entscheidet, schließlich die gegenseitige Anerkennung der Menschen (auf der Ebene eines »universellen und homogenen Staates«, das heißt schlicht und ergreifend einer »klassenlosen Gesellschaft«), mit einem Wort die Gesamtheit des Werdens, durch die dem Bewusstsein die Totalität offenbart wird, die dieses Werden und die Offenbarung dessen, was die Totalität ist, einschließt – es ist nicht einzusehen, was an dieser Darstellung des Menschen und der Welt, des Subjekts und des Objekts wesentlich verändert werden sollte. Das ist in plausibler Ordnung ein Tableau, das die Möglichkeiten vereint, die dem Verhalten, dem Denken und der Rede des Menschen gegeben sind. Es gibt Punkte, an denen die Anordnung in Frage gestellt werden kann, aber sofort erscheint diese Anfechtung als zweitrangig, und sie ausführen heißt umso mehr bewundern, was keine Anfechtung je angreifen kann. Niemals wurden die zentralen Perspektiven dieses Tableaus bestritten: Auf dieser Ebene ist das, was man sich anders vorstellt, von Anfang an verkürzt, eine schlagende Unkenntnis des Ganzen. Ein ganz einfacher Satz von Kojève spricht das aus: »Der historische Prozess, das historische Werden des Menschen ist also das Werk des Arbeiter-Knechts und nicht des Krieger-Herrn. Gewiss, ohne den Herrn hätte es keine Geschichte gegeben. Aber einzig deshalb, weil es ohne ihn keinen Knecht und folglich keine Arbeit gegeben hätte.« Ist das, was der Mensch im Wesentlichen von sich wissen muss, jemals brutaler (und hinterhältiger) ausgesprochen worden?

Bedenkt man, dass die Bloßstellung aller Dinge – der Geschichte, in ihrer Gewalt (aber auch in den Bewegungen ihrer genauen Räderwerke) – Hegel zufolge an demselben Ort stattfindet, an dem das natürliche Sein zum Menschen wurde und dies begriff, als er begriff, was der Tod ist, können wir nur noch verstummen. Am Äußersten des Möglichen, stellt der Diskurs letztlich denjenigen, der ihn vernimmt, in die Leere einer Nacht, in der das Tosen des Windes daran hindert, sprechen zu hören.

III. Das Ende der Geschichte

An dem Punkt, an dem ich angelangt bin, macht sich unweigerlich Enttäuschung breit. Diese Enttäuschung ist von Grund auf die des Menschen, der im Tod das Geheimnis des Lebens sucht und nicht findet, weil es unmöglich ist, in ein und demselben Augenblick zu sterben und zu erkennen: Er muss sich daher mit einem Schauspiel begnügen. Ich kann mir einen so vollkommenen Abschluss des Diskurses vorstellen – und auch darstellen –, dass in der Folge andere Entwicklungen keinen Sinn mehr hätten, nichts mehr lehrten und nur die Leere betrauern ließen, die das Ende des Diskurses hinterlassen hat. Doch damit rühre ich an den äußersten Punkt des Hegel'schen Denkens. Dieser letzte Moment der Einbildungskraft impliziert den Blick auf eine Totalität, von der kein konstitutives Element abgetrennt werden kann, die folglich jedes Element (letztlich) auf den Augenblick lenkt, da es vom Tod betroffen ist, die, mehr noch, die Wahrheit jedes Elements darin sieht, dass es demnächst vom Tod verschlungen wird. Allerdings ist eine solche Kontemplation der Totalität nicht wirklich möglich. Sie ist unserer Reichweite nicht weniger entzogen als die Kontemplation des Todes.

Das bringt mich auf das Postulat vom »Ende

der Geschichte«: Hegels Diskurs hat nur als abgeschlossener Sinn, und er ist abgeschlossen erst in dem Moment, in dem die Geschichte beendet ist, in dem alles beendet ist. Es sei denn, die Geschichte wird fortgesetzt, und es müssten noch andere Dinge gesagt werden. Zur Debatte steht damit die Kohärenz des Diskurses und sogar ihre Möglichkeit.

Ohne jeden Zweifel kann das Ende der Geschichte auf mehrere Weisen stattfinden. Doch auf welche Weise es auch stattfinden wird, es scheint mir, weil wir das Ende ja nicht leben können, nicht nur legitim, sondern sogar unvermeidlich, das Ende lebend zu imaginieren und es zu diesem Zweck durch einen Kunstgriff *darzustellen*. Das ist nicht verrückter, als sich seinen eigenen Tod vorzustellen … Es ist sogar der Satz vertretbar: »*Wäre die Geschichte zu Ende, für immer beendet, würde niemand mehr sprechen.*« Es wäre auch berechtigt hinzuzufügen: »*Vielleicht wüsste es dann auch niemand. Folglich müssten wir es vorwegnehmen!*«

Trotzdem bleibt zwischen beiden Komödien ein Unterschied: Der Tod ist gewiss. Das Ende der Geschichte ist es nicht. Daher können wir, was dieses Ende betrifft, nicht das gute Gewissen desjenigen haben, der sich vorstellt zu sterben. Und das ist in meinen Augen bedauerlich. Zunächst einmal wäre es unangenehm, die Notwendigkeit zu akzeptieren, dass »die Geschichte enden wird«, selbst wenn man das beweisen könnte, und noch unangenehmer wäre, naiv sagen zu müssen, dass sie beendet ist. In der Tat erscheint die Idee, dass die Geschichte zu Ende ist, den meisten als eine Dummheit. Es sind vielleicht schwache Argumente, die man ihr entgegenhält. Sie laufen in etwa darauf hinaus, von einem Hügel oder einem Haus zu sagen: Wir haben sie doch immer dort gesehen, warum sollten sie verschwinden? Und doch hat die Geschichte begonnen …

Welches ist der genaue Sinn, den wir diesen merkwürdigen Worten: Ende der Geschichte geben können? Damit ist gesagt, dass von nun an nichts Neues mehr stattfinden wird, wenigstens nichts wirklich Neues. Nichts, was das Tableau der zu Tage getretenen Existenzformen bereichern könnte. Kriege und Palastrevolutionen wären kein Beweis mehr dafür, dass die Geschichte noch andauert.

Wie dem auch sei, wenn ich eine so unerwartete Perspektive vorschlage, wird sie dieselben Reaktionen wie der Tod hervorrufen. Ich könnte darüber sagen: »Das ist nichts« oder »das ist falsch«. Ich könnte sogar »vor dem Ende zurückscheuen«. Aber ich könnte genauso gut dem, was stirbt, ins Angesicht schauen und das Werk des Todes erdulden. Von da an werde ich in einer absoluten Zerrissenheit eine Wahrheit finden, deren Auftauchen anzeigt, dass sie verschwinden wird …

Jedenfalls ist der Tod der Geschichte mein Tod so gut wie der des Individuums, das ich bin. Ist er nicht sogar ein Tod zweiten Grades? Die historische Dauer hat mir ein Überleben eröffnet, über das ich immer nur scheinheilig gelacht habe.

Ich weiß aber, dass der Mensch Negation ist, dass er eine unerbittliche Form von Negativität oder nichts ist. Wenn das Gegebene ohne schöpferische Revolte akzeptiert wird, können dann all jene, die es akzeptiert haben, noch Menschen sein? Haben sie nicht, wenn sie sich an sich selbst befriedigen und ohne Veränderung sich selbst gleichbleiben, den Charakter von Tieren angenommen – also den des Menschen abgelegt?

Dazu bemerkt Kojève bloß: »Das Verschwinden des Menschen am Ende der Geschichte ist […] keine kosmische Katastrophe: Die natürliche Welt bleibt, was sie von Ewigkeit her ist. Ebenso wenig ist es eine biologische Katastrophe: Der Mensch bleibt am Leben als ein Tier, das in Einklang mit der Natur oder dem gegebenen Sein lebt. Was verschwindet, ist der Mensch im eigentlichen Sinn, das heißt, die Tat, die das Gegebene negiert, und der Irrtum oder allgemeiner das Subjekt, das dem Objekt gegenübersteht. Tatsächlich bedeutet das Ende der menschlichen Zeit oder der Geschichte, das heißt, die endgültige Vernichtung des Menschen im eigentlichen Sinn, die des freien und geschichtlichen Individuums, schlicht die Beendigung des Tuns im strengen Wortsinn. Was praktisch das Verschwinden der blutigen Kriege und Revolutionen bedeutet.[71] Und auch das Verschwinden der *Philosophie*: Denn wenn der Mensch sich nicht mehr wesentlich verändert, gibt es auch keinen Grund mehr, die (wahren) Prinzipien zu ändern, die das Fundament seiner Welt- und Selbsterkenntnis sind. Der ganze Rest aber kann sich unbegrenzt behaupten: die Kunst, die Liebe, das Spiel etc., kurz alles, was den Menschen *glücklich* macht. Erinnern wir daran, dass dieses Hegel'sche Thema wie zahlreiche andere von Marx aufgegriffen worden ist. Die Geschichte im eigentlichen Sinn, in der die Menschen miteinander um Anerkennung und durch die Arbeit gegen die Natur kämpfen, hat Marx ›Reich der Notwendigkeit‹ genannt; jenseits seiner beginnt das ›Reich der Freiheit‹, in dem die Menschen (da sie sich gegenseitig uneingeschränkt anerkennen) nicht mehr kämpfen und so wenig wie möglich arbeiten (da die Natur endgültig gezähmt, das heißt mit dem Menschen versöhnt ist).«[72]

An anderer Stelle sagt Kojève: »Nichts ändert sich mehr in diesem universellen und homogenen Staat, noch kann etwas verändert werden. In ihm gibt es keine Geschichte mehr, die Zukunft ist nur eine Vergangenheit, die bereits gewesen ist, das Leben also ein bloß biologisches. Es gibt daher auch keinen Menschen im eigentlichen Sinn mehr. Das Menschliche, der Geist hat sich nach dem definitiven Ende des historischen Menschen in Das Buch[73] gerettet. Dieses Letztere ist nicht mehr die Zeit, sondern die Ewigkeit.«[74]

Diesen letzten Abschnitt seines Buches kommentiert Kojève wie folgt: »Die Tatsache, dass sich der Logos am Ende der Zeit vom Menschen *ablöst*, dass er nicht mehr unter der Form des Daseins, sondern als Buch da ist, empirisch existiert – diese Tatsache offenbart die *wesentliche Endlichkeit* des Menschen. Es ist nicht mehr dieser oder jener Mensch, der stirbt; der Mensch als solcher stirbt. Das Ende der Geschichte ist der Tod des Menschen im eigentlichen Sinn. Nach diesem Tod bleiben übrig: 1.) lebende Körper von menschlicher Gestalt, aber des Geistes, das heißt der Zeit und der schöpferischen Potenz beraubt; und 2.) ein Geist, der zwar empirisch existiert, aber in Form einer anorganischen, nicht lebendigen Realität, nämlich als ein Buch, das, da es nicht einmal ein animalisches Leben besitzt, mit der Zeit nichts mehr zu tun hat. Die Beziehung zwischen dem Weisen und seinem Buch ist daher der Beziehung des Menschen zu seinem Tod strikt analog. Mein Tod ist zwar meiner, er ist nicht der Tod eines Anderen. Aber er ist meiner nur in der Zukunft: Man kann zwar sagen: ›ich werde sterben‹, aber nicht: ›ich bin tot‹. Das gilt auch für das Buch. Es ist mein Werk und nicht das eines anderen; in ihm ist von mir und nicht von etwas anderem die Rede. Aber ich bin nicht in dem Buch, ich bin dieses Buch nur wenn ich es schreibe oder veröffentliche, das heißt, solange es noch eine Zukunft (ein Projekt) ist. Einmal erschienen, löst es sich von mir ab. Es hört auf, ich zu sein, wie auch mein Körper nach meinem Tod aufhört, ich zu sein. Der Tod ist genauso unpersönlich, ewig und unmenschlich wie der in und durch das Buch vollkommen wirklich gewordene Geist.«[75]

Ich habe diese befremdenden Texte, in denen die Sprache selbst vom Tod infiziert scheint, nicht nur zitiert, um ihren Gehalt zu verteidigen, sondern um Hegels Philosophie besser einzuordnen. Kojèves Text duldet keinen Widerspruch. Seine Bewegung ist brutal. Sie versöhnt nicht, und es ist klar, dass man den Text um seinen Gehalt brächte, wollte man ihn abmildern. Gewiss, Hegels Philosophie ist die des Todes.

Die enge Anbindung Kojèves an die hemmungslose Negativität des Tuns stellt ihn selbst ins Zeichen der Endlichkeit oder des Todes; wer ihm zuhört, meint, der Tod selbst würde diese flüssige, schneidende Sprache sprechen, angetrieben von einer unerbittlichen Bewegung: Seine Worte haben die Ohnmacht und gleichzeitig die Allmacht des Todes. Das bleibt von einer verheerenden Bewegung, durch die ausnahmslos alles, was die Menschheit denkt, zusammenbricht und zu Staub zerfällt: Kojève hat Hegels verborgene Unzufriedenheit betont und glücklicherweise herausgearbeitet, dass das, was der Weise Befriedigung nennt, nur eine zwar gewollte, aber absolute und endgültige Frustration ist. Was heißt das anderes, als in der Hegel'schen Totalität einen Holocaust aufdecken, dargeboten im »Angesicht« der Verwüstung durch die Zeit? Die Zeit, die alle Dinge entzieht und die sich in ihrem unaufhörlichen Verschwinden selbst entzieht.

Den herrschenden Denkweisen zum Trotz werde ich jetzt das Ende der Geschichte als irgendeine allgemein anerkannte Wahrheit ins Auge fassen.

Deren wesentliche Bedingung ist klar: Sie liegt im Übergang der Menschen zur homogenen Gesellschaft, das heißt: in der Beendigung des Spiels, in dem die Menschen gegeneinander opponierten und nach und nach die verschiedenen Ausdrucksweisen des *Menschlichen* verwirklicht haben.

Im Verlauf der Geschichte hat sich ein Teil der Menschen verändert im Verhältnis zu anderen, die sich nicht bewegt, nicht verändert haben. Der Mensch unterscheidet sich vom Tier, das sich durch die Jahrhunderte hindurch gleichgeblieben ist, nicht zuletzt dadurch, dass er immer wieder *anders* wird. Der Mensch ist das Tier, das sich kontinuierlich von sich selbst unterscheidet: Er ist das *historische* Tier. Die Tiere haben keine Geschichte, sie haben keine Geschichte mehr. Auch die menschliche Geschichte wird aufhören, wenn der Mensch aufhören wird, sich zu verändern und auf diese Weise sich von sich selbst zu unterscheiden.

Ein solches Moment ist leicht zu erkennen: Die Menschen sind einerseits bloße Bewahrer dessen, was sie sind, und vor allem Bewahrer der Differenzen, die sie trennen, die ihnen das Gefühl vermitteln, Mensch zu sein; wenn diejenigen, die die Welt verändern, nur noch damit beschäftigt sind, diejenigen Differenzen zwischen ihnen zu unterdrücken, die den Sinn einer Unterteilung in Klassen haben, gibt es keine Geschichte mehr, zumindest ist der Teil der Geschichte, der gerade gespielt wird, der *letzte*.

Unter solchen Bedingungen ist klar, dass der

Kampf auf beiden Seiten aufrichtig *für den Menschen* geführt wird. Die Konservativen sind nicht die Bewahrer früherer Zeiten, sie sind nicht der reine Ausdruck der Trägheit des Vergangenen, sondern der Wille, der den Menschen ohne Unterlass dazu treibt, sich von dem, was er war, zu unterscheiden und in dieser Unterschiedenheit von sich selbst den authentischen Menschen zu verkörpern. Umgekehrt werden die modernen Revolutionäre nicht mehr denen der Vergangenheit gleichen, die die Ankunft des neuen Menschen (des liberalen Intellektuellen oder des romantischen Dichters), der neue Distinktionen schaffen würde, im Sinn hatten. Wenn von einem neuen Menschen die Rede ist, wird die einzige Neuheit, die er bedeutet, die sein, dass die Menschheit insgesamt dem Niveau einer Art Vollendung angeglichen wird. Der Punkt, an dem diese Angleichung angeboten wird, ist leicht zu bestimmen. Er findet sich in einer Kultur, die ohne Zweifel verschiedener Stufen fähig ist, in der aber diese Stufen nur noch eine quantitative Bedeutung besitzen und keine qualitativen Differenzen mehr hervorbringen. Anders gesagt, nur die technische Kultur ist befähigt, die fundamentale Homogenität und das gegenseitige Verständnis derer, die sie auf den verschiedenen Stufen repräsentieren, zu organisieren. Der Arbeiter weiß nicht, was der Ingenieur weiß, aber er weiß um die Bedeutung der Erkenntnisse des Ingenieurs, während ihm die Interessen eines surrealistischen Schriftstellers *au fond* fremd sind. Es geht hier nicht um eine Skala höherer Werte, auch nicht um die systematische Verachtung interesseloser Werte. Es geht lediglich darum, sich auf das zu stützen, was die Menschen miteinander verbindet, und das zu beseitigen, was sie voneinander trennt. Für den Menschen bedeutet dies eine Umkehrung der Bewegung, die ihn bis hierhin gebracht hat. Von nun an kann jeder Mensch die ganze Menschheit in sich selber sehen, in dem, was aus ihm dasselbe macht wie das, was die anderen sind, während wir uns gerade auf solche Werte gestützt haben, die uns voneinander unterschieden.

Das setzt nicht den Wunsch nach dem voraus, was die Menschheit erreicht hat, als sie sich von Unterscheidung zu Unterscheidung höher entwickelt hat. Es setzt nur voraus, dass niemand mehr nach neuer Unterscheidung strebt. Es bedeutet, dass der Mensch, einverstanden mit sich selbst, nicht mehr versucht, dadurch Mensch zu sein, dass er sich von dem abgrenzt, was vor ihm als menschliche Natur galt. Was aus uns das enttäuschende Wunder macht, das wir immer noch sind, macht dem natürlichen, animalischen, weil unveränderlichen Sein Platz, das die Natur gerade dadurch beherrschen wird, dass es sie nicht mehr negiert, weil es vollkommen in sie integriert sein wird.

Das Ereignis wiegt umso schwerer, als auf beiden Seiten keiner mehr bereit ist, ihm »ins Angesicht« zu sehen. Seine Bedeutung ist erkennbar und doch nie erkannt worden. Aber es herrscht heute ein großes Unbehagen auf der Erde.

Bei alledem fällt es uns schwer, nicht zu unseren Denkgewohnheiten zurückzukehren. Aber einen Moment lang, in dem Augenblick, da sie in den Tod eintritt, haben wir die Chance, diese Welt zu erkennen, die uns eine unerträgliche Gegenwart nur zu offenbaren scheint, um ihren Sinn vorzuenthalten. Wir kennen diesen Sinn flüchtig, und seine Bejahung ist nur dazu da, ihn in ein endgültiges Schweigen aufzulösen. Trotzdem ist es eine Chance, dieser Einladung zu folgen: Es stimmt, diese Chance enttäuscht, aber vielleicht nur weil wir unzählige Jahrhunderte hindurch eine sehr menschliche Apotheose erwartet haben, einen sehr sublimen und vollkommenen Abschluss. Eine Apotheose von der Art, dass sich die Augen ohne Zweifel zu spät für die letzte Offenbarung öffnen werden, verdient mindestens die schwache Erregung, die ich empfinde. Ich kann nicht hoffen, mich ihrer zu erfreuen, und ich wüsste nicht einmal, ob ich nicht gerade dabei bin, ein wunderbares Schauspiel aus einem Ereignis zu machen, dessen Eigentümliches gerade darin besteht, nichts Wunderbares mehr anzukündigen. An dem Tag, an dem das, was ich erwarte, zutage tritt, werden vielleicht alle Augen geschlossen sein, wie ja auch die Augen der Henker, die diesen Namen verdienen, unvermeidlich blind für den Tod sind. Aber noch ist es Zeit, und ich könnte, wenn ich die alten Denkgewohnheiten aufgebe, im Voraus das Schauspiel aufführen, das immer nur geschlossene Augen sehen werden, das ich aber auch sehe und das vor meinen weit aufgerissenen Augen ebenso wunderbar wie angsterregend ist.

Ich glaube nicht, dass die Einbildungskraft für diesen Zweck ausreicht. Es ist gewiss fesselnder, ein bestimmtes Verhängnis auf unsere Weise darzustellen. Die vorweggenommene Kontemplation, aus der wir nie herauskommen, kann nur eine gelehrte sein. Wir müssen uns zwar darauf beschränken, die Vorgeschichte des Ereignisses zu erzählen. Aber wir können uns dem, was im Geist den Wunsch weckt, dabei zu sein und dem Ende ins Auge zu sehen, auf mehrere Weisen nähern. Diese äußersten Reaktionen sind unbestreitbar lächerlich, aber was für die einen »umso schlimmer« ist, ist für die anderen manchmal »umso besser«.

Indem ich mich in die Entwicklung der Zeit stelle, könnte ich die Masse der lebenden Materie ins Auge fassen und innerhalb ihrer bei der Tatsache verweilen, dass der Mensch, der im Schoß dieser Masse agiert, in ihr seinen Lebensunterhalt »produzieren« muss. Er produziert jedoch immer (oder fast immer) mehr, als er für seinen Fortbestand braucht.

Die Natur selbst produziert mehr Subsistenzmittel, als für die Summe der Lebewesen notwendig ist. Von daher die ökonomische Bedeutung von Schädlingen, die eine viel kostspieligere Nahrung haben als andere Tiere derselben Größenordnung. Alles findet wie die verlangsamte Explosion eines Feuerwerks statt; die Arabesken von Leben und Tod dieser Explosion würden sich vervielfältigen, aber sie wird niemals aufhören, ihre explosive Bewegung fortzusetzen (oder zu intensivieren). Wenn man den Tod selbst als Luxus auffasst, ist alles Luxus in der Natur. Alles ist Überfülle, Überfluss.

Unter allen Tieren führt der Mensch mit Sicherheit das luxuriöseste Leben. Natürlich gibt es hier eine gewisse Oszillation. So kann, wenn eine Tierart gesättigt ist, der Überfluss an Ressourcen im Allgemeinen ihrer vermehrten Reproduktion dienen. Doch auch dieses Wachstum der Gattung erreicht bald seinen Sättigungspunkt, jenseits dessen der individuelle Anteil an den Ressourcen immer geringer wird. Hier interveniert der Schädling: Er frisst einen Teil der Tiere, so dass es den Überlebenden, deren ungebremstes Wachstum die Knappheit ausgelöst hat, an nichts mangelt.

Ich habe bereits gesagt, dass der ökonomische Sinn des Schädlings von der luxuriösen Natur seiner Nahrung abhängt. Um sich zu ernähren, braucht er praktisch sein Leben lang die Menge an Pflanzen, die dazu dient, seine Opfer zu ernähren; das heißt, er braucht eine viel größere Menge, als wenn er selbst Pflanzenfresser wäre. Ein Löwe, der sich von Kühen ernährt, nimmt eine viel größere Pflanzenmenge auf als die, die genügt, eine Kuh zu ernähren. Aber er hat keinen Grashalm zerstört. Wenn sich seine Gattung dann selbst rapide vermehrt, hätte man nur Anlauf genommen, um besser zu springen, aber damit ist es nichts. Die Kalkulation der Wirkungen wäre komplex, und man muss zugeben, dass es schwierig ist, die genauen Gegebenheiten festzulegen. Bereits die einfache Beschwörung der Tatsachen zeigt die Gefahr (den Unsinn), die in der Umwandlung des Überflusses in ein Wachstum liegt, das den Überfluss aufzehrt. Was ökonomisch zählt, ist das Festhalten an einer Oszillation zwischen dem Wachstum und der kostspieligen Konsumtion, die gleichmäßiges Wachstum verhindert.

Es stimmt zwar, dass im Fall des Menschen das Wachstum selbst zur Entwicklung von Ressourcen beiträgt. Das gilt aber nur für die Entwicklung technischer Möglichkeiten, die noch nicht zur Anwendung gekommen sind. Nichtsdestotrotz gibt es Sättigungspunkte: Das heißt, dass das Wachstum aus der Sicht des Menschen zwei Formen annimmt. Das Grundwachstum ist das der Gattung: Es betrifft die Zahl der Individuen und kommt der anderen, sekundären Form, dem Wachstum der Produktionsmittel, die einer Gesellschaft zur Verfügung stehen, zugute. Theoretisch könnte das sekundäre Wachstum unbegrenzt sein und keine Nachteile haben. Allerdings gibt es wie im animalischen so auch im industriellen Wachstum einen Sättigungspunkt. Selbst wenn es um den rationalen, universellen und sozialistischen Staat geht, müssen wir einen ganz bestimmten Faktor in Rechnung ziehen: eine Sättigung an Produkten bezogen auf den Aufwand der Produktion. Andernfalls würde ein exzessives industrielles Wachstum dasselbe bedeuten wie die exzessive Vermehrung der Tiere, nämlich die Abnahme des durchschnittlichen Wohlstands.

Wenn man mit Hegel denkt, dass die Geschichte, das heißt der Mensch, mit einem reinen Prestigekampf um Anerkennung begonnen hat, muss man zugestehen, dass der *menschlichen*

Existenz das Problem einer Wahl zwischen der Verwendung der Ressourcen für das Wachstum an Zahl und an Macht einerseits und der *unproduktiven* Verausgabung andererseits zugrunde liegt. Die anfängliche Wahl des Prestigekampfs um Anerkennung zeigt das Privileg der unproduktiven Verausgabungen an, aber das ist weniger klar, als es zunächst schien; denn es gibt nur scheinbar eine unilaterale Wahl, in Wahrheit geht es um eine *doppelte* Bewegung. Weder die Sorge um Wachstum noch die um ein ruhmreiches Leben haben je aufgehört, für die Menschen eine Rolle zu spielen. Wir werden sehen, dass die authentische menschliche Wahl die der Doppelheit ist.

Die erste Lösung bestand darin, die doppelte Bewegung zwischen dem Herrn und dem Knecht aufzuteilen. *Aus freien Stücken* lehnte der Mensch es ab, sich für das Wachstum zu verwenden; er wollte die Gegenwart nicht offen der Zukunft unterwerfen, wie es die Sorge ums Wachstum vom Menschen verlangt; nur der Knecht sollte seine gegenwärtige Zeit der Zukunft des Herrn unterwerfen. Ganz zu Beginn war es daher die Knechtschaft, verstanden als das Fehlen von Freiheit, der die Sorge um die Zukunft oblag, während die Freiheit das souveräne oder göttliche Leben im Augenblick bejahte.

Es versteht sich von selbst, dass diese Grundlagen nicht nur brüchig, sondern sogar falsch sind. Die Mogelei des Herrn[76] liegt von Anfang an offen zu Tage. Denn der Herr befiehlt dem Knecht, und das heißt, er *handelt*, anstatt *souverän* im Augenblick *zu sein*. Es ist nicht der Knecht, sondern der Herr, der über die Taten des Knechts entscheidet, und diese servilen Taten sind die des Herrn.

Aber der Herr verleugnet sie. Scheinheilig befreit er sich von dem ursprünglichen Verbrechen (das die Negation der Natur ist), indem er auf diesem Verbrechen beharrt. Er negiert die anderen Menschen, die Knechte, auf dieselbe Weise wie die Natur. Er lügt, wenn er vorgibt, mit dem Luxuskonsum nicht einverstanden zu sein. Er schämt sich *seines* Elends, eines Elends, das nicht nur das des Knechts, sondern auch sein eigenes ist. Denn der Knecht handelt gegen seinen Willen, er dient nicht aus freien Stücken – wie der Herr, der aus freien Stücken entscheidet, dass er souverän *ist*, es in Wirklichkeit aber nicht ist. Glaubt man dem Herrn, wird der Knecht von den servilen Sorgen entwertet. Es stimmt, dass der Knecht, als er die Knechtschaft dem Tod vorzog, sich herabgesetzt und auf eine Stufe mit dem animalischen Leben gestellt hat. Aber die vorausschauende Sorge ist seine Sache nicht. Der Herr hat dem entwürdigten Knecht lediglich eine Sorge aufgehalst, die dieser selbst nicht hatte. Der Knecht war von Anfang an herabgesetzt, und so war es leicht, mit ihm das zu assoziieren, was an der vorausschauenden Sorge herabsetzend ist (auch wenn nur der Herr vorzusorgen verstand).

Was dagegen den souveränen Gebrauch der Reichtümer angeht, war die Arbeit des Knechts ein Erfolg. In dem Schwanken, von dem ich sprach, hat er dem Leben einen unproduktiven Schwerpunkt garantiert. Letztlich nahm der Knecht die vorsorgende Unterwürfigkeit an, die ihm zunächst gegen seinen Willen aufgezwungen wurde und derer sich der Herr geschämt hatte – der Knecht schämte sich ihrer nicht und erwarb in einer nüchternen Bewegung mit der Zeit die wirkliche Macht; die Scham hat den Herrn um das gebracht, was der Knecht gewann. Es kam die Zeit, da der mächtige Knecht die verfügbaren Ressourcen frei den für die Zukunft erwarteten Ergebnissen unterwarf. Er tat es und prahlte damit. Aber er war nicht weniger inkonsequent als der Herr. Er folgte diesen Prinzipien, ohne zuvor an die etablierte Ordnung gerührt zu haben. Der Kapitalist widmete die Ressourcen dem Wachstum der Produktionsmittel, ohne etwas an einer Welt zu ändern, die auf die *Unterscheidung* von sich gegenseitig bekämpfenden Klassen begründet ist. Im Prinzip negiert der Kapitalist solche *qualitativen* Differenzen zwischen den Klassen. Aber die »Unternehmer« haben nicht bemerkt, dass ein Teil ihrer Tätigkeit unproduktiv blieb. Die Industrie war im Wesentlichen eine Welt der Nützlichkeit, es war auch eine homogene, auf *quantitative* Differenzen beschränkte Welt. Doch die Nützlichkeit war bloß eine für den Arbeitgeber. Und oft hielt es der Arbeitgeber für gut, er hielt es für nützlich, mit dem Grundherrn im prunkvollen Gebrauch der Reichtümer zu rivalisieren.

Das war in gewisser Weise eine dem Wachstum gezogene Grenze, wenn auch nur scheinbar. Im Prinzip ist die Grenze mit der Tatsache gegeben, dass, ist der Lebensunterhalt gewährleistet (schlecht gewährleistet, aber im Rahmen des Üblichen), ein nicht unbeträchtlicher Teil der Produktion in der Form unproduktiver Tätigkeit verschwendet werden muss. Andernfalls würden sich die Wirkungen eines übertriebenen Wachstums schmerzhaft bemerkbar machen. Nie stand zur Diskussion, die unproduktive Verausgabung zugunsten einer schnelleren Akkumulation zu reduzieren. Es genügte, sie in der nützlichen Welt zu negieren, um sie aufzuheben und ihr eine nützliche Form zu geben. Der Exzess verfügbarer Reichtümer musste von einer schreiend ungleichen Verteilung zu einer homogenen Verteilung in der Form einer Anhebung des Lebensstandards des Arbeiters – aller Arbeiter – übergehen. Der Luxus wurde abgeschafft und zur Form der *Annehmlichkeit*[77] sublimiert.

Das deckt das Wesentliche des gegenwärtigen Handelns ab. Allerdings ist auf dieser Ebene – mehr denn je – der unproduktive Gebrauch vor allem in Form von Kriegsausgaben gegeben, und das scheint einer Bewegung der Nivellierung zuwiderzulaufen. Die Kriege sind vielleicht die letzten Zuckungen einer Bewegung, die in ihrer Ausdehnung zu jener finalen Strahlung neigt, deren Prototyp die Wärme ist, die sich in dem Maße ausbreitet, indem sie sich verliert, und in der sich die Differenzen und die Intensität verlieren. Die Kriege haben, so viel ist richtig, als eine Art Mischmaschine gewirkt. Sie können die Menschheit, wie man gesagt hat, in die Vergangenheit zurückversetzen, sie können aber auch eine Zeit ankündigen, die der in Bewegung begriffenen Menschheit den Geist der Eroberung zurückgibt, der sie vor allem in den letzten fünfhundert Jahren geleitet hatte.

Es gibt nichts zu bedauern; dieser Geist stammt ohne jeden Zweifel aus der Unzufriedenheit, und seine Eroberungen sind bis heute durch den unzufriedenen Menschen hindurchgegangen. Es handelt sich gegenwärtig übrigens um eine zutiefst kritische Phase. Vielleicht steht der Mensch heute an einem Punkt, an dem er von der Bewegung, die ihn vorangebracht hat, fallen gelassen wird; vielleicht ist er bereits fallen gelassen worden. Das ist genau der Grund, warum er heute das, was der Mensch an sich ist, so empfinden kann, wie er es nie zuvor empfunden hat: diese Kraft der Negativität, ein Moment, der den Lauf der Welt aussetzt und reflektiert, weil er ihn einen Augenblick lang bricht und doch nur die Ohnmacht, ihn zu brechen, widerspiegelt. Schiene es ihm so, dass er ihn wirklich bräche, würde er nur einer Illusion erliegen, denn er bricht ihn nicht. In Wahrheit reflektiert der Mensch die Welt erst, wenn ihn der Tod ereilt. In diesem Augenblick ist er souverän, aber das heißt auch, dass ihm die Souveränität entgleitet. (Und er weiß, dass sie, hielte er sie fest, aufhörte das zu sein, was sie ist …). Er sagt, was die Welt ist, aber seine Worte können das sich ausbreitende Schweigen nicht stören. Und er weiß etwas nur in dem Maße, indem sich ihm der Sinn des Wissens, das er besitzt, entzieht.

Rita Bischof

Negativität und Anerkennung

Hegel, Kojève, Bataille und das Ende der Geschichte

Vorbemerkung

Als Georges Bataille begann, in Hegel mehr als nur den Gegenstand einer Polemik mit seinen Zeitgenossen zu sehen, war er von der Idee besessen, eine positive Kritik der Hegel'schen Philosophie zu entwerfen. Schon 1932, in seinem ersten Hegel-Essay, ging es ihm darum zu klären, was das dialektische Denken ist, welches seine genuinen Themen sind und wo seine Grenzen liegen. Bataille sah darin ein Desiderat, das aus der zeitgenössischen Diskussion um Hegel und den Verwirrungen, zu denen sie geführt hatte, erwachsen war. Noch 1956, in »Hegel, der Mensch und die Geschichte« spielt er auf die Ausgangssituation an. »Die nahezu beherrschende Rolle, die der Marxismus heute spielt, hat übrigens dazu beigetragen, die Aufmerksamkeit auf die Philosophie Hegels zu lenken, aber eine eher von Engels als von Hegel selbst ausgehende Tendenz, die dialektischen Aspekte der Natur in den Vordergrund zu stellen, hat die grundlegende dialektische Entwicklung der Hegel'schen Philosophie, die sich auf den Geist – das heißt auf den Menschen – bezieht und deren entscheidende Bewegung aus dem Gegensatz von Herr und Knecht (der Teilung der menschlichen Gattung in entgegengesetzte Klassen) resultiert, in den Hintergrund gedrängt.«[78]

Batailles mit diesem Band erstmals auf Deutsch vorliegende Essays sind nur der sichtbare Teil einer lebenslangen, oft unterschwelligen Beschäftigung mit Hegels Philosophie. Sie sind zwar repräsentativ für den inneren Dialog, den er insbesondere mit der *Phänomenologie des Geistes* führte, können diesen Dialog aber nicht erschöpfend abbilden. Wie intensiv sich Bataille mit Hegel beschäftigt hat und wie entscheidend das für die Entwicklung seines eigenen Denkens war, zeigt sich erst, wenn man sich in seine unveröffentlichten Manuskripte aus den vierziger und fünfziger Jahren vertieft, zumeist über *Le Non-Savoir* oder *Le Pur bonheur*, den beiden nie fertiggestellten Bänden, die seine antithomistische *Summa Atheologica* hätten vollenden sollen. Aber auch die sehr umfangreichen Manuskripte zu einer Theorie der *Souveränität* müssen erwähnt werden, an der Bataille bis in seine letzten Jahre gearbeitet, die er aber nicht mehr abgeschlossen hat. In allen diesen Texten ist Hegel gegenwärtig, wenn auch nicht Thema. Sogar in Batailles erotischer Literatur finden sich Anspielungen auf ihn, die zunächst nicht sehr explizit sind, aber bereits ab den frühen vierziger Jahren für Erzählungen wie *Madame Edwarda* (1941)[79] und *Le Petit* (1943) eine konstitutive Bedeutung besitzen. Mit *Madame Edwarda* hat Bataille das Thema des *Je suis Dieu*, das über verschiedene Stufen mit Hegel[80] vermittelt ist, in sein »obszönes Werk« eingeführt. In dieselbe Tradition hatte er aber schon *Dirty*[81] gestellt, einen Text, der 1928, unmittelbar nach *L'Anus solaire*, entstanden ist und 1935 als *Einleitung* in den Roman *Le Bleu du ciel* aufgenommen wurde. Da Bataille den Roman aufgrund seines stark autobiografischen Charakters zunächst nicht zur Veröffentlichung[82] vorgesehen hatte, ihm aber sehr an dem Porträt von *Dirty* lag, brachte er den Text 1945 als Separatdruck in der Reihe *L'Age d'or* heraus. Anlässlich dieses Erstdrucks stellte er ihm eine lange Passage aus der *Einleitung* in die *Phänomenologie*[83] voran. Später hat er auch *Madame Edwarda*, genauer ein für die stark überarbeitete Neuauflage von 1956 verfasstes und mit Georges Bataille gezeichnetes Vorwort unter ein Hegel'sches Motto gestellt:

Der Tod ist das Furchtbarste, und das Tote festzuhalten, das, was die größte Kraft erfordert[84], und damit angedeutet, dass er den Text auch als Allegorie auf eine Grundfigur der *Phänomenologie* verstanden wissen wollte. Doch ist das lange Epigraph aus *Dirty* mehr als nur ein Motto, nämlich eine Begründung für diese Art grenzüberschreitenden Schreibens, dessen Ergebnisse Bataille nie unter seinem eigenen Namen veröffentlicht hat. Er deutet damit an, dass es sich hier nicht nur um eine andere Art von Texten, sondern auch um die Texte eines Anderen – Texte des Anderen – handelt. Und obwohl die lange Passage nicht als eine Hommage an Hegel zu verstehen ist, hat Bataille, indem er sie zitiert, einbekannt, dass die *Phänomenologie des Geistes* an der Entstehung dieser Schreibweise paradoxerweise Anteil hatte.[85]

Hegel ist ohne jeden Zweifel einer von Batailles ständigen philosophischen Wegbegleitern, auch wenn viele seiner Interpreten diese Nähe als Ergebnis eines Missverständnisses dargestellt haben. Würde man aber Hegel aus Batailles Denken subtrahieren, wäre es nicht mehr dasselbe Denken. Noch ein Jahr vor seinem Tod schreibt er an Alexandre Kojève, dass er etwas der *Introduction à la lecture de Hegel* Vergleichbares schaffen möchte, »aber das müsste unendlich willkürlicher sein und hauptsächlich auf dem Bestreben beruhen, das zu interpretieren, was Hegel nicht gewusst oder unbeachtet gelassen hat (so die Vorgeschichte, die Gegenwart, die Zukunft etc.)«.[86] In dieser Idee, die er ganz ähnlich schon zu Beginn der dreißiger Jahre geäußert hatte, ist die Essenz seines lebenslangen Dialogs mit Hegel enthalten. Das zeigt nicht nur, dass Bataille in Hegel'schen Kategorien dachte – alle seine Begriffe lassen sich letztlich von ihnen herleiten,[87] sondern auch, dass er sie in Bereiche transponierte, die in Hegels Philosophie keine Rolle gespielt haben. Bataille übernimmt die Hegel'schen Figuren nicht, um sie zu affirmieren, auch nicht um sie zu widerlegen, vielmehr geht es ihm darum, mit ihnen zu arbeiten, sie zu aktualisieren und im Licht der modernen Geisteswissenschaften neu auszulegen.

Um seiner Auseinandersetzung mit dem dialektischen Denken gerecht zu werden, schien es mir daher unumgänglich, einen Blick auf ihre Entwicklung zu werfen, von den sehr fragmentarischen Ansätzen in der Zeitschrift *Documents* bis zu den späten Essays, in denen Bataille seine Haltung zu Hegel unmissverständlich klargelegt hat. Doch auch diese Essays haben keinen Schlusspunkt gesetzt, Bataille hat bis an sein Lebensende nicht aufgehört, mit Hegel, gegen Hegel und über Hegel nachzudenken.

Zwischen dem ersten der drei hier veröffentlichten Essays und den letzten beiden liegt eine Spanne von fast einem Vierteljahrhundert. Der erste wurde unter Mitarbeit von Raymond Queneau verfasst und ist 1932 in der Zeitschrift *La Critique Sociale* erschienen. Die darin versuchte positive Hegel-Kritik läutete sozusagen das Ende von Batailles Frühphase ein und kann als deren Resümee verstanden werden. Die beiden anderen wurden in den Jahren 1955 und 1956 geschrieben und publiziert, als Bataille versuchte, noch einmal alles, was ihm wichtig war, zur Sprache zu bringen und seinem Denken den letzten Schliff zu geben. Das Gemeinsame seiner verschiedenen Lektüren aber ist, dass sie sich von Anbeginn, wie absichtslos, gerade solchen Konfigurationen, Motiven oder Themen ankristallisieren, die in der deutschen Rezeption der *Phänomenologie* nur eine geringe Rolle gespielt haben. Überraschend sind daher auch die Schlüsse, die Bataille aus der Hegel'schen Philosophie zieht und die zu ziehen einem deutschen Leser bis weit in die zweite Hälfte des zwanzigsten Jahrhunderts hinein kaum in den Sinn gekommen wäre. Einige Interpreten haben daher die Rede von einer surrealistischen Lektüre Hegels eingeführt, um das Spezifische der damaligen französischen Rezeption zu benennen. Allerdings haben sie offengelassen, was genau dieser Begriff meint und wodurch eine solche Lektüre bedingt sein könnte.

Der surrealistische Hegel

1. Hegel und Sade

Eine Koinzidenz, die zweifellos etwas Aufreizendes besitzt, will, dass die Namen Hegel und Sade gleichzeitig in Batailles Texten aufgetaucht sind. Das besagt zwar noch nicht viel, zumal diese Koinzidenz eine äußerliche, bloß faktische ist und Bataille weder damals noch später zwischen beiden eine direkte Beziehung hergestellt hat. So gesehen scheint es müßig, den berühmten Vergleichen Sades mit Kant[88] oder mit Plato[89] einen Vergleich Sades mit Hegel an die Seite zu stellen. Was auch könnte den Verfechter eines unveräußerlichen (Herren-)Rechts auf Genuss in die Nähe des Verfassers der *Phänomenologie des Geistes* rücken, eines Geistes, der wesentlich Arbeit ist und seine Macht gerade daraus gewinnt, dass er zwar aus sich herausgeht, sich entfremdet und sein Leben aufs Spiel setzt, aber doch so, dass er den Tod in Schach hält, das Risiko begrenzt und den Genuss auf später verschiebt? – Nichts, wenn man nicht auf die Geschichte rekurriert, auf die Sade und Hegel, beide in je eigener Weise, reagierten. Tatsache ist, dass sich Bataille seit seinen ersten Artikeln für die Zeitschrift *Documents* bald auf den einen, bald auf den anderen der beiden Denker der Revolutionszeit bezieht, die ihm zum Argument werden, noch bevor er eine wirkliche Kenntnis von ihren jeweiligen Werken besitzt. Diese Bezugnahmen fallen zwar höchst unterschiedlich aus: Bataille hat Hegel von Anfang an in eine kritische Perspektive gestellt und damit seinen Ruf eines »Anti-Hegelianers« begründet; gleichzeitig ist es ihm ein Anliegen, Sade gegen seine Liebhaber zu verteidigen. Trotzdem gibt es einige markante Parallelen wie beispielsweise die, dass es ihm weniger um eine Exegese ihrer Werke ging, die damals in Frankreich nur schwer zugänglich waren, als vielmehr um eine Kritik am Umgang der Intellektuellen mit ihnen. Bataille fragt nach dem Gebrauchswert, den seine Zeitgenossen von den beiden Denkern machen, und wirft damit zumindest implizit die Frage auf, welchen Gebrauchswert ihre jeweiligen Philosophien tatsächlich haben.

Was aber trotz allem Hegel und Sade im Denken Batailles tatsächlich in einer gewissen Nähe hält, ist eine Frage, die er beiden stellt, nämlich die Frage nach dem Verhältnis von Herrschaft und Souveränität. Dies und die eng damit assoziierte Erfahrung der Negativität sollten für ihn in der Folge immer wichtiger werden. Zwar ist Bataille 1929/30 noch weit davon entfernt, diese Begriffe für sich selbst geklärt zu haben; noch spricht er in Andeutungen. Trotzdem ist nicht zu übersehen, wie sich in seinen Reflexionen auf dieses Problem die Vorstellungen beider Denker zu überlagern beginnen. Bemerkenswert ist überdies, dass bereits in diesen frühen Entwürfen die Richtung erkennbar wird, in die sich Batailles Denken entwickeln wird. Das hat sich wenig später in den Artikeln für *La Critique Sociale* auch in theoretischer Form niedergeschlagen.

2. Der dadaistische Hegel

Zwar kann es hier nicht um die Frage gehen, wie sich Sade zu Hegel oder Hegel zu Sade verhält, vielmehr stellt sich das Problem, wie, warum und unter welchen Umständen Bataille in *Documents* auf Hegel Bezug genommen hat. Und zu diesen Umständen gehört Sade. Die Entdeckung der beiden Denker fällt nicht nur zeitlich zusammen, sie hat auch dieselbe Genese. Batailles erste veröffentlichte Stellungnahmen zu Hegel wie zu Sade stehen in engem Zusammenhang mit der *Polemik mit André Breton*[90], der aus ihnen – ebenfalls ohne genauere Werkkenntnisse – sehr früh schon die Schutzheiligen des nachmaligen Surrealismus[91] gemacht hatte. Noch zu Dada-Zeiten, 1923, hatte Breton in einer Nummer der Zeitschrift *Littérature* mit dem Titel »Erutaréttil«[92] eine Rangliste der achtzehn größten Geister aufgestellt, in der Hegel in einer Reihe mit anderen, für ihn wichtigen Dichtern und Denkern, darunter auch Sade und Lautréamont[93], zu stehen kam. Breton liebte bekanntlich solche Aufstellungen, die er von Zeit zu Zeit aktualisierte, die von ihm aber in der Regel nicht hierarchisch intendiert waren. Eher handelt es sich um die Erstellung einer Ahnengalerie, das heißt, die Genannten stehen für die Surrealisten auf ein- und derselben Ebene, die die einer Wahlverwandtschaft ist. Man könnte sagen, dass Breton, indem er solche Listen erstellte, vor allem geteilte Momente, getauschte Gedanken und Perspektiven festhielt.

Offenbar aber hat diese Nebeneinanderstellung einige Interpreten so stark provoziert, dass sie auf ihr die These von einer surrealistischen Lektüre Hegels – auf Seiten Batailles[94] wie auf Seiten Kojèves[95] – zu begründen suchten. Die These kam etwa um die Jahrtausendwende auf und kann sich auf kaum mehr als Bretons sporadische Teilnahme an den Hegel-Vorlesungen stützen. Es gab wohl auch einige gemeinsame Essen mit Kojève und Bataille im Anschluss an diese Vorlesungen[96], aber eine wirkliche Beziehung zwischen Kojève und den Surrealisten ist nicht nachzuweisen.[97] Zwischen Bataille und dem Surrealismus hat es zwar Beziehungen gegeben, und diese sind ziemlich verzwickt. Schaut man sich aber die Texte an, in denen sich seine Beschäftigung mit Hegel niedergeschlagen hat, drängt sich die Erkenntnis auf, dass sich seine Auffassung in ausdrücklichem Widerspruch zur surrealistischen herausgebildet hat. Das gilt selbstverständlich nur für die Anfänge.[98]

Genauso gut, vielleicht sogar mit mehr Recht hätte man von einer dadaistischen Rezeption Hegels sprechen können. Hier findet sich schnell ein *tertium comparationis*, nämlich die Emphase, die jeweils der Negativität gilt. Tatsächlich haben französische Journalisten eine solche Beziehung in polemischer, Hegel herabsetzender Absicht damals auch hergestellt. Umgekehrt waren die Pariser Dadaisten – neben Breton vor allem Tristan Tzara – nach Kräften darum bemüht, aus Hegel einen ihrer Geistesverwandten zu machen. Einige wollten im Leben Jacques Vachés, des Dandys der Schlachtfelder und des Erfinders des *umour*[99], eine vollkommene Entsprechung zu Hegels dialektischem Denken erkennen.[100] Georges Ribemont-Dessaignes, darin nicht wirklich involviert, hat das 1922 in der Zeitschrift *Der Sturm* kommentiert: »Man wirft uns den Namen Hegel zwischen die Beine, Bonjour Papa. Macht Ihnen das Spaß? Seine kleine, sehr sympathische Negation hat nichts zerstört. Sie ist bloß traurig.«[101] Im Unterschied zu Breton und Tzara hat Ribemont-Dessaignes eine dezidiert negative Beziehung zwischen der Avantgarde und Hegel hergestellt. Anlässlich der Aufführung von Tzaras Stück *Die ersten himmlischen Abenteuer des Monsieur Antipiryne* im *Théâtre de la Maison de l'Œuvre* bemerkt er, dass an jenem Abend »die Konditionierung und die Mystifikation des Publikums durch die Dadaisten in sehr konkreter Weise die Hegel'sche Negation und das Hegel'sche Wissen überschritten« habe. »[...] das Publikum hat eine Stunde lang Brechwurz geschluckt: Dada versteht es, ihn zuzubereiten. Das ist eine andere Wirkung als diejenige Hegels.«[102]

Doch im Grunde konnte damals, trotz aller Absichtserklärungen Bretons, von einer Hegel-Lektüre[103] keine Rede sein. Noch in *Nadja* (1928) hat er Hegel nur nach der Sekundärliteratur zitiert[104], und doch ist es als eine Antwort auf Breton zu verstehen, wenn Bataille 1929 im vierten Heft von *Documents*, sichtlich genervt, Hegel namentlich in seinen Diskurs einführt. Breton, obwohl in keinem einzigen Artikel aus *Documents* mit Namen genannt, ist der eigentliche Adressat seiner Einlassungen zu Hegel oder zu

Sade. Das erklärt vielleicht auch, warum er in den unterschiedlichen Kontexten ähnliche Argumente gebraucht hat. Was Bataille zunächst Hegel vorwirft, das Problem konkreter Disproportionen zwar erkannt, ihm aber nur einen abstrakten Ausdruck gegeben zu haben, hat er in dem wenig später entstandenen, aber erst posthum veröffentlichten Text »Der Gebrauchswert des D. A. F. de Sade« seiner Kritik am Surrealismus zugrunde gelegt. Dieser sei zwar bemüht, das Andere oder Heterogene in seinen Diskurs aufzunehmen, bediene sich aber einer Methode, die nolens volens die Andersheit des Anderen annulliere. Bei Hegel wie im Surrealismus sei die philosophische Anstrengung darauf ausgerichtet, die Antinomien zu reduzieren. Umgekehrt hat Bataille aus Sade, der sich nicht so leicht vereinnahmen ließ, seinen Verbündeten im Kampf gegen den Surrealismus wie gegen den französischen Hegelianismus gemacht. Erst viel später[105] brachte er auch auf den Begriff, was ihn dazu motiviert hat: Sade verkörperte in seinen Augen eine Alternative jenseits von Herr und Knecht, er verkörperte das souveräne Individuum, das diese Opposition nicht anerkennt, sondern überschreitet. Bataille lässt aber auch keinen Zweifel daran, dass Sade dieses souveräne Individuum nicht als ein Handelnder war, auch nicht als ein Politiker der Revolution, der die Todesstrafe strikt ablehnte, sondern ganz ausschließlich als ein Schriftsteller und Theaterregisseur[106], der den größten Teil seines Lebens in Kerkern und Irrenhäusern verbracht hat – aufgrund einer Denunziation wohlgemerkt, das heißt: Sade war, wenn auch gewiss nicht unschuldig, so doch nach den damals geltenden Gesetzen schuldlos.

Hegel in den »Documents«

1. Figure humaine

Schon in der Zeit von *Documents* ging es Bataille darum, der Dialektik neue Gegenstandsbereiche zu erschließen oder, wie er später sagen wird, »Hegel gegen den unbeweglichen Hegel« zu mobilisieren. Ein Blick auf die näheren Umstände, unter denen Hegel zum ersten Mal auf der Bühne seines Denkens erscheint, vermag das zu verdeutlichen. Wer den Artikel »Figure humaine«[107] ohne Vorkenntnisse liest, könnte leicht den Eindruck gewinnen, es mit dem Abgesang auf eine noch gar nicht begonnene Beziehung zu tun zu haben. Doch das Gegenteil war der Fall: Batailles Äußerungen über »die Winkelzüge« der Hegel'schen Dialektik im vierten Heft von *Documents* standen am Beginn einer passionierten

Beschäftigung mit ihr, die sich, trotz eines lange Zeit nur beschränkten und indirekten Zugangs zu den Texten, immer mehr intensiviert hat.[108] In »Figure humaine« hat sich Bataille mit den ersten Fotografien von Menschen auseinandergesetzt und in diesem Zusammenhang die philosophische Frage nach der menschlichen Natur gestellt. Dass er dabei den Namen Hegel einführte, geschah gewiss nicht von ungefähr. Bataille fragt, ob es für die philosophische Vorstellung von einer menschlichen Natur, die eine gewisse Kontinuität suggeriert, in der Wirklichkeit der hier abgelichteten Menschen eine Entsprechung gibt, und verneint dies. Über die Fotografie einer Provinzhochzeit, die aus Familienbesitz stammen dürfte und einen paradigmatischen Wert für seine Argumentation besitzt, schreibt er: »Der Glaube an die Existenz einer *menschlichen Natur* setzt die Permanenz gewisser hervorstechender Eigenschaften und, ganz allgemein, eine Seinsweise voraus, an der gemessen die auf dieser Fotografie dargestellte Gruppe monströs«[109] erscheint. So wie sie da nebeneinanderstehen, in ihren Sonntagskleidern und mit den ernsten, feierlichen Mienen, die bei solchen Anlässen üblich sind, widerlegen sie in Batailles Augen nicht nur die Rede von einer menschlichen Natur, sondern erscheinen sogar als deren veritable Negation. Die Fotografien exponieren das nahezu völlige Fehlen derjenigen Beziehungsformen, die im philosophischen Diskurs über den Menschen vorausgesetzt werden. Nicht die behaupteten Qualitäten der Kontinuität und Konstanz werden dokumentiert, sondern die Brüche, Missverhältnisse und Widersprüche, die eine andere Geschichte vom historischen Sein der Menschen erzählen. Es ist, als wollte uns Bataille auf eine Art Jahrmarkt menschlicher Abweichungen entführen, auf dem sich, wie sich bald zeigen wird, auch alles konsequent Individuelle tummelt.

Schon der Titel »Figure humaine« macht klar, dass es in diesem Text vor allem um die Form des Menschen, um seine äußere Gestalt geht, und das schließt natürlich die Frage ein, ob er eine *bella figura* macht. Doch auf den Fotografien von Menschen, die Bataille seinem Text beigefügt hat, ist weniger eine der »menschlichen Natur« entsprechende ideale Haltung dargestellt, es sind vielmehr die Posen, die diese Haltung unterstreichen und zur Geltung bringen sollen – Posen, die so gern mit Haltung verwechselt werden. Zwar illustrieren in der Regel keine Porträts, sondern Ganzkörperaufnahmen seinen Text – und sie stehen in einer dialogischen Beziehung zu den Fotos von Indigenen und Kolonisierten aus anderen Artikeln des Hefts.[110] Trotzdem ist man immer wieder versucht, den

Ausdruck »Figure humaine« auch in seinem ersten Wortsinn aufzufassen und vom Gesicht des Menschen, besser von seinem Antlitz, zu sprechen, weil das Entscheidende, das, was sich unmittelbar einprägt, noch vor der Körpersprache, der Gesichtsausdruck ist und weil es auf diesen Fotografien immer auch um eine Art Selbstwahrnehmung des Menschen geht. Anders gesagt, es ist ein bestimmter Geisteszustand, der durch die Fotografien hindurch dargestellt wird und beim Betrachter nicht nur Staunen, sondern auch eine Art verzweifeltes Lachen auslöst. Es geht um etwas so Abstraktes, wie es die Form des Menschen oder die philosophische Vorstellung von seiner Natur ist, und es geht um den Blick, den der Mensch auf sich selber wirft und in dem sein Idealbild schon enthalten ist. Das Auge des Objektivs denunziert diesen selbstbezüglichen Blick, der von ihm nicht erwidert wird: Der Blick des Menschen geht ins Leere. Er kann, sobald ihn das Kamera-Auge fixiert, die Reziprozität, die er unwillkürlich sucht, nicht mehr finden. So entsteht ein zutiefst ambivalentes, fast abgründiges Bild, das in Momenten einen inneren Absturz zeigt. Auch das hält die Kamera fest. Gewiss, das Objektiv zeigt den Menschen in den Posen, in denen er sich sehen will, aber gleichzeitig zeigt es ihm, wie sich das von außen gesehen ausnimmt.

Anlässlich von Fotografien der Generation seiner Eltern, die auf ihn den Eindruck aneinandergereihter Monstren machen, wirft Bataille die Frage auf, ob die philosophische Vorstellung einer menschlichen Natur, angenommen, es gäbe sie, von den fotografierten Personen nicht der Lächerlichkeit preisgegeben wird. Dieses »der Lächerlichkeit preisgeben« ist gleichzeitig die Absicht des von ihm angewandten Verfahrens. Der etwas jüngere Michel Leiris bekennt, dass er Batailles Artikel damals als »ein reines Attentat« auf »die beruhigende philosophische Vorstellung von einer Menschennatur« empfunden habe.[111] Tatsächlich hat Bataille die Brautleute als Vater und Mutter einer »wilden und apokalyptischen Revolte« identifiziert, die ihre Kinder anzetteln werden, getrieben von dem Wunsch, sich von den Lebensentwürfen der Elterngeneration so radikal wie nur möglich abzugrenzen. Die Rede ist von der Revolte, die zu Beginn des zwanzigsten Jahrhunderts die europäischen Avantgarden hervorbrachte. Georges Bataille und die Zeitschrift *Documents* stehen darin an vorderster Front. Die Fotografien, die er als Zeugen aufruft, beschwören genau jene Welt, zu der die Avantgardisten alle Beziehungen abbrechen werden. Von ihnen geht etwas verzweifelt Komisches aus, und das gilt nicht nur für die Hochzeitsgesellschaft mit ihren Alltagsmenschen, denen es schwerfällt, sich in Szene zu setzen, sondern ganz besonders auch für die anderen Fotografien, insbesondere jene, auf der »Einige Berühmtheiten der Belle Époque« abgelichtet sind, nicht in einer Gruppenaufnahme, sondern in Einzelporträts, um eine zentrale Figur montiert, die das Pathos der Epoche besonders rein zum Ausdruck bringt: Hier ist es der Schauspieler Jean Mounet-Sully, der als Jupiter posiert. Bataille hat das Foto schon deshalb ausgesucht, weil sich die Surrealisten wiederholt desselben Verfahrens bedient und die Porträts der Gruppenmitglieder um ein zentrales Bild (sei es das Foto der Anarchistin Germaine Berton, sei es Magrittes Bild von der im Wald verborgenen Nackten) angeordnet haben.[112] Bei Bataille macht sich die Verzweiflung über diese Art Selbststilisierung in einem Lachen Luft, das zwar nicht das »Hohngelächter« des Hegel'schen Geistes ist, aber doch ein Lachen über eine menschliche Form, die wie ein Hohn auf alles erscheint, was es an Großem und Gewaltigem in der menschlichen Geschichte gibt. Indem er den Text zu den Fotografien in ein dialektisches Verhältnis setzt, treibt er das Lachen[113], das ihn selbst geschüttelt hat, auf die Spitze. Das gelingt ihm so gut, dass man versucht ist, die Artikel für *Documents* auf Benjamins spätere Konzeption des *dialektischen Bildes*[114] zu beziehen. Bataille entwirft dialektische Bilder im besten Sinn, die bei ihm aus der Interaktion zwischen dem Visuellen und dem Intellektuellen, dem Sinnlichen und dem Sinn oder dessen Abwesenheit entspringen. Wie das dialektische Bild Benjamins schließen sie das plötzliche Aufeinandertreffen verschiedener Raumzeiten ein.

Bataille fragt aber nicht nur, was an der philosophischen Vorstellung einer menschlichen Natur mit der Wirklichkeit der Menschen übereinstimmt, sondern auch, was eine solche Vorstellung bezweckt, nämlich die realen Abweichungen und Missverhältnisse zu denunzieren und dem Urteil der Vernunft zu unterstellen. Die Fotografien und das, was dokumentarisch an ihnen ist, unterlaufen dieses Urteil und machen evident, dass es für die verschiedenen menschlichen Abweichungen kein gemeinsames Maß, keinen gemeinsamen Nenner, sondern nur eine Skala mehr oder weniger großer Disproportionen gibt. Diese könnten nicht als solche wahrgenommen werden, wenn es nicht in letzter Instanz das Ideal einer menschlichen Natur gäbe, an der gemessen sie als Abweichung erscheinen. Bataille erkennt in diesen besonderen, oft sehr konkreten Formen nur die Aspekte einer allgemeinen und grundlegenden Disproportion, die zwischen den Menschen und der Natur besteht, und genau darum geht es in seinen frühesten Äußerungen zur Dialektik einschließlich seines ersten Hegel-Essays. Zwar habe Hegel der Antinomie von Mensch und Natur einen abstrakten Ausdruck gegeben; es sei aber notwendig, sie in ihren konkreten Formen darzustellen, wenn man diese Antinomie in ihrer wirklichen Bedeutung erfassen und die darin enthaltene Sprengkraft zur Explosion bringen will.

Was genau Bataille damit meint, hat er in einem Bild ausgedrückt, von dem Breton so sehr skandalisiert wurde, dass er es in seiner Abrechnung im *Zweiten surrealistischen Manifest* zitiert.[115] Fassungslos nimmt er zur Kenntnis, dass Bataille die These aufstellt, eine unter den abgelichteten Phantomen willkürlich herausgegriffene Person sei für den Geist ebenso schockierend wie »die Erscheinung des *Ich* im metaphysischen Ganzen oder besser, um es in der Ordnung des Konkreten auszudrücken: wie die Erscheinung einer Fliege auf der Nase eines Redners«.[116]

Kaum ist dieser Vergleich ausgesprochen, führt Bataille Hegel ein, und das zeigt, dass dessen Auftritt in seinem Diskurs von Anfang an von Gelächter, dem Gelächter der Erkenntnis, begleitet wurde.[117] »Es ist leicht«, schreibt er in »Figure humaine«, »die abstrakte Antinomie von Ich und Nicht-Ich zu reduzieren; die

Hegel'sche Dialektik wurde ausdrücklich dazu erfunden, solche Winkelzüge auszuführen.« Sie versuche, »die Natur dadurch in die Vernunftordnung einzuführen, dass sie jede widersprüchliche Erscheinung als logisch ableitbar behauptet, sodass die Vernunft alles in allem nichts Schockierendes mehr zu denken hat. Die Disproportionen sind dann nur noch der Ausdruck des logischen Seins, das in seinem Werden mittels Widersprüchen voranschreitet.«[118] Fasst man die Antinomien dagegen in ihrem konkreten Sinn auf, tritt eine so starke Differenz ins Spiel, dass jede logische Ableitung unmöglich wird. Daher könne man gar nicht genug auf den konkreten Formen der Disproportion insistieren: Sie machen jede systematische Intention zunichte. »Es ist unmöglich«, schreibt Bataille, »die Erscheinung der Fliege auf der Nase eines Redners auf den angeblichen logischen Widerspruch des Ich und des metaphysischen Ganzen zurückzuführen (für Hegel dürfte diese zufällige Erscheinung lediglich den Unvollkommenheiten der Natur zu verdanken sein). Wenn wir aber dem *unwahrscheinlichen* Charakter des wissenschaftlichen Universums einen allgemeinen Wert verleihen, wird es möglich, eine dem Hegel'schen Tun entgegengesetzte Operation durchzuführen und die Erscheinung des Ich auf die der Fliege zu reduzieren.«[119]

2. Der avantgardistische Gebrauch des Wortes Dialektik

Oberflächlich gesehen, könnte es scheinen, als ob Bataille seine Kritik an Hegel in einer Fußnote, die bis in die Zeit von Dada Paris zurückführt, noch schärfer formuliert hätte. Darin schreibt er: »Seit 1921, als Tristan Tzara behauptete, dass ›das Fehlen eines Systems immer noch ein System ist, aber das sympathischere‹[120], war die baldige Einführung des Hegelianismus vorauszusehen, obwohl sich dieses Zugeständnis an unbedeutende Gegenargumente damals offensichtlich nicht durchgesetzt hat. In der Tat ist es von dieser Annahme zum Panlogismus[121] nur noch ein Schritt, da beide auf dem Prinzip der *Identität der Widersprüche* begründet sind: Man könnte sogar annehmen, dass es, hatte man sich diese Bequemlichkeit erst einmal durchgehen lassen, keinen Weg mehr gab, den Panlogismus und seine krassen Folgen zu vermeiden, das heißt, den schmutzigen Durst nach jeglicher Integrität, die blinde Heuchelei und letztlich das Bedürfnis, für irgendetwas Bestimmtes nützlich zu sein.«[122] – Aber zielt diese Kritik wirklich auf Hegel? Auch wenn ihm der Vorwurf des Panlogismus gemacht werden kann, ist Batailles Kritik auf den leichtsinnigen Umgang der Dadaisten mit den Hegel'schen Grundbegriffen gemünzt, was in der Fortsetzung der Argumentation noch deutlicher wird. »Niemand wird je verstehen, was an dem Entschluss, sich wie ein Barbar jedem System zu widersetzen, systematisch sein soll«, schreibt Bataille, »es sei denn, es handelte sich um einen Kalauer und das Wort ›systematisch‹ würde im Sinn von Starrsinn gebraucht.« Er moniert außerdem, dass Tzaras Äußerung keinen Unterschied »zwischen der Demut – der geringsten Demut – gegenüber dem System – das heißt alles in allem der Idee – und der Gottesfurcht« mehr erkennen lasse. Der eigentliche Adressat seiner Kritik ist jedoch André Breton, der sich auf der Stelle darin wiedererkannt hat. Im *Zweiten Manifest* schreibt er: »Und doch [...] veranlasst das[123] Monsieur Bataille, gegen uns vom Leder zu ziehen, Monsieur Bataille, der zur Zeit in der Zeitschrift *Documents* einen vergnüglichen Feldzug führt gegen das, was er ›den schmutzigen Durst nach jeglicher Integrität‹ nennt.«[124]

Kein Zweifel: Bataille spießt in seiner Fußnote nicht so sehr die Hegel'sche Dialektik als vielmehr den aufkeimenden Hegelianismus seiner Zeitgenossen, insbesondere den der Surrealisten, auf. Er wirft ihnen Leichtsinn im Umgang mit dem Begriff ›Dialektik‹ vor, weil sie dazu tendierten, ihn einseitig im Sinne der revolutionären politischen Bewegungen der Zeit[125] auszulegen. Noch 1933, anlässlich der neuen Zeitschrift *Minotaure*, spricht Bataille von einem »erstarrten, allzu vertrauten Umgang« mit dem Wort Dialektik. »Die Tatsache, dass der Ausdruck Dialektik eine solche Zeitschrift beinahe von vorne bis hinten durchzieht«, schreibt er in einer Rezension der ersten Nummer, »bezeugt letztlich nur den guten, aber konfusen Willen, von gewissen bedauerlichen Leichtfertigkeiten des marxistischen Vokabulars zu profitieren.«[126] Schon daraus folgt, dass der Vorwurf, den Bataille hier formuliert, Hegel gar nicht gemacht werden kann. Statt Hegel zu kritisieren, hat er den Surrealismus als eine ästhetische Bewegung charakterisiert, die sich selbst ins Zeichen des »Panlogismus« und einer »Demut vor dem System« stellt, welche von der »Gottesfurcht« kaum noch zu unterscheiden ist. Nach Didi-Huberman war das »sicherlich der schlimmste Streich«, den man Breton überhaupt spielen konnte.[127]

3. Bretons Angriff auf Bataille

Aber auch Breton hat auf Bataille geantwortet. Seine erste längere Passage über Hegel findet sich ausgerechnet im *Zweiten Manifest des Surrealismus*[128], und darin hat er auch zum ersten Mal Hegel nach der Übersetzung von Auguste

Véra zitiert.[129] Die bloße Tatsache, dass Breton Hegel auf einmal so breiten Raum in einem seiner Texte gewährt, kann als Replik auf Batailles Einlassungen, insbesondere in dem Artikel »Figure humaine«, verstanden werden, aus dem Breton gleich zweimal – und jedes Mal erbittert – zitiert.[130] Bataille hat mit diesem Artikel, wie Michel Surya schreibt, das Schwert tief in die Eingeweide des Surrealismus gebohrt[131], und das *Zweite Manifest* macht deutlich, wie sehr sich Breton persönlich getroffen fühlte. Er war so verletzt, dass er jede Zurückhaltung, jede Raffinesse vergaß und die Polemik in ziemlich grober Weise eröffnet hat.[132]

Bevor er jedoch mit dieser Polemik beginnt, versichert er sich des Beistands von Hegel und stellt sich, indem er ihn als Autorität in Sachen Moral einführt, auf dessen Schultern. Die Art, wie sich Breton hier auf Hegel bezieht, könnte derjenigen Batailles nicht entgegengesetzter sein. Es lohnt sich daher, auf dieser Passage zu insistieren, nicht nur weil sie Breton als Rechtfertigung dient, sondern weil sie vielleicht besser als andere Stellen erlaubt, die Merkmale dessen zu bestimmen, was eine surrealistische Hegel-Lektüre hätte sein können. Im ersten Zitat aus § 137 der *Philosophie des Rechts*[133] wird die Überlegenheit der sozialen Sphäre über den Bereich der Moral statuiert, was es Breton nicht nur erlaubt, das Problem der Moral in die Perspektive der Revolution zu stellen, sondern auch den Abtrünnigen des Surrealismus vorzuwerfen, sich nicht auf der Höhe dieser Erkenntnis zu bewegen. Das zweite Zitat thematisiert dementsprechend den Übergang vom moralischen in den sozialen Bereich, den Breton mit Hegel als Fortschritt begreift. Ein Wille, so argumentiert er, der nur für sich selbst handelt und nur darauf erpicht ist, sich in sich selbst zu reflektieren, kann letztlich nur ins Leere führen.[134] Hegel habe, schreibt er im *Zweiten Manifest*, ein für alle Mal gesagt, dass es »im Bereich der Moralität, sofern er sich vom sozialen Bereich unterscheidet [...] nur eine formelle Überzeugung [gibt], und wenn wir die wahre Überzeugung erwähnten, dann nur um den Unterschied zu zeigen und die Verwirrung zu vermeiden, in die man geraten könnte, wenn man die Überzeugung, so wie sie sich hier darstellt, nämlich die formelle Überzeugung, betrachtete, als wäre sie die wahre Überzeugung, während jene doch zuerst im sozialen Leben vorkommt.«[135]

Das erschöpft die Hegel'sche Moralauffassung zwar nicht, bezeichnet aber doch eine der Voraussetzungen, die erfüllt sein müssen, damit die Dialektik zwischen den Bereichen der Moral und der Gesellschaft in Gang gesetzt wird. Und obwohl Breton sich diese Auffassung im *Zweiten Manifest* im Großen und Ganzen zu eigen macht, greift er am Ende des Hegel gewidmeten Absatzes Engels' Rede vom »kolossalen Scheitern« der Hegel'schen Dialektik auf und erklärt, dass sie in ihrer überlieferten Form unanwendbar sei. Damit nähert er sich paradoxerweise Batailles Auffassung aus derselben Zeit. Tatsächlich träumten um 1929/30 beide davon, der Dialektik neue Anwendungsgebiete zu erschließen, »die – keineswegs rivalisierend – den allernächsten Bewusstseinsbereich angehen«.[136] Breton denkt dabei an die Liebe, den Traum, die Kindheit, die Poesie. Batailles Paradigmen sind das Lachen, die Verausgabung, die tragische Erfahrung und die Erotik.

Es überwiegen jedoch die Unterschiede, und der radikalste, zugleich derjenige, in dem ihre jeweilige Haltung zu Hegel grundgelegt wird, betrifft zweifellos das Thema der Antinomien und der philosophischen Einstellung zu ihnen. Zwar schwanken beide angesichts von Hegels überwältigender Bedeutung zwischen Bewunderung und Ablehnung, aber was sie bewundern und was sie zurückweisen, ist jeweils etwas anderes. Was Breton angeht, so hat er an einer berühmten Stelle des *Zweiten Manifests* seine Vorstellungen in Bezug auf die Antinomien festgelegt. Dort hat er den Surrealismus als einen »geistigen Standpunkt« definiert, »von dem aus Leben und Tod, Reales und Imaginäres, Vergangenes und Zukünftiges, Mitteilbares und Nichtmitteilbares, Oben und Unten nicht mehr als widersprüchlich empfunden werden«.[137] Später wird er diesen Punkt einer äußersten Erhabenheit *point sublime* nennen und seine Entdeckung bald auf Hegel, bald auf die esoterische oder okkulte Tradition, bald auf beide zurückführen. In seinen Rundfunkgesprächen mit André Parinaud hat Breton 1952 noch einmal Stellung bezogen: »Es versteht sich von selbst, dass der Punkt, in dem alle Antinomien, die uns peinigen und verzweifeln lassen, dazu bestimmt sind, sich aufzulösen und den ich in meinem Werk *L'Amour fou* in Erinnerung an eine herrliche Landschaft in den Basses-Alpes den ›höchsten Punkt‹ nennen werde, keinesfalls auf mystischer Ebene[138] liegen kann. Unnütz darauf hinzuweisen, wieviel ›Hegelianisches‹ die Idee einer solchen Überwindung aller Antinomien enthalten mag. Es ist unbestreitbar Hegel – und kein anderer –, der mich in den rechten Stand setzte, diesen Aspekt zu erkennen, um ihm mit all meiner Kraft zuzustreben und aus dieser Spannung selbst meinen Lebenszweck zu machen.« Die Passage schließt mit dem berühmten Satz: »Wo die hegelianische Dialektik nicht greift, da ist für mich kein Denken, keine Hoffnung auf Wahrheit.«[139]

In Bretons Bekenntnis liegt zweifellos ein Moment von Eitelkeit. Er liebte es von Jugend an, sich ins Licht Hegel'scher Thesen zu stellen, wahrscheinlich, weil man ihnen in Frankreich so wenig Kredit gab. Zwar übertreibt er entschieden die Bedeutung, die Hegel für ihn hatte, aber man nimmt ihm ab, wenn er versichert, dass ihm, seit er das dialektische Denken kennengelernt hat, alle anderen Methoden als armselig erschienen waren. Wichtiger als der Nachweis, dass Breton alles andere als ein Hegel-Exeget war – er selbst hat aus seinen beschränkten Kenntnissen nie einen Hehl gemacht[140] –, und wichtiger als die Frage, ob man seine Auffassung vom *point sublime* tatsächlich auf Hegel zurückführen kann – man kann natürlich nicht! –, ist der Hinweis, dass sein Hegelbild, wie überhaupt das der Surrealisten damals stark durch den jungen Maurice Barrès geprägt worden ist, der sich – nach Villiers de l'Isle-Adam und Stéphane Mallarmé – als einer der wenigen französischen Intellektuellen des 19. Jahrhunderts zu Hegel bekannt hat.[141]

Einer der Sätze von Barrès, die sowohl Aragon als auch Breton zitieren, spielt deutlich auf das moralische Problem an, das die beiden Begründer des Surrealismus damals umgetrieben hat. Es lautet: »Die vorangegangenen Generationen hatten es vor allem mit dem Übergang vom Absoluten zum Relativen zu tun: Für uns heute handelt es sich darum, von den Gewissheiten zu ihrer Negation überzugehen, ohne dabei jeden moralischen Wert aufzugeben.« Damit ist eines der damals intellektuell virulentesten Themen benannt, und der Surrealismus hat sehr genau erkannt, dass die Frage der Moral nicht von dem Problem der Negativität des Menschen getrennt werden kann. Das hat ihn zwangsläufig auf die Spur Hegels gebracht.

Als die Surrealisten 1931 aus Anlass von Hegels hundertstem Todestag mit einer ihm gewidmeten Nummer von *Le Surréalisme au service de la Révolution* aufwarteten, haben sie in erster Linie ihre intellektuelle Unabhängigkeit zum Ausdruck gebracht. Nicht dass sie näher auf Hegels Philosophie eingegangen wären, sie ist nicht einmal das Thema des Hefts.[142] Doch die ganze erste Seite ist eine Hommage an ihn: Auf ihr sind einige Zitate aus verschiedenen linken europäischen Zeitungen (darunter *Vorwärts*) montiert, die allesamt den revolutionären Aspekt der Hegel'schen Philosophie hervorkehren.

Erst am Ende des Hefts kehrt Hegel, genauer: das Verhältnis des Surrealismus zu dessen Philosophie, in den Fokus der Aufmerksamkeit zurück, und zwar im Abdruck eines Vortrags, den René Crevel im September 1931 in Barcelona gehalten hatte. Darin geht er ganz selbstverständlich davon aus, dass eine Erweiterung des dialektischen Denkens an der Zeit sei. Der Surrealismus, so Crevels These, attackiere Gott und seine Verbündeten und greife damit gerade jene Probleme an, »die ewig nur durch die ewige Angst sind, die sie den Menschen unaufhörlich einflößen«. Die im Surrealismus gesuchte konvulsivische Schönheit könne daher nur »in den bislang verbotenen Regionen gefunden«[143] werden. Der Text ist aber vor allem dadurch bemerkenswert, dass in ihm, so weit ich sehe, zum ersten Mal überhaupt, der Begriff einer *negativen Dialektik* auftaucht. Deren spezifisches Merkmal ist laut Crevel, dass sie vom Negativen der Infragestellung zur positiven Erkenntnis verläuft. »Durch diese negative Dialektik«, schreibt er, »haben sich der anfängliche Surrealismus und Dada der verfluchten Romantik entgegengesetzt: theatralisch, antithetisch aus Trotz, antithetisch ohne These und Synthese.«

Für eine Dialektik der sinnlichen Formen

1. Erste Annäherungen an Hegel

Batailles Hegel-Kritik hat dagegen eine andere Genese. Sie bezieht sich zwar auf den Surrealismus, sieht darin aber die Einstellung, von der er sich abgrenzen wollte. Raymond Queneau ist in seinem Nachruf auf den Freund den Spuren von dessen frühesten Annäherungen an Hegel nachgegangen und hat sie für die Nachwelt festgehalten, mit umso größerer Präzision, als er selbst bis zu einem gewissen Grad als Gesprächspartner daran beteiligt war. Überzeugend stellt er einige wichtige Stationen dieser Auseinandersetzung dar, angefangen mit ausgewählten Artikeln für die Zeitschrift *Documents* zu einer Zeit, als es in Frankreich, wie er schreibt, außer dem Artikel von Lucien Herr[144] in der *Grande Encyclopédie* so gut wie nichts Lesenswertes über Hegel gab.[145] Sowohl die Surrealisten als auch Bataille diskutierten Hegel bereits, als Kojève seine berühmte Vorlesungsreihe noch gar nicht begonnen hatte. Selbst Batailles erster Hegel-Essay, der unter Mitarbeit von Queneau entstanden ist, fällt in die Zeit vor Kojève, und Queneau hat in seinem Nachruf die Entstehungsbedingungen dieses Textes aufgedeckt. Er geht dort auch auf das Hegel gewidmete Unterkapitel aus der *Inneren Erfahrung* ein, in dem sich Bataille deutlich von Kojèves Hegel-Verständnis abgrenzt. Seltsamerweise aber bleiben sowohl der Brief an Alexandre Kojève aus der Zeit des *Collège de Sociologie*, der den Beginn eines lebenslangen Disputs bezeichnet, als auch die beiden großen Mitte der fünfziger Jahre publizierten Hegel-Essays unerwähnt, die so etwas wie eine Hommage an Kojève sind.[146]

Queneau hat trotzdem auf einen wesentlichen Zug von Batailles Hegel-Rezeption hingewiesen. Er hat Bataille in seinem Gedenkartikel als eine Art »schwarzen Kierkegaard«[147] charakterisiert und ihn so in die Nähe eines Denkers gerückt, der in der fraglichen Epoche den französischen Intellektuellen nicht weniger unbekannt als Hegel war. Diese Nähe ist in seinen Augen darin begründet, dass beide, Kierkegaard wie Bataille, zwar von der Hegel'schen Philosophie beeinflusst wurden; doch das System, in dem sie kulminiert, und die darin implizierte nivellierende Reduktion des individuellen Lebens auf die Logik der Geschichte oder des Allgemeinen haben sie abgelehnt. Beide haben auf je eigene Weise das dem Hegel'schen Denken immanente Dilemma akzentuiert, das heißt, sie haben auf der Unaufhebbarkeit bestimmter, konkreter Antinomien insistiert, die Hegel in die Spannung zwischen Begriffen aufgelöst und so der Herrschaft des Verstands unterstellt hatte. Queneau macht klar, dass Batailles Hegel-Kritik zunächst und vor allem Kritik am System ist, was sich in der Tat wie ein Leitmotiv durch nahezu alle seine Stellungnahmen zur Dialektik zieht.

Bataille habe sich von Anfang an und in ausdrücklicher Ablehnung jeder Entscheidung für ein System – so Queneaus These – als Vertreter eines »dialektischen Anti-Hegelianismus« positioniert, und letztlich sei er das auch geblieben. Doch ganz so eindeutig ist das nicht: In der lebenslangen und bisweilen durchaus leidenschaftlichen Auseinandersetzung mit Hegels Philosophie hat Bataille mehrfach die Akzente verschoben und verschiedene Szenarien durchgespielt, von denen keines genügte, seine Beziehung zu Hegel auszuschöpfen. Jacques Derrida hat die Bedeutungen, die Hegel nacheinander in Batailles Denken besaß, in seinem Essay über dessen »rückhaltlosen Hegelianismus« aufgezählt[148], nur um sie gleich darauf wieder ad acta zu legen. Dessen ungeachtet wurde Bataille je nach dem Blick, den man auf ihn warf, mal als Anhänger Hegels, zumeist aber als einer seiner striktesten Gegner charakterisiert, und manchmal sogar als jemand, der die Absicht hatte, Hegel herabzusetzen: »Ich hätte die Absicht, die Hegel'sche Einstellung kleinzureden?«, schreibt er in dem 1955 veröffentlichten Essay »Hegel, der Tod und das Opfer«. »Aber das Gegenteil ist der Fall! Ich wollte die unvergleichbare Tragweite seines Vorgehens aufzeigen. Deshalb habe ich auch nicht zu verschleiern versucht, in welchem geringen Maß er gescheitert ist (was letztlich sogar unvermeidlich war).«[149] Den Punkt aufzuzeigen, an dem Hegel trotz seiner beeindruckenden Dialektik der Bewusstseinsentwicklung gescheitert ist, war von Anfang an Batailles Anliegen, nicht um ihn zu verurteilen, sondern um der Dialektik neue Gegenstandsbereiche zu erschließen und um sie in die Lage zu versetzen, die Richtung zu ändern.

Seine immer etwas distanzierte, ironische Haltung kann zu keinem Moment darüber hinwegtäuschen, dass Hegels Philosophie zu seinen wichtigsten Inspirationsquellen zählte. Bataille bedurfte ihrer, wie er selber sagte, und sei es auch nur, um eine Vorlage zu haben, an der er sich abarbeiten konnte. Er brauchte Hegel, um seinem eigenen Denken die nötige Schärfe zu geben, und irgendwie kam er dann nicht mehr davon los. Schon in der viel beachteten »Diskussion über die Sünde«, die 1944 bei Marcel Moré stattfand, hatte er auf die Anwürfe Sartres geantwortet: »[I]ch mache kein Geheimnis daraus, dass ich mehr als alles andere Hegelianer bin, ohne allerdings Hegelianer bis ins Mark zu sein«.[150] Als er 1951 seinen ersten Vortrag über das Nicht-Wissen am *Collège philosophique* hielt und Jean Wahl in seiner kurzen Einführung von den subtilen Beziehungen sprach zwischen dem, was Hegel gesagt hat, und dem, was Bataille gleich sagen werde, antwortete er: »[…] ich bin nicht sicher, dass [diese Beziehungen] sehr solide sind. Doch ich finde, dass das, was Jean Wahl gerade angekündigt hat, hinreichend begründet ist, um daran festzuhalten.«[151] Und im letzten Abschnitt seiner erst posthum veröffentlichten Souveränitätstheorie mit dem Titel »Nietzsche und der Kommunismus« schreibt er: »Es gibt im Ganzen der Bewegung, die Hegels Denken in meinen Augen bedeutet, nichts, dem ich nicht folgen würde.«[152] Das kommt einigen Äußerungen über die Bedeutung von Nietzsche für ihn sehr nahe und zeigt gleichzeitig, wie unabhängig Bataille letztlich in seinen philosophischen Entscheidungen war. Schwer zu sagen, welcher der beiden deutschen Philosophen einen größeren Einfluss auf sein Denken ausgeübt hat. Gewiss hat er, wie Derrida unterstreicht, Hegel sehr ernst genommen. Bataille habe zwar »den Sinn der Verkettung in der Hegel'schen Vernunft in Frage gestellt, dies jedoch so, dass er sie als solche in ihrer Totalität, ohne ihre innere Strenge zu übersehen, dachte«[153], schreibt er. Doch nicht weniger gewiss ist, dass Bataille für sich selbst, für sein Leben wie für sein Denken eine andere Entscheidung als Hegel getroffen hat.

2. Auf der Suche nach einer anderen Dialektik

Bataille ist Hegels Philosophie nicht als Schüler gefolgt, sondern hat in einigen der Artikel für *Documents* Ansätze zu einer anderen Vorstellung von Dialektik entwickelt. Es gibt noch einen zweiten Text, in dem Hegel namentlich vorkommt, den *Gnosis*-Essay, doch unterscheidet sich die Perspektive, in die er dort gestellt wird, deutlich von der mokanten in »Figure humaine«. Im Mittelpunkt steht jetzt nicht mehr der Surrealismus und dessen Hegelbild, sondern die Dialektik selbst als eine Denkform, die in ihrem Gebrauchswert noch nicht festgelegt sei. In »Der niedere Materialismus und die Gnosis« entwirft er eine Genealogie von Hegels Philosophie, die sich nicht in der Rückführung auf die »idealistische« Philosophie (Heraklit und Platon[154], Kant und Fichte) erschöpft, sondern eine ihrer Quellen »in sehr alten metaphysischen Vorstellungen« erkennt, wie sie »unter anderem von den Gnostikern in einer Epoche entwickelt wurden, in der die Metaphysik noch mit den monströsesten *dualistischen* Kosmogonien verbunden [...] werden konnte«.[155] Daraus leitet Bataille in einer mutmaßlich erst in den Druckfahnen eingefügten Fußnote einen Gedanken ab, an dem er bis in seine späten Hegel-Essays festgehalten hat, dass nämlich die Hegel'sche Lehre in erster Linie »ein außergewöhnliches und sehr perfektes System der Reduktion« sei. Symptomatisch dafür ist, dass »die niedrigen Elemente, die der Gnosis wesentlich sind, in Hegels System nur noch in reduziertem und entmanntem Zustand« vorkommen. Doch können sie selbst in diesem Zustand noch dem Denken gefährlich werden.[156]

In dem wenig später verfassten Artikel »Die Abweichungen der Natur« spielt der Begriff der Dialektik dann bereits eine herausragende Rolle und ist fortan aus Batailles Diskursen nicht mehr wegzudenken. Auch dieser Artikel zeigt, dass es ihm um eine andere Auffassung von Dialektik geht, die so radikal differenziert und neu auftritt, dass sie, konsequent zu Ende gedacht, den Begriff in seiner antiken wie in seiner modernen Hegel'schen Form sprengt. Folgt man Queneau, hat sich Bataille damals mit der Idee einer »Dialektik der Natur« herumgeschlagen und sich davon erst zwei Jahre später in dem Essay »Kritik der Grundlagen der Hegel'schen Dialektik« wieder verabschiedet. Demnach hätte er sich auch dort mit Hegel auseinandergesetzt, wo dieser selbst nicht erwähnt wird, vielmehr von Geschichte die Rede ist, genauer von Naturgeschichte wie in seinem ersten Artikel mit dem Titel »Le Cheval académique«. Bataille geht darin ganz selbstverständlich davon aus, dass auch das Tierreich eine Geschichte besitzt in der Form »einfacher Aufeinanderfolgen verwirrender Metamorphosen«. Zwar sei »der Mensch das einzige Tier, dem man Abweichungen im Verhalten und Denken zubilligt«[157], doch auch die Natur verfüge über eine gewisse Wahlfreiheit, wie »die verschwenderische Vielfalt des Pferdes und des Tigers« beweise. Diese Wahlfreiheit habe sich bis in die Evolution des Menschen hinein ausgewirkt. Bataille sucht – letztlich um eine willkürliche Vorstellung auszuschließen – nach »einem gemeinsamen Maß für die Divergenzen der animalischen Formen und die widersprüchlichen Beziehungen, die periodisch die Existenzbedingungen der Menschen umwälzen«.[158] Zwar seien die Wandlungen und Verwandlungen in der Natur nicht vergleichbar mit den charakteristischen Formen der menschlichen Geschichte, den periodischen Veränderungen in Philosophie und Wissenschaft oder den großen Umwälzungen der religiösen, ökonomischen und politischen Verhältnisse, doch komme es in der menschlichen Entwicklung immer wieder zu Veränderungen in den plastischen Formen, die denen in der Evolution natürlicher Formen durchaus analog seien. Auch wenn der Begriff nicht ein einziges Mal fällt, ist »Das akademische Pferd« der Text, der am ehesten Queneaus These einer Dialektik der Natur stützt. Im Grunde aber hat Bataille darin nur eine Reihe von Oppositionen aufgestellt, die sich sowohl in der Evolution wie in der Geschichte des Menschen finden.

Im Rückblick könnte es daher scheinen, als habe er schon in diesem, seinem fulminanten ersten Essay damit begonnen, den Grund für eine neue Dialektik zu legen, die Frage ist nur, ob diese nicht treffender als eine Dialektik der Formen zu bezeichnen wäre. Im Grunde lässt der Text der These von einer Dialektik der Natur wenig Raum, vielmehr führt er ein Thema ein, das schon aufgrund seiner kunsttheoretischen Implikationen von programmatischer Bedeutung für die gesamte Zeitschrift ist. Der besondere theoretische Stellenwert, den sein Artikel für *Documents* besitzt, folgt nicht aus einer wie immer unbestimmten Dialektik der Natur, sondern aus der Unterscheidung zwischen Form und Unform, zwischen formvollendet und formlos oder unförmig, der innerhalb seiner Argumentation die zentrale Bedeutung zukommt. Zwar steht für ihn fest, dass diese Unterscheidung nicht nur in der Kunst und den verschiedenen, oppositionellen sozialen Ständen ihre Entsprechung besitzt, sondern dass sich auch im Tier- und Pflanzenreich deutliche Parallelen für sie finden. Aber genügt das, um von einer Dialektik der Natur zu sprechen? Und was hätte eine solche Dialektik mit der Unterscheidung zweier diametral entgegengesetzter Stilrichtungen, dem akademischen oder klassischen Stil auf der einen, dem barbarischen, barocken oder romantischen Stil auf der anderen Seite zu tun, die das eigentliche Thema des Artikels ist? Ist es tatsächlich erlaubt, von dem emphatischen Gebrauch des Begriffs Naturgeschichte, in dem sich Bataille, nebenbei bemerkt, als ein treuer Anhänger Darwins erweist[159], auf die Idee einer Dialektik der Natur zu schließen?

Fakt jedenfalls ist, dass er selbst den Begriff weder in diesem noch überhaupt in einem der Artikel für *Documents* verwendet hat, auf die Queneau seine These stützt. Erst in seinem frühesten Hegel-Essay hat Bataille diese Idee diskutiert, wenn auch nur um sie auf der Stelle zu verabschieden. Außerdem ist es Engels und nicht Hegel, auf den er sich bezieht. Überhaupt geht es in diesem Essay weniger um Hegel, als vielmehr um eine Grundsatzkritik am dialektischen Materialismus, die sich auf beide Termini, den dialektischen wie den materialistischen dieser damals viel diskutierten philosophischen Position bezieht. Beide Begriffe werden in ihrer tradierten Bedeutung von Bataille zur Disposition gestellt, und das lässt berechtigte Zweifel[160] an der These aufkommen, er habe damals eine Dialektik der Natur intendiert.

3. Dialektik von Form und Unform

Man könnte »Le Cheval académique« auch als eine Art Manifest verstehen; der Text eröffnet die neue Zeitschrift nicht nur, in ihm werden auch ihr Profil und einige Grundsätze festgelegt, was auf der Stelle zu Unstimmigkeiten mit anderen Redaktionsmitgliedern führte.[161] Am Paradigma gallischer Münzen, die seit dem 4. Jahrhundert v. Chr. nach griechischem Vorbild geprägt worden sind, die aber erheblich von ihren Modellen abweichen, vertritt Bataille die These, dass die auffälligen formalen Divergenzen keinem technischen Mangel und keiner Unfähigkeit zu verdanken sind, sondern einer »positiven Extravaganz«, das heißt einem anderen Ausdrucksverlangen. Hier: die edle Form des Pferdes, eines Tiers, das für die Griechen zu den vollkommensten gehörte – das Pferd galt als vollendeter Ausdruck der Idee und stand als solcher gleichberechtigt neben der platonischen Philosophie und der Architektur der Akropolis.[162] Dort: die Monsterpferde, die obszönen Affen und Zwitterwesen der Gallier, deren Absurditäten nach Bataille im gleichen Widerspruch zur wissenschaftlichen Arroganz stehen, wie »die Albträume zu den geometrischen Grundrissen«, die suggerieren, dass »noble und unwiderrufliche Ideen den Lauf der Dinge« regelten. Während sich aus der idealistischen Perspektive der Philosophie die Geschichte so darstellt, als ob »die Formen des Körpers wie die sozialen Formen oder die Denkformen zu einer idealen Vollendung« tendierten[163], war den Galliern diese beruhigende Auffassung ganz offensichtlich fremd. Ja, es wäre ihnen gar nicht in den Sinn gekommen, eine inkohärente Erregung durch große leitende Ideen zu bändigen. Stattdessen wollten sie das, was sie am eigenen Leibe erfahren hatten, in einer Folge gewaltsamer Bilder festhalten, aus denen in ganzer Drastik der Schrecken sprach, den sie selbst durchlebt hatten. Sie stellten dar, was jeder idealistischen Vorstellung von der Welt Hohn sprach. Die Gallier entwarfen Bilder voll »von Gewaltsamkeiten, Blut und Verletzungen, von maßlosem Gebrüll, von allem, was keinen Sinn, keinen Nutzen hat, was weder Hoffnung noch Stabilität gewährt und was auch keine Autorität verleiht«.[164] Bataille hat ihre Bildersprache daher als eine »Antwort der menschlichen Nacht auf die Überheblichkeit und Plattheiten der Idealisten«[165] interpretiert, was einige als eine Beleidigung der akademischen Kunst in Rimbauds Manier erkannten.

Bataille hatte sich damals – durchaus in der Tradition des *Parmenides*[166] – das Problem des Formlosen gestellt, nicht nur in ästhetischer, sondern auch in philosophischer und sozialer

Hinsicht. Zwar insistiert er darauf, dass die aufgezeigten Oppositionen nicht auf das Feld der menschlichen Tätigkeit beschränkt bleiben, sondern sich in der gesamten Natur finden, bis hinein in stellare und interstellare Räume, doch kann das auch als Teil einer Strategie der Revolte gegen die bestehenden formalen Konventionen verstanden werden. In dem Artikel »Formlos« für das *Kritische Wörterbuch* heißt es: »Die gesamte Philosophie hat kein anderes Ziel, als dem, was ist, einen Gehrock zu verpassen – einen mathematischen Gehrock wohlgemerkt. Dagegen läuft die Annahme, dass dem Universum nichts ähnelt und es nur unförmig ist, auf die Aussage hinaus, dass das Universum so etwas wie eine Spinne oder wie Spucke ist.«[167] Nicht nur das schnelle Verwelken der schönsten Blumen (»wie zu sehr geschminkte, schlecht alternde Vetteln«) zeugt von dieser Opposition, sondern auch modrige Sümpfe, verfaulende Wälder und andere Schand- und Schmutzorte der Natur, die Bataille in Analogie zu den Kellerlöchern der Menschen versteht. Hierzu gehört auch und vor allem das, was er im Bild des *Anus solaire* und ähnlicher, unmittelbar darauf bezüglicher Wortbilder in seinen erotischen Texten ausdrückt. Sie haben ihm erlaubt, eine Phänomenologie des Heterogenen zu entwerfen, und zwar als eine Antwort auf alles, »was auf der Erde harmonisch und geregelt ist, auf alles, was durch einen korrekten Aspekt Autorität zu erwerben sucht«.[168] Nicht nur lassen sich die heterogenen Phänomene den Ideen nicht subordinieren, sie leisten ihnen erbitterten Widerstand, was unmittelbar in Batailles Theorie der modernen Kunst eingeht, die diesen Widerstand zu dem ihren macht. Auch das signalisiert, dass es ihm in diesem Artikel eher um eine kritische Revision der ästhetischen und kunsttheoretischen Grundlagen der Moderne als um eine Dialektik der Natur ging.

Sollte ihm aber doch eine Dialektik der Natur vorgeschwebt haben, wie Queneau unterstellt, dann wäre es eine, die zutiefst mit ihrer Auffassung durch die Menschen vermittelt ist. Zu offensichtlich ist, dass in den Phänomenen, die Bataille thematisiert und anhand derer er auf eine Reihe natürlicher Oppositionen reflektiert, der Bezug auf die menschliche Wahrnehmung immer schon gegeben ist. Die Dialektik, die damit in Frage steht, kann sich nur zwischen den beiden Kontrahenten: der Natur (These) und des Menschen (Antithese) entwickeln, und von ihr wird das Wie der Erscheinungsweisen der Natur ebenso thematisiert wie die Tatsache, dass dieses Wie zutiefst von der Auffassung der Natur durch den Menschen abhängt. Welchen Sinn hätte es sonst, im Tierreich edle oder akademische Tiere, beispielsweise Pferde, von widerlichen, abstoßenden Tieren wie Spinnen oder Gewürm zu unterscheiden? Oder den Blumen eine Teilhabe an der Sprache der Liebe zu unterstellen? Sollte Bataille je eine Dialektik der Natur vorgeschwebt haben, dann eine, die zwischen dem Menschen und der Natur spielt, die aber der Mensch dominiert, nicht nur durch sein Tun, sondern in erster Linie durch seine Rede. Letztlich geht es darum, seine Emotion, seine Evolution noch einmal von ihrem Ende her aufzurollen und im selben Maße zu dekonstruieren.

Bataille spielt aber auch auf eine andere, bislang vernachlässigte Geschichte der Natur an, die er zur bekannten in ein dialektisches Verhältnis bringt. Das heißt, er beabsichtigt, gerade solche Phänomene in Erinnerung zu rufen, die immer schon aus der menschlichen Erkenntnis der Natur herausgefallen und deshalb auch nie repräsentiert worden sind. Vielleicht ist es das, was Queneau unter einer von Bataille intendierten Dialektik der Natur verstanden wissen wollte. Tatsächlich wollte Bataille damals eine neue Perspektive in die Kunstwissenschaft einführen, und in Artikeln wie »Das akademische Pferd« oder »Die Sprache der Blumen« hat er die Symptome aufgezeigt, die einen solchen Richtungswechsel nachgerade erzwingen. Gleichzeitig hat er auf ziemlich provokante Weise angedeutet, in welche Richtung die Entwicklung der modernen Kunstauffassung tatsächlich gehen sollte.

4. Die Formen des Formlosen

Statt von einer Dialektik der Natur spricht Bataille von einer »strengen Pendelbewegung«, in der das Entsetzen vor dem, was unförmig oder unentschieden ist, zu präzisen und regelmäßigen Formen führt, die dann aber, sobald sie zur herrschenden Norm geworden sind, dazu tendieren, lebendige Entwicklungen zu paralysieren. Das hat immer wieder zu Revolten geführt, in deren Verlauf das Ausdrucksverlangen von klassischen, harmonischen und maßvollen Formen zu unregelmäßig wuchernden, barocken oder dissonanten Formen übergegangen ist. »Zweifellos ist es schwierig, den Sinn dieser Pendelbewegungen durch die historischen Wechselfälle hindurch festzustellen«, schreibt er. Aber »die Umwandlungen der plastischen Formen sind oft das Hauptsymptom großer Umwälzungen: Es könnte daher von heute aus scheinen, dass nichts je umgewälzt worden wäre, wenn nicht die periodische Negation aller Prinzipien der regelmäßigen Harmonie von der Notwendigkeit einer Wandlung zeugen würde.«[169]

Ein knappes Jahr später knüpft Bataille mit dem Artikel »Les Écarts de la nature« an diesen Gedanken an. Dort hat er auch den Begriff einer *Dialektik der Formen* eingeführt, der weder mit dem der Naturgeschichte noch mit dem einer wie immer gedachten Dialektik der Natur etwas zu tun hat. In ihm geht es im Gegenteil um eine Dialektik, die es erlauben würde, die Entwicklung so konkreter Tatsachen, wie es die sichtbaren Formen sind, zu analysieren und darzustellen. Wenn Bataille von fundamentalen Oppositionen spricht, ist daher immer auch von dem die Rede, was eine Dialektik der sichtbaren Formen erzwingt. Natürlich ist es ihm um eine kunstphilosophische Richtigstellung zu tun; doch gleichzeitig versucht er, eine allgemeine Dialektik des Konkreten zu entwerfen, von der nicht nur das Sein des Seienden und die Geschichte seines Werdens im Wie der Erscheinungen und ihrer Metamorphosen, sondern auch die Erfahrungen des Anderen, sogar die des ganz Anderen aufgefasst würden.

Es ist dies die Auffassung von Dialektik, die Bataille in jenen frühen Jahren favorisiert. In dem Artikel »Die Abweichungen der Natur« hat er das Phänomen konkreter Disproportionen noch einmal, diesmal am Beispiel jener Monstren und Wundergeschöpfe thematisiert – wir würden in Erinnerung an den Horrorfilm von

Tod Browning heute eher von *Freaks* sprechen – in denen die Natur selbst das ihr unterstellte Streben nach Harmonie und Vollkommenheit zu unterlaufen scheint. Bataille hat Löwenmenschen, Rumpfmenschen, Albinos oder siamesische Zwillinge im Sinn, deren Erscheinen über lange Zeiträume hinweg – und in manchen Weltgegenden bis heute – als ein schlechtes Omen angesehen worden ist. Solche Wesen schockieren, sie beleidigen den Blick und wurden gerade deshalb zu Schauobjekten. Diese Unglücklichen verletzen irgendwie das Schamgefühl, da die Vorstellung menschlicher Würde unmittelbar mit dem Bild eines intakten, unversehrten Körpers verbunden war. »Ein wie immer geartetes Jahrmarktsphänomen«, schreibt Bataille, »provoziert zweifellos den Eindruck aggressiver Ungehörigkeit, die zwar ein bisschen komisch ist, aber vor allem ein Gefühl der Beklommenheit hervorruft.«[170] Kein Wunder, dass einige versucht haben, einen Idealtypus zu konstruieren, der es erlaubt, die Standardmaße für einen wohlproportionierten Körper, ein schönes Gesicht, einen moralischen Charakter usw. festzulegen. Da Standardmaße aber dazu tendieren, die Regelmäßigkeit geometrischer Figuren in der menschlichen und natürlichen Welt zu imitieren, bedeutete dies, dass von nun an nicht mehr nur die Monstren im dialektischen Gegensatz zum Schönen standen, sondern jede konsequent individualisierte Form. Es waren solche Phänomene, die Bataille auf die Idee einer Dialektik der Formen, das heißt einer Dialektik des Konkreten, sinnlich Wahrnehmbaren in den Veränderungen seiner Erscheinungsformen brachten. »Auch wenn sie vielleicht in den metaphysischen Grundlagen der Dialektik nicht vorgesehen ist, wäre die Bestimmung einer dialektischen Entwicklung der sichtbaren Formen buchstäblich umwerfend«[171], schreibt er.

Das Spezifische der Idee einer Dialektik sichtbarer Formen ist, dass Bataille sie eng mit dem Materialismus-Problem zusammendenkt. Für ihn ist der dialektische Materialismus alles andere als eine »formulierte Doktrin«, nämlich »ein Projekt, das noch nicht verwirklicht wurde«. Bereits in dem Artikel »Materialismus« für das *Kritische Wörterbuch*, der im selben Heft wie »Menschliche Figur« erschien, hatte er den Materialismus als »die direkte, jeglichen Idealismus ausschließende Interpretation der Phänomene selbst« definiert und damit ganz ausdrücklich von einem System abgegrenzt, das, wie er schreibt, »auf den fragmentarischen Elementen einer unter den Vorzeichen religiöser Beziehungen durchgeführten, ideologischen Analyse errichtet wurde«.[172] Das bezieht sich unmittelbar auf Hegel selbst, der für ein Verfahren der Abstraktion steht, durch das alle konkreten Widersprüche, alle Disproportionen in die Spannung zwischen Begriffen übertragen werden. Bataille wird nicht müde, dieses Verfahren zu attackieren. Zwar hält er den dialektischen Materialismus für »die einzige Form eines konsequenten Materialismus, die [...] der systematischen Abstraktion entgangen ist«, er betont aber auch, dass dieser »nicht weniger vom absoluten Idealismus in seiner Hegel'schen Form ausgegangen ist wie der ontologische Materialismus« auch.[173] In Batailles Augen war es der historische Fehler des dialektischen Materialismus, seine Ursünde, wenn man so will, die Beziehungen bloß verkehrt und der Materie die Rolle eingeräumt zu haben, die bei Hegel das Denken spielt.

Darauf baut er im Gnosis-Essay auf. Dort hat er für einen Materialismus plädiert, der die Materie nicht länger in Analogie zur Idee versteht, sondern unmittelbar bei den psychologischen und sozialen Fakten ansetzt. Nichts in diesem wegweisenden Essay deutet noch auf eine Dialektik der Natur hin. Die Materialisten, so der Vorwurf, den er gegen sie erhebt, hatten selbst aus der Materie eine Abstraktion gemacht, anstatt sich unmittelbar auf die materiellen Tatsachen zu beziehen, insbesondere auf das Insubordinierbare, Widerständige an ihnen, das, was sich trotz aller Bemühungen jeder begrifflichen Fassung entzieht. Es gelte vielmehr, in der Materie eine ewige Quelle des Widerspruchs gegen alle idealistischen Konstruktionen zu erkennen. Schon um sich vom herkömmlichen Verständnis des dialektischen Materialismus abzugrenzen, hat Bataille den Begriff einer niederen Materie eingeführt, unter der er, wie vor ihm die Gnosis, ein aktives Prinzip versteht. Das Spezifische dieser niederen Materie sei, dass sie »den idealen menschlichen Bestrebungen äußerlich und fremd« bleibe. Sie kann daher auch nicht auf »die großen ontologischen Maschinen« reduziert werden, »die aus solchen Bestrebungen hervorgegangen sind«.

Das Problem hatte schon Platon in seinem *Parmenides* dargestellt. Er war allerdings zu dem Schluss gekommen, dass sich die theoretische Rede mit dem Niederen, Verächtlichen und Lächerlichen nicht abgeben sollte. Auf die Frage des hoch betagten Parmenides, ob es nicht auch Ideen »von solchen Dingen, welche gar lächerlich herauskämen, wie Haare, Kot, Schmutz und was sonst noch recht geringfügig und verächtlich ist«, geben könne, antwortet der blutjunge Sokrates: Er habe sich diese Frage zwar auch vorgenommen, »aber stelle ich mich auf diesen Standpunkt, so treibt es mich alsbald wieder fort, denn es befällt mich die Furcht, in einen bodenlosen Abgrund an Albernheit zu versinken«. Daher beschränke er sich auf solche Dinge, die vernünftiger Analyse zugänglich sind. Platon hat damit eine der solidesten philosophischen Traditionen begründet, die erst durch Sade erschüttert wurde.[174] Und Bataille geht in Sades Spuren. Er hat nur das für die Moderne Wesentliche hinzugefügt, dass selbst »die heutigen Darstellungen der bildenden Kunst Ausdruck eines intransigenten Materialismus« sind. Sie greifen in ihrem Gestaltungsprinzip auf alles zurück, was die herrschenden Mächte auf dem Gebiet der Form angreift«.[175] Bataille denkt an Werke von Picasso und Braque, Masson und Miró und bestätigt so einmal mehr, dass die neue Dialektik, die er zu begründen sucht, ganz präzise als der Schauplatz eines Kampfes zwischen antithetischen oder antagonistischen Formen bestimmt werden muss.

Für eine positive Kritik der Hegel'schen Dialektik

In seinem ersten Hegel-Essay mit dem Titel »Kritik der Grundlagen der Hegel'schen Dialektik« findet sich von einer Dialektik der sichtbaren Formen allerdings keine Spur mehr. Das eigentlich Neue an diesem Essay ist, dass er auf der

Grundlage einer Reihe von Büchern verfasst wurde, die um 1930 veröffentlicht worden sind und einen verlässlicheren Zugang zu Hegels Denken versprachen. Den Anfang machte Jean Wahls Studie *La Conscience malheureuse dans la philosophie de Hegel*, die Ende 1929 erschienen war. Zwar hat auch Wahl sich nur auf eine äußerst schmale Textbasis gestützt, gleichzeitig aber einen neuen – den existentiellen – Gesichtspunkt in die Interpretation der Hegel'schen Philosophie eingeführt. 1930 erschienen Georges Gurvitchs *Les Tendances actuelles de la philosophie allemande* und *La Théorie de l'intuition dans la phénomenologie de Husserl* von Emmanuel Levinas. Wiederum ein Jahr später wurde Heideggers Antrittsvorlesung *Was ist Metaphysik?* in der Zeitschrift *Bifur* auf Französisch publiziert. Nach dem Zeugnis Queneaus haben er und Bataille alle diese Texte gelesen und gemeinsam diskutiert, sodass der Artikel von 1932 in gewisser Weise nur das Ergebnis dieser Lektüren sei. Von nun an hätten sie Hegel konsequent existentialistisch interpretiert, und es hätte sich auch schon die Tendenz abgezeichnet, ihn durch die Brille der Phänomenologie Husserls und Heideggers[176] zu lesen. Doch diesen Bezug auf die Philosophie Husserls oder Heideggers gibt der Artikel »Kritik der Grundlagen der Hegel'schen Dialektik« von Bataille und Queneau nicht her, umso weniger, als in ihm tatsächlich – zum ersten und einzigen Mal überhaupt – die Frage einer Dialektik der Natur diskutiert wird.

Dass der Einfluss der genannten Lektüren auf diesen Essay dennoch beträchtlich ist, lässt die bloße Erwähnung des Namens von Nicolai Hartmann erahnen, dem in dem für *La Critique Sociale* verfassten Essay eine überwältigende Bedeutung zukommt. Die Verfasser waren bei Gurvitch auf seinen Namen gestoßen und hatten dann einen Artikel von ihm entdeckt, der aus Anlass von Hegels 100. Todestag ebenfalls 1931 in einer Nummer der *Revue de métaphysique et de morale* erschienen war. Auf diesen Artikel vor allem hat sich Bataille bezogen, als er eine neue – positive – Kritik an Hegel postulierte, was auch der ursprünglich vorgesehene, dann aber von ihm gestrichene Titel »Vers une nouvelle critique positive de la dialectique hégélienne« betont. Gleich im zweiten Satz wird moniert, dass die Dialektik bislang immer nur Gegenstand einer negativen Kritik gewesen sei, und Hartmann hatte ihm diese Idee suggeriert. Er hatte in seinen Augen das Verdienst, in die von Hegel entfalteten dialektischen Themen eine Unterscheidung eingeführt zu haben in solche, die »durch Erfahrung gerechtfertigt und in der Wirklichkeit begründet« sind, und andere, die nur eine rhetorische Bedeutung besitzen. Hartmanns These ist, dass die Hegel'sche Dialektik zu weiten Teilen nicht in einer Wirklichkeit begründet sei, sondern reine Spekulation bleibe. Legitime dialektische Themen ließen sich weder in der *Logik* noch in der *Naturphilosophie* finden, sondern nur in der *Rechtsphilosophie*, der *Philosophie der Geschichte* und der *Phänomenologie des Geistes*[177], und daraus folgt, dass es eine Dialektik der Natur in Hegels Philosophie nicht gibt. Positiv ausgedrückt heißt es, dass das Anwendungsgebiet der Dialektik auf die Geistes- oder Humanwissenschaften beschränkt ist. Bataille kommt zu dem Schluss, dass die Dialektik an die genuin menschliche Situation gebunden ist, dass sie aus dem Miteinander der Menschen, das heißt aus gelebten Erfahrungen geboren wird, wie er am Beispiel des Ödipuskomplexes nachweist.

Er selbst sah sich damals offenbar vor die Notwendigkeit gestellt, den Grund für eine neue, zeitgemäße Rechtfertigung der Dialektik aus Erfahrung zu legen. Erst eine solche in der Erfahrung gründende Rechtfertigung brächte zur Evidenz, warum »dieses Verfahren nur auf dem eigentlichen Terrain seiner spezifischen Entwicklung Anwendung finden kann, das heißt, auf dem Terrain des Klassenkampfs, in der Erfahrung und nicht in den apriorischen Wolken universeller Auffassungen«. Während die Dialektik, sobald sie sich im Bereich der Natur tummelt, nur ein »Schmarotzer« ist und auf ihren »elendsten Stand reduziert« wird, ist sie für Bataille das allein angemessene Denken, »wenn es darum geht, das Leben und die Umwälzungen der Gesellschaften darzustellen«. Die nicht zu reduzierende Bedeutung von Konflikten wie dem privaten zwischen Vater und Sohn oder dem historischen zwischen Herr und Knecht liegt ja gerade darin, dass sie von Erfahrungen handeln, die von jedem Einzelnen gelebt werden. Gleichzeitig bringen sie zur Evidenz, dass die Termini der dialektischen Entwicklung auch die Elemente der wirklichen Existenz sind.

Hegel selbst gerät übrigens keinen Augenblick lang in Verdacht, eine Dialektik der Natur entwickelt zu haben. Ihm wäre, wie Bataille bemerkt, »nichts unvernünftiger erschienen, als die Gründe für die Objektivität der dialektischen Gesetze in der Natur zu suchen«.[178] Hegel hatte erkannt, dass die Natur, da sie ihren Begriff nicht erfüllt, der Philosophie als unüberschreitbare Grenze gegenübertritt. Batailles Vorwurf ist daher ganz ausschließlich an die Repräsentanten des dialektischen Materialismus, Marx und Engels gerichtet, die den Ehrgeiz hatten, den dialektischen Gesetzen den Charakter allgemeiner Naturgesetze zu geben. Insbesondere Engels hat versucht, die dialektischen Themen in der Natur nachzuweisen, er wollte aus der Mathematik eine dialektische Wissenschaft machen und ist damit, letztlich auch in seinen eigenen Augen, gescheitert. Nach achtjähriger Arbeit brach er das Projekt ohne äußere Notwendigkeiten ab, weil er die Unmöglichkeit seines Unterfangens eingesehen hatte. Schon Engels hatte sich der Ursünde des dialektischen Materialismus schuldig gemacht: Er hatte die Natur an die Stelle der Logik gesetzt, sodass das Scheitern seines Versuchs in der Prämisse bereits beschlossen war.

In dem Maße, in dem Bataille bei Hartmann die Elemente einer positiven Kritik der Hegel'schen Dialektik entdeckt, hat er diesem deutschen Professor, zumindest mittelbar, eine Bedeutung gegeben, die ihm andere schwerlich zuerkannt hätten. Karl Korsch, der zu den Lesern des Artikels gehörte, hat sich denn auch dagegen verwahrt. In einem Brief an die Redaktion von *La Critique Sociale*[179] schreibt er: »Der Artikel der Genossen Bataille und Queneau scheint mir ausgezeichnet und treffend, was den kritischen und negativen Teil anbetrifft: insbesondere die Darlegung der Selbsttäuschungen von Engels [...]. Mir scheint allerdings, dass die Autoren unseren braven bürgerlichen Ideologen Nicolai Hartmann stark überschätzen. [...] man kann nicht sagen, dass er etwas Neues oder

Richtiges zur Frage der Dialektik beigesteuert hätte.«[180] Doch diese Frage stellte sich den beiden Autoren auch nicht. Bataille insbesondere ging es in diesem Text weniger um eine Dialektik der Natur als um eine Kritik am dialektischen Materialismus, wie er damals verstanden wurde. »Was jetzt reduziert wird«, schreibt Queneau in seinem Nachruf auf ihn, »ist nicht mehr der Panlogismus Hegels, sondern die materialistische Dialektik. [...] Hegel erscheint jetzt als ein nichtreduzierter Hegel, neben dem die vulgäre Dialektik des Kommunismus nicht bestehen kann.«[181] Die Kritik am dialektischen Materialismus steht im Zentrum von Batailles Essay, der nur sehr tangential die Hegel'sche Dialektik streift. Übrigens hat Kojève diese kritische Wendung gegen den dialektischen Materialismus wenig später ebenfalls vollzogen, wie Iring Fetscher in seinem ersten Vorwort zur deutschen Teilübersetzung schreibt: »Kojève wollte durch seine Hegeldeutung dem Marxismus eine breitere anthropologisch-ontologische Basis geben, die ihn niveaumäßig über den ›dialektischen Materialismus‹ hinaushebt.«[182]

In Batailles ersten großen soziologischen Essays, die nach dem Ende von *Documents* in dichter Folge in der Zeitschrift *La Critique Sociale* erschienen sind, ist von Hegel nicht mehr die Rede. Sein Name taucht zwar noch in einigen Rezensionen auf, wird aber erst im *Collège de Sociologie*, wenn auch nur für einen kurzen Moment, wieder auf die philosophische Tagesordnung gesetzt. Das geschah, als die These vom Ende der Geschichte zum Gegenstand einer Kontroverse zwischen ihm und Kojève wurde.

Kurzer Abriss der Geschichte der französischen Hegel-Rezeption

1. Die Situation bis 1930

Kojève, der die französischen Intellektuellen auf Hegel einschwor, hat sich nie als dessen Exeget verstanden. Ihm ging es im Gegenteil um eine Aktualisierung von Hegels Philosophie. Als Iring Fetscher mit ihm die Frage einer deutschen Übersetzung seiner Vorlesungen diskutierte, schlug Kojève als Titel *Versuch einer Einführung Hegels in die Gegenwart* vor. Schon deshalb kann ihn der Vorwurf, Hegel nicht »richtig« interpretiert zu haben, gar nicht treffen. Doch obwohl Fetscher den Titel dann zu *Hegel. Eine Vergegenwärtigung seines Denkens* entschärft, haben sich die deutschen Hegelianer vehement dagegen verwahrt und Kojèves Interpretation der *Phänomenologie des Geistes* für unseriös erklärt. Sie genüge den Kriterien der

Philosophiegeschichte nicht, weil sie, so der gängige Vorwurf, Hegel nicht in seiner Zeit[183] darstelle. Einige wollten Kojève sogar jede philosophische Qualifikation absprechen. So weit gingen Hans Friedrich Fulda und Dieter Henrich zwar nicht, aber auch sie haben in ihm in erster Linie einen »philosophischen Alchimisten« gesehen, dessen »drastische Interpretationstechniken«[184] bisweilen nicht vor »Enormitäten« zurückschreckten. Andere hatten schon früh darauf hingewiesen, dass, wann immer Kojève deutsche Texte ins Französische übersetzt, deren Sinngehalt auf der Strecke bleibe.[185]

Was von heute aus leicht als eine surrealistische Lektüre[186] erscheint, hat seinen Grund eher in der offiziellen französischen Philosophie, die Hegels Werke von Anfang an konsequent ignoriert und von der Lehre ausgeschlossen hatte. Raymond Queneau weist darauf hin, dass man noch im Frankreich der zwanziger Jahre des letzten Jahrhunderts ein ordentliches Philosophiestudium abschließen konnte, ohne auch nur ein einziges Mal auf den Namen Hegel gestoßen zu sein.[187] Man kann daher der intellektuellen französischen Avantgarde ihre unzulänglichen Hegel-Kenntnisse nicht zum Vorwurf machen. Bevor zwei russische Emigranten, die beider Sprachen mächtig waren, ihnen einen direkten Zugang zu dessen Frühwerken ermöglichten, pickten sie sich ihre Hegel-Kenntnisse auf, wo immer sie darauf stießen: bei Feuerbach, Marx und Engels oder Lenin, die damals in französischen Intellektuellenkreisen viel gelesen wurden, bei Lucien Herr, aber auch bei Maurice Barrès. Die französische Philosophie wurde zumindest als akademische Disziplin zu Beginn der dreißiger Jahre nach wie vor vom Neokantianismus beherrscht, dessen oberster Repräsentant im fraglichen Zeitraum Léon Brunschvicg war. Daneben konnte sich nur Henri Bergson behaupten, der der Dialektik nicht weniger ablehnend gegenüberstand. Beide folgten jener langen französischen Tradition, die eine Auseinandersetzung mit der Hegel'schen Philosophie gar nicht erst zugelassen hatte.[188] Zwar fand sich die erste Erwähnung Hegels bereits zu einer Zeit, da er als Philosoph noch gar nicht hervorgetreten war: 1804 hat ihn Jean-Geoffroy Schweighäuser in den *Archives littéraires de l'Europe* erwähnt, in einem Artikel über »den gegenwärtigen Zustand der Philosophie in Deutschland«. Schweighäuser hielt Hegel aber für einen Schüler Schellings und zeichnete von ihm das »Bild eines dunklen, etwas lächerlichen Denkers«, der das Sein mit dem Nichts gleichsetzt. Dieses Bild hat sich hartnäckig gehalten und für lange Zeit das französische Verhältnis zu Hegels Philosophie bestimmt.[189] Jean-Luc Nancy hat in seinem Essay *La remarque spéculative* Ernest Hello zitiert, der die Dialektik 1872 als ein Teufelswerk und ihren Autor als Sprachrohr Satans bezeichnet hatte. »Satan hat sich in Hegels Formulierung wiedererkannt, sie bewundert, als sei sie von ihm«, schrieb Hello, »denn die Hybris, Satan und Hegel lassen den gleichen Ruf erschallen: Das Sein und das Nichts sind dasselbe.«[190] Nicht einmal Victor Cousin, der als Freund Hegels eigentlich dazu berufen gewesen wäre, hat ernsthaft daran gedacht, seinen Landsleuten die Grundlagen des dialektischen Denkens zu vermitteln. Er hat Hegel, wie dieser selber sagte, zwar »einige Fische entwendet, sie dann aber in seiner eigenen Soße ertränkt«.[191] In späteren Jahren, nach seiner politischen Kehrtwende vom Liberalen zum Reaktionär, hat er das Bekanntwerden von Hegels Philosophie sogar aktiv hintertrieben.[192]

In der Folge des Krieges von 1870/71 setzte sich schließlich die Auffassung von Hegel als des philosophischen Repräsentanten des preußischen Imperialismus durch und blieb bis in das Jahrzehnt nach dem Ersten Weltkrieg hinein vorherrschend.[193] »In dieser Hinsicht ist es traurig zu sehen«, schreibt Franck Fischbach, »dass selbst unter großen Philosophen sich leidenschaftliche Propagandisten der ›Ideen von 1914‹ fanden, die die Kriegsideologie unterstützt haben.« Dabei hat er insbesondere Henri Bergson im Sinn, der Deutschland als eine »sich auf Hegel berufende Beutemachernation«[194] und die deutsche Philosophie als eine »intellektuelle Übertragung ihrer Brutalität, ihrer Begehrlichkeiten und Laster« bezeichnet hatte. Ähnlich haben das wohl auch Charles Andler und Lucien Herr, die beiden herausragenden Germanisten der III. Republik, gesehen. Selbst Bataille teilte in den Anfängen ihre Einschätzung. Das geht aus einem Briefentwurf an Breton hervor, der erst posthum als Teil des *Dossier de la polémique avec André Breton* veröffentlicht wurde. Bataille zitiert darin einige von Bretons Idolen, und der Leser spürt regelrecht, wie er sich ihre Namen auf der Zunge zergehen lässt: Er nennt »den katholischen Mystiker Raimundus Lullus, den ehrenwerten protestantischen Bischof Berkeley und, Gipfel der Niederträchtigkeit, Hegel, Philosoph in seiner Doktrin und in seinem Leben, begierig vor allem nach Servilität, Kammerdiener des deutschen Nationalismus«.[195]

2. Die philosophiegeschichtliche Bedeutung Kojèves

Zu Beginn der dreißiger Jahre des zwanzigsten Jahrhunderts – hundert Jahre nach Hegels Tod – gab es in Frankreich nicht viel, wodurch man sich solide Hegel-Kenntnisse hätte erwerben können. Auch Alexandre Koyré, der 1930 seinen Bericht »L'état des études hégéliennes en France« verfasst, beklagt darin die unter französischen Intellektuellen weit verbreitete Unkenntnis von dessen Philosophie. Erst als Alexandre Kojève 1933 seine Nachfolge antrat und bis 1939 die legendären Vorlesungen über die *Phänomenologie des Geistes* hielt, geschah, was niemand mehr für möglich hielt: Hegel hörte – praktisch über Nacht – auf, ein verrufener Philosoph zu sein, und wurde zum Vordenker der theoretischen Avantgarde in Frankreich. Die Entdeckung seiner Philosophie wurde zweifellos durch das wiedererwachte Interesse an Marx, Engels und Lenin angeregt, wie Bataille schon 1932 bemerkte. Aber erst Kojève hat mit seiner Vorlesungsreihe die Grundlagen zu einer wirklichen Kenntnis der *Phänomenologie des Geistes* gelegt.[196] Hegel, dieser Name allein, versprach den Weg zu einer anderen, konkreteren Philosophie, als es die war, die damals an den französischen Universitäten gelehrt wurde; er versprach die Möglichkeit einer Philosophie des Realen, und das war es, worum es den oppositionellen Intellektuellen zu Beginn der dreißiger Jahre ging. Die Hinwendung zu seinem Denken ist daher auch als eine Revolte gegen die offizielle französische Philosophie, insbesondere gegen den Neokantianismus zu verstehen und hat letztlich auch das Ende von Bergsons Lebensphilosophie als herrschender philosophischer Strömung besiegelt. »Als er sich entschloss, Hegel zu erläutern«, schreibt Jean-Luc Pinard-Legry, »wandte sich Kojève also gegen eine ganze akademische Tradition, die von Léon Brunschvicg in der Agrégations-Jury vertreten wurde und für die die Dialektik nicht existierte.«[197] Es ist daher nicht übertrieben zu sagen, dass Kojève mit seiner Insistenz auf Hegel'schen Denkfiguren einen Paradigmenwechsel in der französischen Philosophie herbeigeführt hat.

Das Neue seiner Darstellung ist, dass er die *Phänomenologie* konsequent als eine Anthropologie interpretiert, deren Matrix die Herr-Knecht-Dialektik ist. Kojève hat, so lautet das gängige Urteil über ihn, Hegels Begriffskonstruktionen vermenschlicht, hat sie »humanisiert«, indem er sie auf ihren konkreten anthropologischen Gehalt zurückführte. Er hat den kritischen Intellektuellen klargemacht, dass Hegel die Entwicklung des Geistes als eine Universalgeschichte aufgefasst und ihr bis zu einem gewissen Grad die Form eines Bildungsromans gegeben hatte. Hegel habe als Erster die Geschichte als den Ort dargestellt, an dem über den Sinn der menschlichen Existenz entschieden wird. Kojève hat aber auch die zentrale Rolle unterstrichen, die in der Entwicklung des Geistes die menschliche Begierde spielt, die sich dadurch vom animalischen Bedürfnis (Hunger, Durst, Fortpflanzung) unterscheidet, dass sie sich nicht auf die natürliche Positivität eines Objekts, sondern auf die Negativität einer anderen Begierde bezieht. Auch dies eine These, mit der er im zwanzigsten Jahrhundert Theoriegeschichte schrieb. Die immer wieder auch von Queneau plakativ betonte Nähe zu Heidegger relativiert sich hier. Denn dadurch, dass in Kojèves Darstellung das oder der Andere unmittelbar in die Konstitution des Selbst eingreift, wird die Differenz und nicht die Identität thematisiert. Kojève nimmt damit eher einige Entwicklungen des Sartre'schen Existentialismus vorweg, als in Heideggers Fußstapfen zu treten.

Ihm ging es nie um Ontologie, sondern immer nur um Seiendes, das konkret in Raum und Zeit gegeben ist. Wie schon bei Hegel hat das Wort Sein auch in Kojèves Terminologie zwei Bedeutungen, je nachdem ob es sich auf die Natur oder auf die Geschichte bezieht. Im ersten

Fall ist es durch Identität bestimmt; die Naturdinge bleiben sich stets gleich, sie sind mit sich identisch und reine Positivität, wie Hegel lehrt, während das menschliche Sein durch eine Negativität gekennzeichnet ist, die sich als Tun äußert und auf Veränderung und Differenzierung drängt. Kojève schließt aus Hegel, dass die Differenz eine Form des Nichts sei und die Dialektik nichts anderes als der Einschluss des Nichts ins Sein oder der Differenz in die Identität.[198] Das hat er in der Metapher vom Goldring ausgedrückt, der ein Loch umschließt, das erst durch den Ring gegeben ist. Der Mensch, der, Hegel zufolge, Tun ist und durch sein Tun das Gegebene negiert, ist letztlich nichts anderes als ein im Sein nichtendes Nichts[199], und Bataille wird diese Auffassung ohne Abstriche übernehmen.

Überraschend ist nicht nur, wie Hegel ab 1933 die philosophische Szene in Frankreich zu beherrschen beginnt, überraschend ist auch, wie er damals dargestellt wurde. Nie zuvor in der Geschichte ihrer Rezeption wurde die Hegel'sche Philosophie als Ursprung alles dessen interpretiert, was das moderne Wissen ausmacht. Maurice Merleau-Ponty, der zu Kojèves eifrigsten Hörern zählte, ist zweifellos am weitesten gegangen. Er hat 1946 die These aufgestellt, dass Hegel am Beginn alles dessen steht, »was in der Philosophie seit einem Jahrhundert an Großem geleistet worden ist«. Merleau-Ponty zögerte nicht, neben dem Marxismus und der Phänomenologie auch Nietzsches Philosophie, den deutschen Existentialismus und die Psychoanalyse unmittelbar von Hegel herzuleiten. Hegel sei »der Erfinder einer Vernunft, die weiter ist als das Verstandesvermögen«, schreibt er, weil sie die Verschiedenheit und Singularität von Individuen, Zivilisationen, Denkweisen berücksichtige und auf ihre jeweilige Wahrheit zurückführe. Folgt man seiner Auffassung, steht Hegel für nichts Geringeres als »das Bemühen, das Irrationale zu erforschen und einer erweiterten Vernunft einzugliedern«.[200] Schon Kojève hatte Kierkegaards und Nietzsches philosophische Originalität in Frage gestellt, aber den Begriff des Unbewussten strikt abgelehnt und sich dezidiert als ein Gegner der Psychoanalyse positioniert. Unbeirrbar hielt Kojève an seiner Lesart der Hegel'schen *Phänomenologie* fest und beharrte im selben Jahr 1946 darauf, »dass die Zukunft der Welt und damit der Sinn der Gegenwart und die Bedeutung der Vergangenheit letztlich von der Art abhängen, in der wir heute die Hegel'schen Schriften interpretieren«.[201]

Während Kojève gerade darin Hegelianer war, dass das Andere der Vernunft für ihn trotz allem nur eine marginale Rolle spielte, kreisen Batailles theoretische Bemühungen um dieses Andere von Anfang an. Das kompromisslose Eintreten für die heterogenen Seiten der menschlichen Existenz ist konstitutiv für sein Denken, aus ihm entspringt sein antihegelianischer Akzent. Um dem, was alle tradierten Diskursformen sprengt, gerecht zu werden, hatte er zwischen 1930 und 1932 – ebenfalls in der Auseinandersetzung mit Breton, diesmal um Sade – die Idee einer *Heterologie* skizziert und als einer der Ersten die Frage gestellt, ob die Vernunft, die sich dem Anderen stellt und ihm ins Auge blickt, noch dieselbe ist, oder ob sie nicht vielmehr vor der Notwendigkeit steht, eine Metamorphose zu durchlaufen, in deren Vollzug ihre ursprüngliche Identität aufs Spiel gesetzt wird. Daran hatte Bataille die Frage geknüpft, wie eine Vernunft beschaffen sein müsste, die sich in ständigem Austausch mit dem Anderen befindet.

Seine Beziehung zu Kojève ist oft als Einbahnstraße, er selbst als dessen Schüler beschrieben worden, doch gab es zwischen ihnen vor allem in den Anfängen heftige Auseinandersetzungen. An ihrem Beginn stand Batailles »Brief an X, der mit einem Kurs über Hegel betraut ist« vom 6. Dezember 1937, und die damit eröffnete Kontroverse setzte sich bis in die vierziger Jahre hinein fort. Im Austausch über Hegel hat sich zwischen ihnen mit den Jahren aber auch eine Freundschaft entwickelt, die zwar verschiedene Stadien kannte, doch letztlich nie in Frage gestellt wurde. In der Zeit des *Collège* hat Bataille auf dem Abstand seiner Auffassung zu derjenigen Kojèves insistiert; und noch zur Zeit der *Inneren Erfahrung* hält er daran fest, dort fortzufahren, wo Hegel in einer Art Panik die Bewegung auf die Negativität hin abgebrochen hatte, ein Gedanke, der Kojève *au fond* fremd war. Aber Bataille hatte schon in der Zeit von *Documents* die Aufmerksamkeit auf die Figur des Sprungs[202] gelenkt, den er als einen Sprung ins Lachen, in die Ekstase, die erotische und tragische Erfahrung, ins Inkommensurable, Nichtabgesicherte begreift, und das Nachdenken über diese Figur hatte ihn auf die Spur des Nichtwissens gebracht. Seine These ist, dass Hegel vor diesem Sprung zurückgeschreckt und aus dieser Angst letztlich sein philosophisches System hervorgegangen ist.

An dieser These hält Bataille bis in seine letzten Jahre hinein fest. Er hatte, wie Surya bemerkt, etwas Hartnäckiges und änderte seine Auffassungen so gut wie nie, Eigenschaften, dank derer es ihm schließlich gelungen ist, Kojève auf seine Seite zu ziehen. Dieser schlug in der Zeit nach dem Zweiten Weltkrieg eine Richtung ein, die ihn »Jahr für Jahr dem Nichtwissen näher gebracht hat, Nichtwissen, das Kojève *das Schweigen* nannte«.[203] Das Auffällige der frühen Briefe ist, dass Bataille darin regelrecht um Kojève wirbt, schon weil für ihn bei allen Unternehmungen der dreißiger Jahre auch ein Bezug zu Hegel besteht. Doch Kojève hat ihm für alle seine Gruppenexperimente eine Absage erteilt. Erst in den fünfziger Jahren, als Bataille diese Experimente ad acta gelegt hatte und nicht mehr zu Kompromissen gezwungen war, wie sie insbesondere *Contre Attaque*, aber letztlich auch die Geheimgesellschaft *Acéphale* verlangten, änderte sich das. In dieser Zeit hat sich Kojève wesentlichen Positionen von Bataille genähert. Suryas These wird durch eine Reihe brieflicher Äußerungen an Bataille gestützt. So heißt es im Brief vom 5. April 1954: »Ich bin zu einigen Resultaten gelangt, die mich überrascht haben und die sich meines Erachtens den Ihren bis in die Terminologie hinein nähern.« Fünf Jahre später wird Kojève noch deutlicher. Am 19. Juli 1959 schreibt er an Bataille: »Ich denke immer mehr, dass die einzige mögliche Haltung gegenüber derjenigen der ›Hegelianer‹ die schweigende Haltung ist, die Sie einnehmen.«[204]

1. Der »Brief an X«

Im »Brief an X«, dem vierten von sechs, die überliefert sind, lässt sich Bataille unvermittelt auf ein Thema ein, das in seinem Denken weder vorher noch nachher eine Rolle gespielt hat. Er thematisiert das Ende der Geschichte und knüpft damit an einen Gedanken an, den Kojève zwei Tage zuvor am *Collège* vorgetragen hatte. Der Wortlaut des Vortrags ist nicht überliefert, da Kojève wie gewöhnlich aus dem Stegreif sprach, doch ist verschiedentlich bezeugt, dass er an jenem Abend eine These wiederholte, die er wenige Monate zuvor, am Ende des Studienjahres 1936/37, aufgestellt hatte. Sie musste daher einigen Mitgliedern und Hörern des *Collège* bereits bekannt gewesen sein. Roger Caillois hat 1970 im Gespräch mit Gilles Lapouge bezeugt, dass Kojève an jenem Abend über die »schöne Seele«[205] und über das »Ende der Geschichte«[206] gesprochen, seine These vom Sommer des Jahres aber in einem entscheidenden Punkt korrigiert habe. Hegel, der in der *Phänomenologie* das Erreichen des Selbstbewusstseins und des absoluten Wissens lose mit dem Ende einer langen historischen Entwicklung assoziiert, habe im Prinzip zwar richtig gesehen, dass die Geschichte dabei ist, zu Ende zu gehen, er habe sich aber in der Datierung dieses Endes um gut hundert Jahre geirrt: Nicht Napoleon, sondern Stalin sei der apokalyptische Reiter vom Ende der Geschichte.[207] Letzteres hat Kojève Anfang der sechziger Jahre in der zweiten Auflage seiner Hegel-Vorlesungen in einer Fußnote zur Fußnote von 1946 zwar wieder zurückgenommen[208], aber an der These eines bereits stattgefundenen oder kurz bevorstehenden Endes der Geschichte hält er fest: Sie ist das Ergebnis seiner Hegel-Interpretation, oder genauer: Sie ist sein Beitrag zu Hegels Philosophie, auch wenn er den Eindruck erweckt, sie dort in genau dieser Form bereits vorgefunden zu haben.

Auch Batailles Brief bezeugt, dass Kojève an jenem Abend über das Ende der Geschichte gesprochen hat. Bataille geht zwar mit keinem Wort auf die Stalin-These ein, bringt aber seine Enttäuschung darüber zum Ausdruck, dass der seit langem Umworbene[209] zu einer engeren Mitarbeit am *Collège* nicht bereit war. Auch dazu hat sich Caillois im Interview mit Lapouge geäußert: »Wir haben versucht, die Unterstützung Kojèves zu erhalten, der – wie Sie wissen – der wichtigste Exeget Hegels in Frankreich war. Kojève übte einen ganz außerordentlichen Einfluss auf unsere Generation aus. Ich muss aber sagen, dass unser Vorhaben in seinen Augen keine Gnade gefunden hat.«[210] Bataille seinerseits lässt durchblicken, dass er aus Kojèves Vortrag einen Vorwurf an seine Adresse oder an die des *Collège* herausgehört hat, auf den er im Brief vom 6. Dezember mit einer kleinen Abhandlung über das Schicksal der Negativität nach dem Ende der Geschichte antwortet. Der Brief ist ein Beweis dafür, dass dieses Ende zwischen ihm und Kojève von Anfang an kontrovers diskutiert wurde. Aus ihm erhellt zudem, dass Bataille Kojèves These für eine bloße Gedankenspielerei hielt, die auszumalen er sich weigerte.

Das macht insbesondere sein Widerstand gegen die Vorstellung eines endlosen und in seinen Augen unerträglich langweiligen »Sonntags des Lebens« deutlich, wie ihn Kojève dann vor allem in den frühen fünfziger Jahren projiziert hat. Dass Bataille gewisse Vorstellungen Kojèves nicht teilt, geht bereits aus der Idee einer *négativité sans emploi*[211] hervor, die er im »Brief an X« einführt. Er entwirft das Konzept einer Negativität, die sich – anders als die Hegel'sche – nicht mehr in die Produktion der Geschichte und des Sinns investieren lässt, sondern diese Geschichte entschieden dekonstruiert. Sie sucht die Anerkennung auch nicht durch das zu erreichen, was sie bewirkt, denn sie bewirkt im Grunde nichts, vielmehr handelt es sich um eine müßige, sich selbst genießende Negativität[212], und Bataille fordert Anerkennung für sie rein als solche, fordert sie für das, was sie ist: etwas, das nur als innere Bewegung – und letztlich als Infragestellung – gegeben ist. Darin liegt auch ihr unüberholbar Modernes. Bataille fragt, was unter den Bedingungen einer zu Ende gehenden Geschichte aus einer Negativität wird, die dem geschichtlichen Handeln zugrunde liegt, ja die den Menschen, wie Hegel lehrt, vor allem anderen definiert. Bedeutet dieses Ende, dass es im Posthistoire keine Negativität mehr gibt, die den Menschen ins Handeln und in die Veränderung seiner Verhältnisse engagiert? Heißt es tatsächlich, dass das Wissen als absolutes dem Wissen eine absolute Grenze setzt, sodass es von nun an nur noch »repetiert«[213] werden kann? Hört schließlich, wie Kojève unterstellt, mit dem Ende der Geschichte auch der Mensch – zumindest der Mensch im eigentlichen Sinn, der geschichtliche Mensch – auf zu existieren? Ändert sich die Negativität, wenn es die eines Menschen ist, der zu einer Zeit antritt, zu der alles bereits gesagt und alles bereits getan worden ist? Gibt es dann überhaupt noch Negativität im Hegel'schen Sinn? Kann es sie noch geben, wenn die Menschen sich untereinander in ihrer Verschiedenheit anerkennen und mit der Natur versöhnt sind? Wenn sie zwar auf weitere materielle Annehmlichkeiten pochen, aber nicht mehr auf sozialen Wandel drängen? Oder gibt es vielleicht noch eine zweite, ganz andere Form von Negativität, die mit derjenigen, die in der Vergangenheit Geschichte geschrieben hat, nichts oder nur wenig gemein hat?

Die Vorstellung einer Negativität ohne Verwendung, einer unbeschäftigten oder arbeitslosen Negativität, die Bataille im Brief vom 6. Dezember 1937 entwirft, bezeichnet einen Rückzug vom geschichtlichen und politischen Handeln, der nicht das Ergebnis einer individuellen Option[214], sondern das einer objektiv, mit dem Ende der Geschichte gegebenen Situation ist. Ganz ausdrücklich sagt er über diese Negativität, dass sie »die eines Menschen ist, der nichts mehr zu tun hat, und nicht die eines Menschen, der es vorzieht zu reden.«[215] Batailles Negativität ist keine Fortführung oder Umsetzung der These Kojèves, sondern eine präzise Antwort auf sie. Das heißt: Sie schließt ein anderes Szenario vom Ende der Geschichte ein – so es denn eines gibt, und nicht nur seine philosophische Antizipation. Anders als Kojève spricht Bataille auch nicht vom »Verschwinden« der Negativität, was in seinen Augen gar nicht möglich ist, sondern plädiert für ihre Anerkennung, losgelöst von dem Positiven, in dem sie bei Hegel aufgehoben ist. Spürbar irritiert durch Kojèves ausbrechende Stalinbewunderung entwirft er eine Figur, die, da sie kein positives Gegenüber mehr besitzt, möglicherweise auch die Bezeichnung des

Negativen nicht mehr verdient. Derrida wird daher in seinem Bataille-Essay die Frage, ob eine Negativität ohne Spiegelung in einem Positiven überhaupt noch als solche bezeichnet werden kann, verneinen.[216] Die Emphase, die Bataille mit Nietzsche auf die Bejahung legt, scheint in dieselbe Richtung zu weisen. Aber hier geht es um eine Bejahung der Negativität, und das hartnäckige Festhalten an ihrem Begriff, den er eng mit dem des Heterogenen assoziiert, könnte bedeuten, dass die Kritik, die er übt, nicht nur dem System und der Zirkularität des Hegel'schen Denkens gilt, sondern auch einem Begriff von Totalität, der voraussetzt, dass die Vernunft das Ganze ist und sich alles ihrer Geschichte einschreiben lässt. Nur wenn dies der Fall wäre, würde alles ins absolute Wissen ein- und in ihm auf- oder untergehen.

Man könnte auch sagen, dass Bataille einen anderen oder einen zweiten Begriff von Negativität einführt, der nicht exakt derjenige der *Phänomenologie* ist. Er ist auch nicht mit der Figur der abstrakten Negation verwandt, was nicht heißt, dass Hegels Negativität in Batailles Reflexionen keine Rolle gespielt hat. Im Gegenteil, so abgehoben und neu der Begriff einer Negativität ohne Verwendung auch wirkt, er setzt unmittelbar an Hegels Begriff an, den er bezogen auf ein mögliches Ende der Geschichte aktualisiert. Genaugenommen trägt er der Tatsache Rechnung, dass das menschliche Bedürfnis zu handeln, ist dieses Ende erreicht, durch keine Beschäftigung mehr befriedigt wird, aber als Bedürfnis fortbesteht. Früher oder später muss es daher als das erkannt werden, was es ist: eine an sich »inhaltslose Negativität«.[217] Dass die Negativität in der Moderne ohne Verwendung, ohne Anstellung ist, heißt nicht, zumindest nicht für Bataille, dass sie damit auch ihre existentielle Bedeutung verliert, sondern nur dass sie, da sie keinen Ausweg im Handeln mehr hat, ins Innere der Subjekte zurückgestaut wird. Dem Menschen, der in eine Welt gekommen ist, in der es für ihn nichts mehr zu tun gibt, bleibt gar nichts anderes übrig, als sich seiner eigenen Negativität zu stellen. Er steht vor ihr »wie vor einer Wand«. Doch je länger er sie anschaut, desto unabweisbarer treten Vorstellungen ins Spiel, die starke affektive Reaktionen auslösen, wie zum Beispiel Bilder von physischer Vernichtung, von erotischer Obszönität, von allem, was lachen macht, was Angst, Erregung oder Tränen auslöst.[218] Dadurch, dass die Negativität sozusagen eine Richtungsänderung erfährt und ins Innere explodiert, wird ein Prozess der Bewusstwerdung in Gang gesetzt, in dem Wissenschaften, die die menschliche Negativität zum Gegenstand haben, wie beispielsweise die französische

Religionssoziologie oder die Psychoanalyse, die Rolle von Vermittlern spielen. Schon deshalb ist die Negativität, von der Bataille im »Brief an X« spricht, keine des Tuns, sondern reine Darstellung.

2. Zur Dialektik der Anerkennung I

In einer gezielt provokanten Wendung bekennt er gegenüber Kojève, dass er sich selbst nicht genauer als durch jene anwendungsfreie Negativität definieren kann, ja, dass er bis zu einem gewissen Grad diese Negativität, die nicht mehr gebraucht wird, ist. Sie macht, wie er sagt, den Kern seiner Existenz aus. Bataille fügt dem noch hinzu, dass er immer schon ein Problem mit der Anerkennung hatte und dass es ihm zeitlebens schwergefallen sei, sich von anderen anerkennen zu lassen.[219]

Hegels Philosophie bot sich ihm nicht als Ausweg an. Im Gegenteil, Bataille spielt auf die Ambiguität der Hegel'schen Anerkennung an, die schwierig zu erreichen ist und letztlich, wie er später zeigt, schon in der Herr-Knecht-Dialektik verfehlt wird. Es genügt nämlich nicht, als Sieger aus dem Kampf hervorzugehen. Wer Herr werden will, muss den Unterlegenen demütigen, muss ihn sich unterwerfen und darf ihn auf keinen Fall töten. Hegel hatte sich in den Augen Batailles einer List bedient: Er hat zwar den Kampf um Anerkennung als einen Kampf auf Leben und Tod definiert, aber genau genommen findet der Tod darin nicht statt, sondern bleibt ganz ausdrücklich ausgespart. Die Anerkennung funktioniert nur wenn der, der den Tod nicht scheut, am Leben bleibt und auch den Unterlegenen am Leben lässt, um ihn sich zu unterwerfen und in den Dienst der Befriedigung seiner eigenen animalischen Bedürfnisse zu stellen. Hegel hatte mit anderen Worten dem animalischen Leben ein anderes, wesentlicheres substituiert, das vom Tod nicht betroffen wird, und das erste für das zweite geopfert.[220]

Davon unterscheidet sich Batailles Kampf um Anerkennung radikal. Man könnte in ihm auch ganz konkret einen Seitenhieb auf Kojève vermuten, der wie *Contre-Attaque* auch dem *Collège de Sociologie* seine Anerkennung verweigert hatte. Trotzdem wurde der radikale Begriff von Negativität, den Bataille dem »Sonntag des Lebens« entgegensetzt, nicht erst aus ihrer Kontroverse geboren, sondern war in seinen früheren Texten bereits vorgeprägt. Neu ist lediglich, dass das *Andere* oder *Heterogene* hier erstmals im Gewand einer Grundkategorie des Hegel'schen Denkens erscheint. Im Brief vom 6. Dezember 1937 hat Bataille der Negativität des Tuns, wie sie

Hegel und in seiner Nachfolge Kojève akzentuieren, eine ohnmächtige Negativität gegenübergestellt, eine, die der Aufmerksamkeit entgeht, die nicht anerkannt wird, weil sie keinen Gehalt hat, ohne Inhalt ist und weil nur das anerkannt werden kann, was entweder positiv gegeben ist oder eine Setzung nach sich zieht. Trotzdem intendiert Bataille, paradox genug, dieser anderen zweckfreien Negativität die Anerkennung zu verschaffen, die sie als ein Moment verdient, das von der menschlichen Existenz nicht getrennt werden kann. Es hätte auch gar keinen Zweck, eine Negativität zu leugnen, die mit der menschlichen Existenz gegeben ist, die zwar nicht mehr ins Handeln fließt, aber solidarisch ist mit dem, was Bataille später als den *verfemten Teil* bestimmen wird. Vorausgesetzt, dass das Ende der Geschichte nicht auch das des Menschen ist, kann diese Negativität des Heterogenen von keinem Ende je angefochten werden. Es ist eine, die in keinem Seienden zu beruhigen, reine Anfechtung, ist, und eben diese Negativität macht Bataille zur Grundlage seiner Kritik an Kojève. In besagtem Brief bezeichnet sie dasjenige Moment, das auf direktestem Weg zum Unbewussten führt, das heißt, zu einer Instanz, die anzuerkennen Kojève sich zeitlebens geweigert hat. Er war zwar kein Hegelianer im dogmatischen Sinn, aber doch Hegelianer genug, um in der

Philosophie des Geistes ein Bollwerk gegen alle Herausforderungen und Anmutungen zu sehen, die für ihn offenbar von Psychoanalyse[221] und Religionssoziologie ausgingen. In seiner Abwehr dieser Wissenschaften hat Kojève allerdings übersehen, dass der von Hegel beschriebene Übergang vom Tier zum Menschen immer auch den Übergang von einem unbewussten zu einem bewussten Leben bezeichnet und dass Hegel dies durchaus thematisierte.

3. Batailles Begriff der Negativität

Das unterscheidet Kojève von Bataille, dessen erklärte Absicht es ist, Hegels Phänomenologie mit den Erkenntnissen dieser Wissenschaften zu verbinden. Nicht nur hatte Bataille ihnen bereits die Paradigmen seiner *Heterologie* entlehnt, auch das Projekt einer *sociologie sacrée* ist durch den Willen geprägt, die Formen der psychischen und sozialen Ambivalenz-Erfahrungen zu analysieren, wie dies Freud und die Durkheim-Schule auf je eigene Weise begonnen hatten. Sie haben gerade diejenigen Bereiche zum Gegenstand der Forschung erhoben, die vordem als unerkennbar aus ihr ausgeschlossen wurden. Auch Bataille sucht nach Formen, die es ermöglichen, jene anwendungslose Negativität zu objektivieren, von der das Unbewusste und das Sakrale[222] nur besondere, wenn auch herausragende Manifestationsweisen sind. Diese andere Negativität ist die des Heterogenen, und das unterscheidet sie von der Hegel'schen. Sie stellt Bataille vor die Frage, wie sich eine Negativität objektivieren lässt, die an kein Projekt, an kein Tun gebunden ist und auch nicht mehr in die Produktion des Sinns und der Faktizität, ja überhaupt in keine Setzung investiert wird. Zwar sei die Negativität des Heterogenen auch in der Vergangenheit schon objektiviert worden, bemerkt er; sie habe ihren Ausdruck in Kunstwerken, beispielsweise in der Tragödie, gefunden, und nicht weniger in den Religionen, die aus ihr von Anfang an den Gegenstand einer Kontemplation gemacht haben.[223] Doch werden weder die Religion noch die Kunst in ihren Objektivationen der Negativität des Heterogenen gerecht, die sie vielmehr in ein bestehendes symbolisches System integrieren, das nur die Affirmation anerkennt. Es bedarf daher anderer Objektivationen als denen der Vergangenheit, um die Negativität als das zu erkennen und anzuerkennen, was sie ist: ein Stimulus zu großartigen, lebenswichtigen Gebärden im Spiel der menschlichen Existenz. Eine Negativität, die nichts will, die reine Form ist, könnte nur dann als ein Tun bezeichnet werden, wenn dieses Tun ein ganz und gar uninteressiertes wäre: eine Zweckmäßigkeit ohne Zweck oder reine Darstellung.

Sowenig für Hegel die Unruhe des Negativen mit dem Erreichen des absoluten Wissens beendet ist, so wenig kann oder will sich Bataille ein Ende der menschlichen Negativität vorstellen. Im Gegenteil: Die Vollendung, die der Geist im absoluten Wissen erreicht, bedeutet in seinen Augen erstmals die Möglichkeit, sich der Negativität in all ihren Aspekten bewusst zu werden. Es bedeutet zum ersten Mal, ihr wirklich ins Auge zu sehen.

Mit dem Begriff einer *négativité sans emploi* hat sich Bataille radikal von Kojèves Hegel-Deutung abgrenzt. Nicht nur gibt er der Anerkennung eine andere Bedeutung, indem er sie auf Bereiche projiziert, auf die sie sich in der Philosophie von Platon bis Hegel nicht erstreckt hatte – die *négativité sans emploi* ist nur das provokanteste Beispiel eines solchen Bereichs, weil sie die Kritik an der Praxis der Ausschließung einbegreift. Bataille wagt es sogar, aus der Perspektive einer singulären Existenz heraus zu argumentieren, gerade weil das System dem individuellen Leben die Anerkennung verweigert. Im Namen seiner (wie jeder anderen) Einzelexistenz legt er Widerspruch gegen dessen Geschlossenheit ein. Das allein signalisiert, dass die Negativität, von der er spricht, nicht länger mit Herrschaft assoziiert ist. Anders gesagt: Bataille hat das Ende der Geschichte mit der Anerkennung einer Negativität verknüpft, die, von der Notwendigkeit zu handeln befreit, diejenigen Seiten der Existenz repräsentiert, die vom Verstand nicht beherrscht, nicht reguliert, ihm also auch nicht gleichgemacht werden können. Aus der Perspektive der Erkenntnis treten die heterogenen Seiten als deren definitive Grenze in Erscheinung. Wo das Heterogene zur Erkenntnis steht, greifen die Mittel der Sprache nicht, und das Heterogene in seinen konkreten Erscheinungsformen bleibt unausgesprochen. Der Mensch, der nach dem Ende der Geschichte geboren wird, hätte demnach doch noch etwas zu tun, nämlich jene Negativität auszudrücken, die sich nicht in der Geschichte, sondern im Lachen, in der Ekstase, der materiellen Verausgabung, den erotischen und tragischen Exzessen erfüllt. Seine Aufgabe wäre es, diesen heterogenen Elementen der Existenz zur Befriedigung zu verhelfen. Er müsste ihre Negativität anerkennen und dürfte nicht mehr davon ablassen, sie anzuerkennen, um die Anderen davon zu überzeugen, ihn als den anzuerkennen, der das Wagnis auf sich genommen hat, die Negativität ohne Verwendung zu denken. Nur wenn ihm das gelänge, könnte er zum Menschen der anerkannten Negativität werden.

4. Die Nacht der Subjektivität

Bataille ist sich darüber im Klaren, dass er mit seiner Idee an ein Darstellungsproblem rührt; daher sucht er nach angemessenen Ausdrücken für sie. Auch die Absicht, das dialektische Verfahren auf heterogene Phänomene anzuwenden, leitet sich von diesem Problem her. Hegel selbst hatte die fraglichen Phänomene gekannt und sich lange mit ihnen herumgeschlagen, bevor er sie in seiner Jenaer Zeit dem Begriff der Nacht subsumiert hat. Weil er fürchtete, sich in dieser Nacht – Nacht der Subjektivität – zu verlieren, hat er auf die harte und strenge Begriffsarbeit gesetzt als dem einzig wirksamen Gegenmittel gegen die nächtlichen Verführungen und Qualen. Die bloße Möglichkeit des Hegel'schen Systems setzt daher den Ausschluss der heterogenen Phänomene voraus. Umgekehrt ist die Nacht, die in den *Jenaer Systementwürfen* so eindrucksvoll als eine *Nacht der Bilder* oder als *Nacht der Aufbewahrung* beschrieben wird, eng mit der sinnlichen Gewissheit assoziiert, einem primitiven Stadium des Geistes, in dem das Subjekt noch ganz von der Angst beherrscht wird. Diese Angst resultiert aus seinem Unvermögen, das sinnlich Erfahrene in Worten auszudrücken. Jedes Subjekt, das diesen Versuch unternimmt, sieht sich auf der Stelle mit seinen

Grenzen und mit den Grenzen seiner Sprache konfrontiert.

Hegel hat die *Nacht der Aufbewahrung* genauer als eine Fülle von Einzelwahrnehmungen definiert, die zeitlich dicht gestaffelt, aber ohne logische oder sonstige Folgerichtigkeit auf das Bewusstsein einprasseln und ebenso schnell wieder vergehen. Diese chaotische Fülle: »hier ein blutiger Kopf, da eine andere weiße Gestalt« hat an sich schon etwas Delirierendes, insbesondere wenn der Geist die ephemeren Eindrücke festzuhalten sucht. Eine Zeit lang fürchtete Hegel, dem Hölderlins Schicksal warnend vor Augen stand, offenbar, mit der Orientierung auch sich selbst als denkendes Subjekt im Chaos der Bilder sinnlicher Erscheinungen zu verlieren. Er hat den Wahn als das Fehlen aller Vermittlungen definiert, und ebendiese Unvermitteltheit kennzeichnet auch die sinnliche Gewissheit. Für ihn, den eigentlichen Philosophen der Vermittlung, hing daher alles davon ab, dass es gelingt, die sinnlichen Eindrücke in Begriffe zu fassen. Es ist dies die Voraussetzung dafür, dass die sinnlichen Einzelheiten zu sinnhaften Zusammenhängen verwoben werden können. Man könnte in aktuellerer Terminologie auch sagen: Alles hing davon ab, ein geeignetes Narrativ zu finden, das zwischen den unverbundenen Elementen mit Geschichten vermittelte, und die

Dialektik erwies sich als ein herausragendes Narrativ.

Mit der Fülle der sinnlichen Wahrnehmungen verhält es sich ein wenig wie mit den unbewussten Vorstellungen Freuds: Um bewusst zu werden, müssen sie sich mit Sprache verbinden. Die Sinneseindrücke müssen, um ins Bewusstsein gelangen zu können, eine Schranke durchbrechen, und das geschieht in der Regel dadurch, dass sie in Worte gefasst oder in Schrift verwandelt werden. Nicht, dass die sinnlichen Eindrücke selber dargestellt werden könnten, da sie der Sprache *au fond* entzogen sind; in Sprache gefasst werden nur die Reaktionen, mit denen die Subjekte ihre Erfahrungen parieren. Die älteren Philosophen kamen daher überein, in den Sinneseindrücken bloße Störfaktoren zu sehen und sie der subjektiven Kontrolle zu empfehlen. Sie waren davon überzeugt, dass das Bewusstsein, einige Erfahrungen vorausgesetzt, ihrer leicht Herr würde. Es brauchte sie doch nur seinen eigenen Strukturen zu unterwerfen. Bataille aber setzt dagegen, dass dies letztlich gar nicht möglich ist, weil die heterogenen Seiten der Existenz konstitutionell dem Zugriff der Vernunft entzogen sind. Ihm zufolge schließt die Nacht das Versprechen einer intensiveren Existenzform ein, und das ist auch der Grund, warum er sie in seinen Werken unter verschiedenen Formen immer wieder feiert. Bataille hat die Nacht der menschlichen Existenz mit dem Nichtwissen assoziiert und darin seine ganz persönliche Antwort auf Hegels Dialektik gesehen, die im absoluten Wissen kulminiert.

Mit dem absoluten Wissen schließt sich der Kreis, den die *Phänomenologie* zieht, aber dieser Kreis ist in den Augen Batailles einer, der weite Teile der menschlichen Wirklichkeit ausschließt. Er bezieht sich ausschließlich auf den Geist. Dass es unmöglich ist, die sinnliche Gewissheit oder die Erfahrung des Heterogenen auszudrücken, macht diese für die Philosophie ungeeignet. Sie lassen sich nicht auf den Begriff bringen, gehen in kein System ein. Der Geist sieht sich den sinnlichen Einzelheiten gegenüber vielmehr vor dieselbe Unmöglichkeit gestellt, vor der er auch im Angesicht des konkreten Einzel-Ich steht. »Ich ist nur Allgemeines wie Itzt, Hier oder Dieses überhaupt«, schreibt Hegel[224], »ich meine wohl einen einzelnen Ich, aber so wenig ich das, was ich bei Itzt, Hier meine, sagen kann, so wenig bei Ich. [...] dies zu sagen ist unmöglich. Die sinnliche Gewissheit erfährt also, dass ihr Wesen weder in dem Gegenstande noch in dem Ich, und die Unmittelbarkeit weder eine Unmittelbarkeit des einen noch des anderen ist; denn an beiden ist das, was Ich meine, vielmehr ein Unwesentliches, und der Gegenstand und Ich sind Allgemeine, in welchem dasjenige Itzt und Hier und Ich, das ich meine, nicht bestehen bleibt oder *ist.*«[225] Hegel hat daher dieses »einzelne Ich«, das konkret in Raum und Zeit gegeben ist, durch ein abstraktes Ich ersetzt, das von keiner Sinnlichkeit verwirrt und in Frage gestellt wird, ja dem das Heterogene so fremd wie dem Begriff ist. An diesem abstrakten Ich hängt die philosophische Existenz, weil »das Verschwinden der einzelnen Jetzt und Hier nur dadurch aufgehalten werden kann, dass Ich sie fest halte.«

Das Ich kann sie aber nur darum festhalten, weil es über eine Sprache verfügt, die dem Sinnlichen zwar nicht gerecht wird, die es aber dem Sinn subsumiert, und in dem Maße, in dem die sinnliche Erfahrung in Begriffe gefasst und in ihnen aufgehoben ist, tritt – idealiter – das allgemeine Ich an die Stelle der Nacht und klärt sie auf. »Es ist die Kraft des Sprechens als eines solchen, welche das ausführt, was auszuführen ist. Denn [die Sprache] ist das Dasein des reinen Selbst als Selbst; in ihr tritt die für sich seiende Einzelnheit des Selbstbewusstseins als solche in die Existenz, sodass sie für andere ist. Ich als dieses reine Ich ist sonst nicht da; in jeder anderen Äußerung ist es in eine Wirklichkeit versenkt und in einer Gestalt, aus welcher es sich zurückziehen kann. [...] Die Sprache aber enthält es in seiner Reinheit, sie allein spricht *Ich* aus, es selbst.«[226]

Hegel hatte letztlich vorgeschlagen, die Unmittelbarkeit des Lebens durch die mittelbare und mitteilbare Sprache zu ersetzen; dank ihrer können sich die Subjekte auch noch über das verständigen, was sich eigentlich nicht in Sprache fassen lässt. Dank ihrer gelangen sie zu einer geistigen, durch und durch vermittelten Welt, die vollkommen intelligibel ist und mit der Natur, von der sie ausging, nicht mehr viel gemein hat. Hegel schreibt: »Ich ist dieses Ich – aber ebenso allgemeines; sein Erscheinen ist ebenso unmittelbar die Entäußerung und das Verschwinden dieses Ichs, und dadurch sein Bleiben in seiner Allgemeinheit. Ich, das sich ausspricht, ist vernommen; […] und eben dies ist sein Dasein, als selbstbewusstes Jetzt, wie es da ist, nicht da zu sein, und durch dies Verschwinden da zu sein. […] es ist sein eigenes Wissen von sich, und sein Wissen von sich als einem, das in anderes Selbst übergegangen, das vernommen worden und allgemeines ist.«[227]

Am Ende des von Hegel in der *Phänomenologie* dargestellten Bildungswegs ist die Vernunft mit der Wirklichkeit versöhnt, und nichts, was nicht *au fond* von Vernunft durchdrungen ist, kann, ihm zufolge, jetzt noch wirklich werden. Alles Erscheinende ist durch sie vermittelt, und die leidenschaftliche Parteinahme der Modernen für das vergessene Andere ist letztlich nur eine Antwort auf den Totalitätsanspruch der Hegel'schen Vernunft. Bataille hat daher dem absoluten Wissen das Nichtwissen gegenübergestellt und den überraschenden Schluss gezogen, dass das »absolute Wissen« notwendig zu »definitivem Nichtwissen« führt. »[V]orausgesetzt ich gelange [zum ›absoluten Wissen‹]«, schreibt er, »weiß ich, dass ich von nun an nichts mehr über das hinaus wissen kann, was ich weiß.«[228] Jenseits des »absoluten Wissens« gibt es kein Unerkanntes mehr, sondern nur noch ein Unerkennbares unerkennbar nicht nur aufgrund des Ungenügens der Vernunft, sondern auch aufgrund seiner eigenen Natur.[229]

Bataille hat erkannt, dass den heterogenen Phänomenen ein souveränes Moment eigentümlich ist, und das an verschiedenen Elementen und Formen nachgewiesen. In einem seiner Vorträge über das Nichtwissen beschreibt er den souveränen Augenblick als einen, den der Begriff nie erreichen kann. Auf der Ebene des souveränen Moments – so die These, die er am 9. Mai 1952 am *Collège philosophique* vortrug – könne die Sprache nur Verwirrung stiften. »Sie verändert, woran sie rührt«, sagte er, sie »korrumpiert und besudelt es durch ein Verfahren, das eigentlich nur auf alltägliche Tätigkeiten wie ein Brett hobeln oder ein Feld bestellen angewendet werden kann.«[230]

5. Zur Dialektik der Anerkennung II

Zwei Monate nach Abfassung des »Briefs an X«, im Vortrag vom 5. Februar 1938 vor dem *Collège*, hat Bataille die These von der Anerkennung jener anderen, zweckfreien Negativität jedoch partiell widerrufen. »Selbst wenn zuträfe«, sagte er an jenem Abend, »dass es für Hegel einen Übergang vom Unbewussten zum Bewussten gegeben hat, wäre dieser Übergang nur für Hegel einer gewesen, weil die *Phänomenologie des Geistes* in dem Maße, in dem sie die Negativität anerkannt hat, selbst nicht anerkannt worden ist.«[231] Denis Hollier hat darin einen Widerspruch zu der im »Brief an X« entwickelten These gesehen: »Die Algebra der Anerkennung«, schreibt er, »verbietet es der Negativität in der Tat, sich als solche Anerkennung zu verschaffen. […] [Bataille] hat dieses Gesetz paradoxerweise sogar am Beispiel Hegels selbst veranschaulicht«.[232] Ein weiteres Indiz für diese These sei, dass Bataille später, in *Le Coupable*, nur die erste Hälfte des Briefes abgedruckt hat, was Hollier als Ausdruck einer Selbstkritik verstanden wissen will. Bataille habe den zweiten Teil, in dem die Idee der Anerkennung entfaltet wird, fallen gelassen, weil er sich Anfang der vierziger Jahre von Hegel abgrenzen wollte, während er ihn 1937/38 noch als den Vater der »Negativität« gefeiert habe. Dem ist zuzustimmen, und doch muss festgehalten werden, dass es Bataille, wann immer er auf Hegel zu sprechen kommt, vornehmlich darum geht, sein eigenes Denken aus der Abgrenzung von dessen Philosophie zu entwickeln. Nicht nur hat er das Thema der Anerkennung der Negativität rein als solcher schon in der ersten Briefhälfte ein-, wenn auch nicht ausgeführt; er hält, wie das Hegel-Kapitel der *Inneren Erfahrung* beweist, auch unbeirrbar an Intentionen fest, die erst im zweiten Teil des Briefs ausgesprochen werden. So vor allem an der Idee, Vorstellungen zu entwickeln, die geeignet sind, die heftigsten affektiven Reaktionen auszulösen, und das rationale Gebäude ins Wanken bringen. Zwar ist sich Bataille der Tatsache bewusst, dass es unmöglich ist, der Negativität als solcher Anerkennung zu verschaffen, weil die Logik der Anerkennung nur auf der Seite der Positivität funktioniert – es ist außerdem der Herr, der von der Anerkennung abhängt, der sie braucht, dessen Existenz durch sie geprägt ist. Doch ändert das in seinen Augen nichts daran, dass die Notwendigkeit, die Negativität auszudrücken und zu objektivieren, auch nach dem

Ende der Geschichte noch besteht. Für die heterogenen Elemente bedeutet dies, dass sie zuerst einmal darzustellen wären. Die Darstellung dieser Elemente ist notwendig, weil sie nur als Dargestellte positiv gegeben sind. Sie darstellen heißt sie affirmieren, heißt sie anerkennen. Bataille hat daher den Akzent stets auf den Ausdruck gelegt: Wer die Negativität anerkennen will, muss sie objektivieren, muss sie ausdrücken, was für die positiv gegebenen Phänomene nicht gleichermaßen gilt.

Das macht der Vortrag »Anziehung und Abstoßung« vom 5. Februar 1938 deutlich. Darin hat Bataille die These aufgestellt, dass das Schicksal des Menschen eng an das gebunden bleibt, was ihm den größten Schrecken und den heftigsten Abscheu einflößt.[233] Er hat damit nicht nur an seinen Brief vom 6. Dezember angeknüpft, sondern einmal mehr das Thema des Parmenides aus Platons gleichnamigem Dialog angeschnitten. Die Stelle macht evident, dass nicht nur der Kampf um Anerkennung und seine Deutung ein durchgängiger Streitpunkt zwischen ihm und Kojève gewesen ist, sondern auch die Frage, ob es bei Hegel einen Übergang vom Unbewussten zum Bewusstsein gegeben hat.[234] Folgt man Bataille, hat Hegel in seiner Jugend zwar ans Äußerste gerührt: Er ist tief in die dunklen, abseits des Bewusstseins liegenden

Zonen vorgedrungen und hat den Bereich, der dem gemeinen Bewusstsein zugänglich ist, weit hinter sich gelassen. Hegel hat dann aber, um sich von der Angst vor dem Wahnsinn zu befreien, ein System konstruiert, in dem die Antinomien, die ihn selbst zu zerreißen drohten, wenn überhaupt, nur noch in abstrakter Form vorkommen. Daran hat Bataille in den dreißiger Jahren seine Kritik an Hegel festgemacht. Später, etwa zu der Zeit, da er die Höhlenmalereien von Lascaux entdeckte, wird er sich die grundsätzlichere Frage stellen, ob nicht ein anderer Übergang vom Tier zum Menschen, eine andere Menschwerdung des Menschen denkbar ist als die von Hegel in der *Phänomenologie des Geistes* beschriebene. Bataille hat die Fragen, die Hegel als Erster aufwarf, in den fünfziger Jahren noch einmal gestellt, nur dass er jetzt in Begriffen des Nichtwissens und der Souveränität reflektiert, was er zunächst als Negativität ohne Verwendung gedacht hatte.

1. Phänomenologie und die Erfahrung des Unbewussten

In dem schon in der Vorbemerkung zitierten letzten Brief an Kojève vom Juni 1961 über eine mögliche Fortsetzung der Auseinandersetzung mit Hegels Philosophie hat Bataille noch einmal alle ihm wichtigen Motive versammelt. Dazu gehört in erster Linie die schon um 1930 geäußerte Absicht, die dialektische Untersuchung in Bereiche hineinzutragen, die Hegel entweder noch nicht gekannt oder aber unbeachtet gelassen hatte. Bataille hat damals auch schon gesagt, auf welchem Weg er eine solche Erweiterung erreichen will, nämlich dadurch, dass er die Phänomenologie in die Perspektive der Erkenntnisse stellt, zu denen die Psychoanalyse und die Soziologie der Durkheim-Schule geführt haben. In dem Entwurf einer *Heterologie* als der Lehre vom *ganz Anderen* aus den Jahren 1930 bis 1932 taucht diese Idee zum ersten Mal auf. Konkretisiert aber hat er sie erst fünf Jahre später in dem erwähnten Vortrag vor dem *Collège*, in dem er seine Auseinandersetzung mit Kojève fortsetzte. Bataille hat die Besonderheit seiner Sichtweise darein gelegt, dass es ihm mehr noch als um eine Wissenschaft um eine *Phänomenologie der*

Gesellschaft gehe. Seine Absicht sei es, gerade solche Phänomene zu beschreiben, die von gelebten Erfahrungen nicht getrennt werden können. Ihm zufolge handelt es sich bei den fraglichen Phänomenen, die er heterogene nennt, um das Wesentliche dessen, was von den Menschen gelebt wird; sie sind das, was die menschliche Existenz antreibt und in Bewegung hält.[235] Bataille geht sogar noch einen Schritt weiter, wenn er den Akt, durch den die Menschen anerkennen, dass in diesen Phänomenen das Wesentliche ihrer Existenz liegt, zu dem entscheidenden Akt in der Entwicklung der Menschheit erklärt. Auf eine solche »Anerkennung des Menschen durch ihn selbst« hin will er die Vorstellung einer Negativität ohne Verwendung lenken. Möglich ist sie aber nur, wenn sie die Anerkennung der heterogenen Momente der menschlichen Existenz, damit aber auch die der Negativität »rein als solcher«, unabhängig von ihren Realisationen, einschließt. Eine solche Anerkennung setzt voraus, dass ein Übergang vom Unbewussten zum Bewusstsein, das heißt, eine Offenbarung des Unbewussten möglich ist, eine Prämisse, die Kojève, wie gesagt, stets abgelehnt, Bataille aber mit den Surrealisten geteilt hat.

De facto kann eine Anerkennung, wie sie ihm vorschwebt, »nur auf einer phänomenologischen

Ebene stattfinden, das heißt, es gäbe keine Anerkennung, wenn da nicht in letzter Instanz gelebte Erfahrung wäre«.[236] Um die Bereiche des Heterogenen zu beschreiben, braucht Bataille die Phänomenologie, die schon deshalb von paradigmatischer Bedeutung für ihn ist, weil sie die Entwicklung des menschlichen Geistes als einen Prozess darstellt, dessen Termini als Momente der wirklichen Existenz expliziert werden können. Doch reicht die phänomenologische Methode in seinen Augen nicht hin, weil von ihr nur die homogenen Strukturen erfasst werden, aber jeder Versuch, gelebte Erfahrung zu beschreiben, notwendig ans Unbewusste rührt und das Unbewusste per definitionem der phänomenologischen Erkenntnis entzogen ist. Es kann anders als mit den Methoden der Psychoanalyse und der Soziologie archaischer Gesellschaftsformen nicht erfasst werden. Der Kern von Batailles Hegel-Kritik konkretisiert sich hier: Die *Phänomenologie* hat den Geist als wesentlich homogen dargestellt, während die Daten der Psychoanalyse oder die der französischen Ethnosoziologie von einer formellen Heterogenität zwischen den verschiedenen Bereichen des Geistes ausgehen. Die Rede ist von jener »stark akzentuierten« Heterogenität, wie sie die französische Soziologie zwischen den Bereichen des Sakralen und des Profanen, die Psychoanalyse zwischen den Bereichen des Unbewussten und des Bewusstseins annimmt.[237]

Zwar sei Hegel schließlich zu den Erfahrungen seiner Zerrissenheit auf Distanz gegangen und habe ein System entwickelt, in dem die Antinomien aufgehoben sind. Doch selbst wenn er die Richtung auf das Negative hin beibehalten hätte, würde sich die Frage stellen, ob ihn die ihm zur Verfügung stehende Methode überhaupt in die Lage versetzt hätte, eine wirkliche und korrekte Darstellung des Anderen der Vernunft zu geben. Bataille merkt an: »Was Hegel tatsächlich beschreibt, ist vielleicht nur der Schatten, den eine unbewusste und als solche dem Geist unbekannte oder von ihm nur dunkel erkannte Realität in die bewusste Region des Geistes wirft.«[238] Er schließt daran eine Betrachtung an, die zeigt, wie scharf er sein eigenes Denken von demjenigen Hegels wie von Kojèves Hegel-Interpretation abgegrenzt hat. Nur wenige Wochen nach seinem Brief sagte er: »Es hätte gar keinen Sinn, wenn wir uns hier darauf beschränken wollten, die *Phänomenologie des Geistes* zu repetieren oder zu interpretieren, wie es Kojève an den *Hautes Études* übrigens meisterhaft tut. Unter den verschiedenen Gegenständen der Hegel'schen Beschreibung bleibt die Negativität zweifellos eine reiche und gewaltsame Vorstellung von hohem expressiven Wert.

Doch die Negativität, von der ich sprechen werde, ist von anderer Natur.«[239]

2. Hegels Angst vor dem Wahnsinn

Eng mit dem Begriff einer arbeitslosen oder untätigen Negativität ist ein anderes Leitmotiv der Hegel-Lektüre Batailles verknüpft, die Erfahrung, dass die Zerrissenheit des Bewusstseins oder der Wahnsinn als ein notwendiges Stadium in der Entwicklung des Geistes anzusehen sind. Noch im Brief an Kojève vom Juni 1961 schreibt er: »Es geht mir nicht darum, mich über das Prinzip der Eule lustig zu machen […], sondern an den Anfang (oder an das Ende) des Hegel'schen Nachdenkens eine Äquivalenz des Wahnsinns zu stellen: Offen gesagt, scheint mir diese Art von Ergebnis wenn auch nicht im Prinzip der Hegel'schen Philosophie, so doch in dem ihres Gegenstandes enthalten zu sein.«[240] Auch Kojève hatte in seiner Vorlesung gelehrt, dass die Vernunft nach Hegel die Stadien der »Narrheit und Geistesverwirrung« durchlaufen muss, um »überhaupt zu einer vernünftigen Einsicht gelangen« zu können. Kojève hat die *Phänomenologie des Geistes* als die »systematische und vollständige, im modernen Husserl'schen Sinn des Wortes phänomenologische Beschreibung der existentiellen Haltungen des Menschen«[241] interpretiert, und zu diesen gehören letztlich auch die Formen der Unvernunft. Beide, Kojève wie Bataille, haben dies nicht nur als eine Konsequenz der Dialektik nachgewiesen, sondern auch gezeigt, wie dieser Gedanke in Hegels Biografie begründet ist. – Das Motiv, auf das der letzte Brief von 1961 anspielt, nämlich Hegels Angst, wahnsinnig zu werden, hatte Bataille auch in der *Inneren Erfahrung* (1943) thematisiert; eingeführt hatte er es bereits am 5. Februar 1938 vor dem *Collège*. »Hegel selbst«, sagte er dort, »hat berichtet, dass er einige Jahre lang entsetzt war über die Wahrheit, die ihm sein Geist vor Augen führte, und dass er wahnsinnig zu werden glaubte.«[242] Im selben Vortrag hat Bataille auch die von Rosenkranz überlieferte Anekdote zitiert, wonach – viele Jahre später – ein Hörer Hegels, der niedergeschlagen aus dessen Vorlesung kam, glaubte, er habe soeben den Tod bei lebendigem Leibe sprechen gehört.[243] Ganz ähnlich wird Bataille seine eigenen Erfahrungen als Hörer Kojèves umschreiben.[244]

Die Anspielung auf Hegels Angst, wahnsinnig zu werden, hat insofern Theoriegeschichte geschrieben, als sie aus der französischen Hegel-Diskussion kaum wegzudenken ist. In den Augen Batailles hatte Hegel die Nachtseiten der Vernunft ja nur darum so gut beschreiben können, weil er sie selbst erfahren hatte: in der Form von nächtlichem Herzrasen, Panikattacken, in Albträumen, dem Gefühl abzustürzen, der Angst vor Identitätsverlust. Das quälte ihn, bis er schließlich in der »sauren Arbeit des Begriffs« das Heilmittel gegen solche Seelenzustände erkannte. An den jüngeren Kollegen Windischmann, der offenbar den seinen vergleichbare Erfahrungen durchmachte, schrieb er am 27. Mai 1810, dass an solchen Gemütszuständen die philosophische Arbeit ohne jeden Zweifel ihren Anteil habe. Eindringlich beschreibt er »dieses Hinabsteigen in dunkle Regionen, wo sich nichts fest, bestimmt und sicher zeigt, allenthalben Lichtglänze blitzen, aber neben Abgründen, durch ihre Helle viel mehr, getrübt, verführt durch die Umgebung, falsche Reflexe werfen als erleuchteten – wo jeder Beginn eines Pfads wieder abbricht und ins Unbestimmbare ausläuft, sich verliert und uns selbst aus unsrer Bestimmung und Richtung reißt. – Ich kenne aus eigner Erfahrung diese Stimmung des Gemüts oder vielmehr der Vernunft, wenn sie sich erst einmal mit Interesse oder ihren Ahndungen in ein Chaos der Erscheinungen hineingemacht hat, noch nicht zur Klarheit und Detaillierung des Ganzen gekommen ist. Ich habe an der Hypochondrie ein paar Jahre bis zur Erschöpfung gelitten; jeder Mensch hat wohl überhaupt einen solchen Wendungspunkt im Leben, den nächtlichen Punkt der Kontraktion seines Wesens, durch dessen Enge er hindurchgezwängt und zur Sicherheit seiner selbst befestigt und vergewissert wird, zur Sicherheit des Alltagslebens, und wenn er sich bereits unfähig gemacht hat, von demselben ausgefüllt zu werden, zur Sicherheit einer inneren edlern Existenz.«[245]

Formulierungen wie: »dunkle Regionen, wo sich nichts bestimmt, fest und sicher zeigt [...] wo jeder Beginn eines Pfads wieder abbricht und ins Unbestimmbare ausläuft«, erinnern an eine berühmte Stelle aus den *Jenaer Systementwürfen*, an der die schreckenerregende Erfahrung nicht als überwundene, sondern als noch gegenwärtige dargestellt wird. Die Stelle scheint Merleau-Ponty Recht zu geben, der Ende der vierziger Jahre das moderne geistes- oder humanwissenschaftliche Denken zur Gänze auf Hegels Philosophie zurückgeführt hat. Folgt man ihm, muss letztlich sogar die Entdeckung des Unbewussten auf die *Phänomenologie des Geistes* zurückgeführt werden. Hegel sei als Erster auf das Andere der Vernunft gestoßen, schon ihm sei es um die Erkenntnis des Unvernünftigen und all der Potentiale gegangen, die mit seiner Bewusstwerdung zusammenhängen. Als Beleg für diese These könnte man eine Stelle aus der *Phänomenologie* anführen, in der von der Sprache der

Zerrissenheit am Beispiel von Diderots Roman *Rameaus Neffe* die Rede ist. Zwar scheint diese Stelle in der Diskussion der dreißiger Jahre keine Rolle gespielt zu haben. Doch gerade sie bezeugt, dass Hegel den Durchgang der Vernunft durch die Narrheit und die Geistesverwirrung als ein notwendiges Stadium auf dem Weg des Geistes zu sich selbst begriffen hat. Folgt man Merleau-Ponty, hat Hegel sogar schon jene Erweiterung des Vernunftbegriffs angestrebt, wie sie von den Avantgarden zu Beginn des zwanzigsten Jahrhunderts dann expressis verbis gefordert worden ist. Doch die Avantgarden haben das anders gesehen. Aus ihrer Sicht hatte Hegel zwar das Andere thematisiert, war aber in seiner Bestimmung auf halbem Weg stecken geblieben. Erst in den Hegeldiskursen der dreißiger Jahre wurde – vor allem dank Georges Bataille – die Aufmerksamkeit des Subjekts auf das Ausgeschlossene gelenkt und die Vernunft in eine Bewegung auf das ihr Fremde, Andere hin engagiert. Das Andere, um das es in der Kunst und Philosophie des zwanzigsten Jahrhunderts geht, ist zwar nicht mit dem Wahnsinn identisch, dieser ist lediglich eine seiner Formen; aber der Wahn ist ein paradigmatischer Teil der Heterogenität, zu der auch andere Formen der Ambivalenz wie die Kindheit, die Liebe, der Traum gehören. Sie alle partizipieren an einer Unvernunft, ohne deren Kenntnis »eine integrale, vollständige Erfahrung der Bedingungen der Existenz«[246] nicht möglich ist. Daran konnten die Antihegelianer der sechziger Jahre (Foucault, Deleuze) bequem anknüpfen.

Kurzer Abriss über Nietzsche und Hegel im Denken Batailles

Im Hegel-Kapitel der *Inneren Erfahrung* streift Bataille das Thema des Wahnsinns erneut, geht aber vor allem auf die Herr-Knecht-Dialektik ein, die er übernimmt und verteidigt, beispielsweise gegen Nietzsche, dem er Ignoranz ihr gegenüber vorwirft. Niemand, der die Herr-Knecht-Dialektik nicht begriffen hat, kennt sich selbst, so lautet die These, die er im *Hegel*-Kapitel der *Inneren Erfahrung* entwickelt.[247] Auch Kierkegaards Hegel-Kritik weist Bataille zurück. An ihn wie an Nietzsche sind die Worte adressiert: »Niemand hat die Möglichkeiten des Verstehens so weit wie Hegel in die Tiefe ausgedehnt (keine Lehre ist der seinen vergleichbar), sie ist der Gipfel der positiven Erkenntnis.«[248] Bataille hat in der *Inneren Erfahrung* aber auch seinerseits Kritik an Hegel geübt und sich darin auf den kreisförmigen Charakter des dialektischen Denkens und die Zirkularität des Wissens konzentriert. Diese Kritik hat bei der Erstellung einer *Summa atheologica* die entscheidende Rolle gespielt. Sie ist so etwas wie das Negativ zum »absoluten Wissen«.

Genaugenommen hat Hegel in der *Phänomenologie des Geistes* zwei kreisförmige Bewegungen miteinander kombiniert: »die stufenweise Vollendung des Selbstbewusstseins«, die Bataille mit vollzieht, »und das Alleswerden (Gottwerden) des das Wissen vollendenden Selbst«.[249] Letztere betrachtet er mit Skepsis. Das Spezifische seiner Sicht ist, dass die Fragen, die er stellt, im Grunde erst nach dem Abschluss dieses Prozesses gestellt werden können, Bataille sich aber noch mitten in diesem Prozess sieht. »Hegel verkörperte in [seinen] Augen die endlich erreichte Möglichkeit, Gott zu sein«[250], schreibt Surya. Doch das hatte schon Kojève gelehrt. Träfe es zu und würde diese Möglichkeit nicht nur für einen bestehen, könnte die Geschichte tatsächlich nicht mehr weitergehen. Sie wäre vollendet. Doch Bataille hält dagegen, dass das Wissen für sich allein gar nicht in der Lage ist, den Kreis zu vollenden, auch wenn es sich noch so sehr anstrengte, weil das Wissen nicht das Ganze – weil es nicht alles – ist. Um den Kreis zu schließen, bedarf es vielmehr der Existenz, doch die Existenz schließt die Nacht ein, sie kann nicht auf den Tag – oder die Vernunft –

reduziert werden. Die Nacht wiederum und das Nichtwissen, das sie gebiert, erlauben nicht, dass sich der Kreis schließt, sondern halten ihn offen. Bataille hat die Besonderheit der heterogenen Seiten der menschlichen Existenz darin gesehen, dass sie nicht zu etwas Anderem dienen, keine Mittel zur Erreichung eines außerhalb ihrer liegenden Zwecks sein können und darum im System auch keine Stelle finden. Auch Hegel hatte das so gesehen. Er hatte nichts Eiligeres zu tun, als sich ihrer so schnell wie möglich zu entledigen. Hegel hat nur das Wissen als Zweck akzeptiert[251] und sich rückhaltlos zum Sinn bekannt.

So direkt Bataille Hegel und Nietzsche in einer Fußnote der *Inneren Erfahrung* auch miteinander konfrontiert, so wenig hat er die gelegentlichen Begegnungen beider Denker in seinem Kopf ausbuchstabiert. In den *Œuvres complètes* gibt es insgesamt nur zwei Stellen, in denen er sich in ein und demselben Text auf beide deutschen Denker bezieht: besagte Fußnote und einen sehr viel später verfassten Abschnitt im vierten Teil seiner erst posthum veröffentlichten Theorie der Souveränität mit dem Titel »Nietzsches Denken, das Denken Hegels und mein eigenes«. Beide Stellen hat Denis Hollier bereits 1972 in »De l'au-delà de Hegel à l'absence de Nietzsche« zitiert, und da seitdem keine anderen mehr entdeckt worden sind, bleibt es bis auf Weiteres bei diesen wenigen Andeutungen. In der bereits erwähnten Fußnote hat Bataille moniert, dass Nietzsche die Dialektik nur in ihrer vulgarisierten Fassung gekannt habe. *Die Genealogie der Moral* sei ein einziger Beweis dafür, dass er die Herr-Knecht-Dialektik nicht zur Kenntnis genommen habe. Dieser Mangel wiegt umso schwerer, als das Thema der *Genealogie der Moral* eigentlich dasselbe wie in Hegels Dialektik ist, auch wenn Nietzsche es vorzieht, von Sklaven statt von Knechten zu sprechen und seine Sympathie unzweifelhaft den Herren gehört. Auch Nietzsches Schrift handelt von dem Kampf zwischen dem herrischen und dem knechtischen Element, der die Geschichte beherrscht. Während Hegel aber die Geschichte aus der Perspektive des Arbeiterknechts als einen Prozess fortschreitender Bewusstwerdung beschreibt, der zugleich ein Prozess fortschreitender Befreiung ist, ein Erfolgsprozess in jeder Hinsicht, blickt Nietzsche auf die Geschichte aus der Perspektive des Herrn und definiert sie als einen kontinuierlichen Verfall. Er beklagt den Sieg der Sklavenmoral, wohingegen Hegel die Befreiung des Knechts vom Herrn begrüßt und letztlich bereits von einer Gesellschaft träumt, in der es keine Herren und keine Knechte mehr gibt. Beide Philosophen stimmen zwar in der Diagnose überein, dass die Tage des Herrn gezählt seien –

der Herr, der dem Knecht das Feld der Tätigkeit überlassen hat, muss am Ende einer langen historischen Entwicklung auch seine Macht an ihn abgeben –, aber sie bewerten die Tatsachen jeweils anders. Nietzsche hat das Ende mit dem Tod Gottes assoziiert, den Hegel bereits thematisiert hatte. Hegel wurde dagegen die Idee eines Endes der Geschichte zugeschrieben, einer Geschichte, die ihrerseits nur die sukzessive Verweltlichung des Unendlichen ist und in deren Verlauf die Attribute, die man zunächst Gott zuschrieb, fortschreitend auf den Menschen und das menschliche Tun übertragen wurden. Es ist aber mehr als fraglich, ob Hegel tatsachlich ein Ende der Geschichte ins Auge gefasst hat, sieht man von der Bewusstseinsgeschichte im engeren Sinn ab. Letztlich unterscheiden sich Hegel und Nietzsche an diesem Punkt kaum voneinander. Das Ende beziehungsweise die Epochenwende, auf die ihre jeweiligen Überlegungen zum Ende anspielen, ist für beide auf das Christentum fokussiert, dessen Ende Hegel beweist und Nietzsche ersehnt; ja, man könnte die These vertreten, dass sie sich nie näher gekommen sind als an diesem Punkt. An der grundsätzlichen Fremdheit, die zwischen ihren jeweiligen philosophischen Perspektiven besteht, ändert das nichts.

Es gibt ein paar Gemeinsamkeiten wie beispielsweise die Überzeugung, dass der Höhepunkt einer Bewegung immer auch ein Umschlagspunkt ist, dass er bereits eine Krise einschließt, die über kurz oder lang zum Ausbruch kommen muss. Jeder vollendeten Form sind die Linien des kommenden Verfalls bereits eingeschrieben. Das ist das Gesetz der menschlichen Geschichte. Bataille hatte diese Dialektik im Frühjahr 1944 in seinem Vortrag über die Sünde bei Marcel Moré am Paradigma Nietzsches als die von »sommet« und »déclin« dargelegt. Doch schon Hegel hatte darin ein Gesetz des historischen Werdens erkannt. Folgt man seiner Analyse, befindet sich der Geist seiner Zeit in einer solchen Krise. Er »hat mit der bisherigen Welt seines Daseins und Vorstellens gebrochen [...] und löst ein Teilchen des Baues seiner vorherigen Welt nach dem anderen.«[252]

Dennoch dominieren die Unterschiede. Was Hegel als eine Epopöe der Arbeit denkt, die letztlich die Geschichte hervorbringt, begreift Nietzsche als die fortschreitende Verdrängung vitaler Instinkte, und da eine Verdrängung keine Befreiung ist, muss das, wie Nietzsche ausführt, zur Ausbildung von Instinkten zweiten Grades – reaktionären Instinkten – führen, sodass von nun an Rankünе und Ressentiments die Herrenmoral ersetzen.

Auch in der Bewertung der Angst unterscheiden sie sich. Für Hegel drückt die Angst das Lebensprinzip des Knechts aus, wohingegen Nietzsche sie mit moralischer Schlechtigkeit assoziiert. Seine Kritik zielt vor allem darauf ab, dass die Angst die Herrenmoral zu etwas Bösem erklärt hat. Der eigentliche Punkt aber ist, dass Nietzsche die Herrschaft des Knechts, wie real sie in der bürgerlichen Gesellschaft auch sein mag, als einen Betrug erkannt hat. Aber letztlich hatte auch Hegel eine solche knechtische Herrschaft gar nicht vorgesehen: Ihm war es eher um die Begründung eines homogenen und universellen Staats zu tun, in dem es tendenziell keine Herren und keine Knechte mehr gibt. Man könnte daher die These vertreten, dass Kojève mit seiner emphatischen Interpretation der Herr-Knecht-Dialektik Hegel zurückgegeben hat, was Marx aus ihm herausgelesen hatte: die Idee einer klassenlosen Gesellschaft.

Die Wahlverwandtschaft, die Bataille für Nietzsche empfand, hat ihn zunächst dazu verführt, aus dessen Perspektive auf Hegels Philosophie zu blicken. Bataille hatte Nietzsche schon ab 1923 gelesen, auf eine Anregung von Lew Schestov hin, war also mit dessen Denken vollauf vertraut, als er sich Hegels Philosophie zuwandte. Der Kult, den er zeitlebens aus Nietzsche und der Bedeutung von dessen Philosophie für sein eigenes Denken gemacht hat, ist hinreichend bekannt. Umso mehr überrascht, wie schnell Bataille dazu überging, sein eigenes Denken mittels Hegel'scher Begriffe auszudrücken. Von Nietzsches Terminologie übernimmt er eigentlich nur den »den Willen zur Chance«, doch weder dem Konzept eines *Willens zur Macht* noch dem des *Übermenschen* oder der *Idee der ewigen Wiederkunft* misst er große Bedeutung zu. Sie reichen aus seiner Sicht nicht an Hegels Vorstellung von Herrschaft heran, wie sie aus der Herr-Knecht-Dialektik hervorgeht.[253] Dies nicht erkannt zu haben, sei der Mangel von Nietzsches Philosophie der Macht. Bataille wiederum kann sich der »verblüffenden Klarsicht« der Hegel'schen Dialektik schon deshalb nicht entziehen, weil sie den Bildungsgang des Geistes als das Werden der historischen Welt und des Universums der menschlichen Rede beschreibt. Bataille hat die Herr-Knecht-Dialektik als den »Eckstein jedes Denkens« bestimmt und ihr in seiner Hegel-Auslegung einen eminenten Platz eingeräumt. In seinen Augen ist sie das entscheidende »Moment in der Geschichte des Selbstbewusstseins«, und darin folgt er nicht nur Kojève, sondern auch Jean Wahl, der als Erster die Dialektik als die Erfahrung der sich differenzierenden Identität und des sich »verendlichenden Unendlichen« dargestellt hatte. Der »Wille zur Macht« kann schon deshalb nicht neben Hegels

Theorie der Herrschaft bestehen, weil darin die Genese des Bewusstseins und des Selbstbewusstseins keine Rolle spielt. In der erwähnten Fußnote schreibt Bataille: »[E]s weiß niemand etwas über sich selbst, solange er diese Bewegung, die die aufeinanderfolgenden Möglichkeiten des Menschen bestimmt und begrenzt, nicht verstanden hat.«[254] Zwar teilt er Nietzsches Skepsis in Bezug auf die Herrschaft des Knechts. Beide begreifen sie als einen Widerspruch in sich. Und mit Nietzsche ist auch Bataille davon überzeugt, dass der siegreiche Arbeiter-Knecht immer eine Form finden wird, über seinesgleichen zu herrschen. Aber Nietzsches Geringschätzung der Arbeit teilt er nicht.

Der Titel des zweiten Texts, der Hegel und Nietzsche zueinander in Beziehung setzt und in dem sich erstmals auch Bataille zu ihnen ins Verhältnis setzt: »Nietzsches Denken, das Denken Hegels und mein eigenes«, verspricht vielleicht mehr, als der Text hält, der letztlich den Vergleich der Ideensysteme schuldig bleibt. Er hebt jedoch die Punkte hervor, an denen sie sich voneinander unterscheiden. Auch hier manifestiert sich, was für Bataille überhaupt kennzeichnend ist, dass er entweder von dem Denken des einen oder dem des anderen Philosophen spricht, niemals aber von beiden in ein und demselben Kontext. Anders gesagt, Bataille hat immer nur sich selbst zu Nietzsche oder zu Hegel, diese aber niemals zueinander in Beziehung gesetzt. Der kurze, erst in seinen letzten Lebensjahren entstandene Text handelt von Hegels Willen zur Autonomie, die im Wesentlichen eine des Denkens und des Diskurses ist, welche sich in der Zeit entwickeln. Und da Hegel das Denken nicht von den anderen Inhalten der Welt trennt, wird am Ende »der Philosoph, der mit den herrschenden Formen auf dieselbe Weise und in derselben Einheit verbunden ist wie der Geist mit dem Körper [...], die Autonomie [erlangen], die der Herr nicht erreicht hat«.[255] Daher würde im »Letztzustand möglicher Dinge«, so Hegels These, die Wirklichkeit die Wünsche des Philosophen erfüllen und nichts, was nicht dem Denken des Philosophen entspricht, könnte von nun an verwirklicht werden.

Das spielt deutlich auf die Vorstellung von einem Ende der Geschichte an, und davon grenzt sich Bataille ab. Er hat die entscheidende Differenz zwischen seinem und Hegels Denken als die Opposition von absolutem Wissen und Nichtwissen bestimmt, welchen Begriff er aus dem fortgesetzten Nachdenken über Hegel gewonnen und dem er seine spezifische Form gegeben hat. Das Nichtwissen ist bloß die andere Seite des absoluten Wissens, seine Wirkung, wenn man so will, weshalb es durch das Wissen auch nicht aufgelöst werden kann. Das Nichtwissen bestünde sogar dann noch fort, wenn das absolute Wissen tatsächlich erreicht würde. Hegel, so argumentiert Bataille, situiere die Subjektivität nicht im Verschwinden des Objekts, sondern in der Identität, die Subjekt und Objekt im Diskurs erreichen. »Doch am Ende löst sich das *absolute Wissen*, der Diskurs, in dem Subjekt und Objekt miteinander identisch wurden, selbst in das Nichts des Nichtwissens auf, und das schwindende Denken des Nichtwissens ist das des Augenblicks. Während sich das absolute Wissen abschließt, ist die Bewegung, von der ich spreche, eine offene.«[256] Bataille hat das schwindende Denken als das Erwachen des Denkens charakterisiert und damit indirekt gesagt, dass der Diskurs dessen Schlaf sei. Ihm schwebt eine andere Form des Denkens vor, in der sich die Kommunikation der souveränen Momente untereinander spiegelte. Das Denken des Nichtwissens setzt in dem Moment ein, in dem das Wissen an seine Grenze stößt, und Bataille selbst sagt darüber, dass dies »kein Moment der Verkettung, sondern einer der Zerlegung des Denkens [ist], sei es von der klassischen Gottesidee, sei es von der Idee des absoluten Wissens aus«. Man könnte daher versucht sein, das schwindende Denken als ein schwindelndes Denken zu bezeichnen oder als ein Denken, das seinen Zusammenbruch je schon voraussetzt. Es bezeichnet genau den Augenblick, da der Diskurs in die Nacht eintritt, jene Nacht, die laut Bataille »endgültiges Schweigen« ist.

In diesem Diskurs, der vor der Nacht nicht flieht, kann das bis an seine Grenze getriebene Denken schließlich nicht anders, als selbst »das Opfer und den Tod des Denkens« zu fordern. Hier kommt Nietzsche ins Spiel, der mit seinem Leben und seinem Werk diese Forderung erfüllt hat. Bataille hat das im Begriff eines *Irrgartens des Denkens* ausgedrückt, und Nietzsche habe in diesem Irrgarten die Wege markiert, »die in Bewegungen wilder Fröhlichkeit zu diesem Ort des Todes führen«. Auf diesen Wegen treffen exzessives Leiden und exzessive Schönheit aufeinander. Nietzsche steht insofern an den Antipoden zu Hegel, als er gerade auf jene souveränen Momente reflektiert, »die der Menschheit ihr Gesicht geben«. Für Bataille zählt er zu jenen Denkern, deren Philosophie kein System, sondern eine Gabe ist. Nietzsche ist ein gebender, kein aneignender oder akkumulierender Denker, und seine »Gabe ist eine, die nichts begrenzt, es ist eine souveräne Gabe, die der Subjektivität«.[257]

1. Zur Dialektik der Anerkennung III

Der Kampf um Anerkennung, der reine Prestigekampf ist laut Hegel die Form, unter der dem Menschen seine Negativität als Todesbewusstsein erscheint. In diesem Kampf wird er sich seiner Endlichkeit bewusst. Hegel hat aber auch die Arbeit als eine Manifestationsweise der menschlichen Negativität definiert und auf den Kampf um Anerkennung zurückgeführt. Dagegen hat Bataille im letzten seiner Hegel-Essays Widerspruch eingelegt. Ihm zufolge muss es die Arbeit lange vor dem Prestigekampf gegeben haben, da ohne eine gewisse materielle Sicherheit, die die Arbeit garantiert, die Menschen zu keinem Zeitpunkt in der Lage gewesen wären, einen Kampf nur um des Prestiges willen anzuzetteln, und der durch diesen Kampf repräsentierte Sprung aus der Naturgeschichte in die Geschichte der Menschheit hätte nicht stattgefunden. Für Bataille ist die Arbeit daher die ursprünglichere Erfahrung. Aus ihrer Notwendigkeit leiten sich die primären Merkmale der menschlichen Existenz ab.

Hegel hatte jedoch den Kampf um Anerkennung an den Anfang gesetzt und sich in der Bestimmung dieses Kampfes einer List oder einer

Finte bedient. Einerseits hat er den Kampf um Anerkennung als einen Kampf auf Leben und Tod bestimmt, andererseits verlangt die Anerkennung, um die es in diesem Kampf geht, dass beide Kombattanten am Leben bleiben. Hegel hat mit anderen Worten den Tod durch die Todesdrohung ersetzt, was dem Überlegenen erlaubt, den Schwächeren zu unterwerfen. Er könnte ihn töten, tötet ihn aber nicht, und dieser ausgesetzte Tod zwingt den Knecht, den Herrn anzuerkennen und für ihn zu arbeiten. Allerdings ist die Anerkennung, die der Herr so erringt, nicht die von ihm erstrebte: Es ist nicht die, um derentwillen er sich in jenen uranfänglichen Prestigekampf stürzte, aus dem laut Hegel die Geschichte hervorging. Eigentlich hatte der Herr nach der Anerkennung durch seinesgleichen, der Anerkennung von Herren unter sich, gestrebt; doch diese Anerkennung kann der Knecht ihm nicht geben. Im Grunde kann der Knecht den Herrn so lange nicht anerkennen, solange er nicht seinerseits von diesem anerkannt wird. De facto wird der Herr daher von einem anerkannt, der selbst jeglicher Anerkennung ermangelt. Das beweist, dass diese Art Anerkennung nur durch Zwang und Gewalt zustande gekommen sein kann. In den Augen Batailles gilt die Hegel'sche Anerkennung der Überlegenheit des Herrn, sie gilt der Macht, die er über den Knecht ausübt und die er ihn spüren lässt, weniger seiner Souveränität, die in dem Maße, in dem er befiehlt, eine folgenreiche Verwandlung durchläuft. Durch den Akt der Unterwerfung hört der Herr auf zu sein, was er war: jene »*kraftlose Schönheit*, die ursprünglich in den Kämpfen nur zu töten verstand«. Er verstrickt sich im Gegenteil in die Belange der Macht und wird seitdem nicht mehr für das anerkannt, was er ist, sondern für das, was er macht. Die Asymmetrie, die daraus resultiert, ist der Anerkennung, wie Hegel sie denkt, unauslöschlich eingeschrieben. Es ist, als ob das Verlangen nach Anerkennung auf ewig unbefriedigt bleiben müsste. Zwar bezeichnet sie einen Zweck, nach dem jeder strebt, aber als diesem Zweck gemäße wird sie nie erreicht. Die Anerkennung ist daher nie frei von Ambivalenz.

Der Knecht, der sich in einem langen historischen Prozess die Natur durch Arbeit unterworfen hat, muss daher, will er seinerseits anerkannt werden, aus seiner geschichtlich überlegenen Position heraus die Frage der Anerkennung noch einmal neu aufrollen. Er muss den Befreiungskampf um Anerkennung, dem er ausgewichen war, als er die Knechtschaft dem Tod vorgezogen hat, von neuem anfachen, und da der Knecht kein einzelner, sondern eine schiere Masse ist, nimmt dieser Kampf die Form der

Revolution an. In diesem – oft als letzten behaupteten – Kampf geht es zwar um die Entmachtung des Herrn, richtig verstanden aber nicht, damit die politische Macht auf den Knecht übergeht, was nur die Ablösung eines Machtsystems durch ein anderes bedeuten würde, sondern um die tradierten Machtstrukturen endgültig zu verabschieden.

Bataille hatte schon Anfang der dreißiger Jahre erklärt, die Dialektik auf Gebiete anwenden zu wollen, von denen Hegel noch nichts wusste. Ernst gemacht hat er damit aber erst in seinen späten Hegel-Essays, als er die Abfolge der Momente, wie Hegel sie beschreibt, in Frage stellte. Bataille moniert, dass es bei Hegel keine Vorstellung einer menschlichen Existenz gibt, die der Unterwerfung und Versklavung vorausginge, fügt dem aber hinzu, dass auch die Informationen der Ethnologen uns nicht erlauben, eine Aufeinanderfolge zu erstellen, die sich mit dem tatsächlichen Verlauf der historischen Entwicklung decken würde. Bataille relativiert mit diesem Argument die zu seiner Zeit weit verbreiteten Versuche, die jüngere Altsteinzeit beispielsweise mithilfe ethnografischer Daten zu erklären, die im 19. Jahrhundert erhoben wurden. Echt hegelianisch räumt er ein, dass »die logische Konstruktion einer Folge von Ereignissen, die im Bewusstsein aufbewahrt sind, mehr Gewicht

[hat] als die rekonstruierende Diskussion von den fragmentarischen Gegebenheiten der Wissenschaft aus«. Auf der Grundlage dieser Erkenntnis hat Bataille in seinen späten Essays einen Gegenentwurf zu Hegel skizziert, der dessen Verdienste nicht im Geringsten schmälert, aber Erweiterungen anstrebt. Sie betreffen die Arbeit, der auch der spätere Sieger unterlag, solange er noch keine Knechte besaß. Sie betreffen damit den Herrn selbst, und Batailles Gegenentwurf zu Hegel gelingt in dem Maße, in dem er den Hegel'schen Herrn zur benachbarten Form des Souveräns in Beziehung setzt. So wird das Eigentümliche beider Formen, ihre Verschiedenheit sichtbar. Die Auseinandersetzung mit Hegel geht ein in die Idee einer Souveränitätstheorie, oder genauer: Hegel ist eine der Säulen dieser Theorie, was ihn für Bataille auf eine Ebene mit Sade und Nietzsche stellt. Im letzten der Hegel-Essays, der im Januar/Februar 1956 in *Monde nouveau – Paru* erschienen ist, hat Bataille die wesentlichen Merkmale seines eigenwilligen Souveränitätsbegriffs zum ersten Mal dargelegt, bevor er dann, wie nur konsequent, im Herbst des Jahres in derselben Zeitschrift einen Essay mit dem Titel »La Souveraineté«[258] publizierte.

In seinem Vergleich mit dem Souverän hat Bataille die Ambivalenz des Herrn herausgestellt, der zwar ohne jeden Zweifel souveräne Momente gekannt hat, so auch, als er den Kampf um Anerkennung anstrengte und »ohne Grund das Risiko des Todes auf sich nahm«. Aber das allein definiert ihn nicht, denn die Herrschaft des Herrn beginnt erst in dem Moment, in dem er den Unterlegenen im Kampf nicht mehr tötet, sondern versklavt und sich damit seinerseits den Forderungen des Herrschens und Beherrschens unterwirft. Es ist dies der Beginn einer neuen Epoche in der Entwicklung des menschlichen Bewusstseins, und sie fällt mit der langen Geschichte aufeinanderfolgender Machtsysteme zusammen. Batailles Einwand, dass es die Arbeit schon vorher gegeben haben muss, erinnert lediglich daran, dass es bereits Menschen gab, bevor die Geschichte im engeren Sinn begann, ja, dass die Menschheit die weitaus längste Zeit ohne ein Geschichtsbewusstsein gelebt hat. Dass sie diese Zeit auch ohne Arbeit hätte überstehen können, ist dagegen undenkbar. Anders gesagt, Bataille hat, was den Prozess der Menschwerdung des Menschen angeht, der Arbeit den Vorrang vor dem Kampf um Anerkennung eingeräumt. Ursprünglich, so seine These, hatte jeder Mensch Anteil am Souveränen, jeder Einzelne war souverän, allerdings besaß er nur eine beschränkte Souveränität, die in seinen Augen der eines wilden Tieres näherstand als der des Herrn im historischen Sinn. »Mutmaßlich«, schreibt er in seinem letzten Hegel-Essay, »musste er sein Leben zweiteilen in einen absolut souveränen und in einen im Dienst animalischer Bedürfnisse tätigen Teil.«[259] Diese Zweiteilung fand zunächst nur in der Zeit statt: Sie trennte eine Zeit der Arbeit von einer Zeit der Feste oder eine profane von einer sakralen Zeit, deren rhythmische Alternanz über mehrere zehntausend Jahre hinweg das Gemeinschaftsleben der Menschen bestimmt hat.

Die Teilung in zwei unterschiedliche Zeiterfahrungen lässt sich bereits für die früheste Menschheit nachweisen, und mit Einschränkungen gibt es sie heute noch. In der Folge jenes unvordenklichen Prestigekampfs, den Hegel an den Beginn der Geschichte stellt, aber wurde – so Bataillles These – die zeitliche Unterscheidung in den Raum und auf verschiedene soziale Gruppen projiziert, wo sie zu dauerhaften Formen gerann und die Klassengesellschaft hervorbrachte. Solange die Trennung nur in der Zeit stattfand, war noch keine Macht mit ihr verbunden, vielmehr hat der Mensch in jener frühen Zeit – jeder Mensch – die verschiedenen Momente des Herrn und des Knechts in seiner Person gelebt. Jeder Einzelne war sowohl Herr als auch Knecht, nur nicht zur selben Zeit. Vergleichbares könnte von einer Welt ausgesagt werden, in der sich die Menschen gegenseitig anerkennen, wie sie laut Kojève mit dem Ende der Geschichte in greifbare Nähe rückt. Mit der Projektion in den Raum und auf verschiedene Gruppen von Menschen hat sich aber die Bedeutung dieser Opposition in entscheidender Weise verändert: Während der Gegensatz von Herr und Knecht »in der zeitlichen Teilung [...] etwas Stabiles« besaß, kündigt sich »in der räumlichen Teilung [...] die Instabilität der Geschichte an«.[260]

2. Die Bedeutung von Lascaux

In einer Fußnote[261] hat Bataille seinen Gegenentwurf zu Hegel deutlicher gefasst. Darin stellt er die entscheidende Frage, ob nicht ein anderer Übergang vom Tier zum Menschen und vom unbewussten zum bewussten Leben denkbar ist als der, den Hegel in der *Phänomenologie des Geistes* beschrieben hat. Seine Gegenthese ist, dass sich der Mensch in erster Linie durch die Einhaltung der religiösen Verbote vom Tier getrennt hat.[262] Eines der ältesten und wichtigsten dieser Tabus betrifft den Tod, und Bataille ist davon überzeugt, dass der Mensch in dem Moment aufgehört hat, ein bloß natürlich Seiendes zu sein, in dem er sich seines bevorstehenden, früher oder später eintretenden Todes bewusst wurde. Von da an musste er mit dem Wissen um seine Sterblichkeit leben. Das und die Wehrlosigkeit seiner Existenz, die ihn zu arbeiten zwingt, unterscheiden ihn vom Tier, und darum hat Bataille die Bedeutung der Arbeit gegenüber Kojève stärker akzentuiert. Der Mensch, der gezwungen ist zu arbeiten, um zu leben und zu überleben, unterwirft sich, solange er arbeitet, einem Projekt, das heißt: Er arbeitet auf ein bestimmtes Ergebnis hin, und um dieses zu erreichen, leistet er Triebverzicht. Der Mensch ist das einzige Tier, wenn man so will, das seine Impulse, seinen Drang unterdrücken und die Befriedigung seiner Bedürfnisse auf später verschieben kann.[263] Durch die Arbeit verwandelt er nicht nur das natürlich Gegebene in eine menschliche Welt, sondern erzieht auch sich selbst. Er trennt sich vom Objekt seiner Begierde mit der Aussicht auf ein späteres, besseres Leben, auf größeren Genuss, das heißt, er legt ein Verhalten an den Tag, das »der vollkommene Gegensatz zur tierischen Haltung (beispielsweise zu der eines Hundes angesichts eines Knochens)« ist.[264] Der Verzicht ist zwar von Anfang an in der Arbeit angelegt. Aber seine Tragweite manifestiert sich aber mit allen Konsequenzen erst in der unfreien Arbeit. Trotzdem definiert die Arbeit in den Augen Batailles den Menschen nicht, oder genauer: Sie reicht nicht aus, ihn zu definieren, denn solange er arbeitet ist der Mensch nicht frei, sondern gehorcht den Gesetzen der Notwendigkeit. Ohne zu arbeiten hätte die Menschheit gewiss nicht überlebt. Die Arbeit ersetzt beim Menschen den fehlenden Instinkt und das Raubtiergebiss. Aber das spezifisch Menschliche hat, Bataille zufolge, noch eine andere, von Hegel vernachlässigte Seite, die sich in den Festen, den Kulten, vor allem aber in der Kunst und im freien Spiel manifestiert, es zeigt sich immer dann und überall dort, wo der Mensch seine Souveränität genießt, wo es um Muße und Überfluss geht.

Schon in seiner kurz vor den Hegel-Essays erschienenen Studie *Die Höhlenbilder von Lascaux oder die Geburt der Kunst* hatte Bataille, gestützt auf die Erkenntnisse der Ethnosoziologie und der Psychoanalyse, eine andere Abfolge in der Menschwerdung des Menschen skizziert, in der diese weder mit dem Kampf (um Anerkennung) noch mit der Arbeit zusammenfällt, sondern unmittelbar an die Erfindung der Kunst gebunden ist. Wie das »Wunder von Lascaux« lehrt, war die Erfindung der Kunst das für das historische Auftreten des Homo sapiens, des Menschen im eigentlichen Sinn, entscheidende Ereignis. Dieses Wunder setzt voraus, dass der Mensch seine Bedürfnisse befriedigt hat. Nicht der Mangel und die Nahrungssuche allein definieren ihn; vielmehr offenbart sich das Singuläre der menschlichen Existenz erst, wenn er in Freiheit und in der Fülle seiner Möglichkeiten lebt.

3. Digression über die »kraftlose Schönheit«

In dieselbe Richtung weist die Bedeutung, die Bataille in seinem letzten Hegel-Essay der Figur der *kraftlosen Schönheit* verleiht. Hegel hatte sie an die Antipoden zum Verstand gesetzt: Die »kraftlose Schönheit hasst den Verstand, weil er ihr dies zumutet«, nämlich an seinem Todeswerk zu partizipieren, und Bataille hat diese Stelle als Ausdruck eines von Hegel erfahrenen Gewaltmoments interpretiert. Die Gewalt, die hier in Frage steht, ist die des Verstandes, die sich »der reinen Schönheit des Traums« widersetzt. Die »kraftlose Schönheit« selbst ist als die des Traumes und der Poesie bestimmt, die, unfähig selber zu handeln, das Handeln reflektieren. Schon in dem kurzen Hegel-Kapitel aus der *Inneren Erfahrung* hatte Bataille auf die Formen des Nichthandelns angespielt, denen auf der Ebene des Bewusstseins die Formen des Nichtwissens entsprechen. Diese Formen werden nicht dadurch aufgehoben, dass das absolute Wissen erreicht wird, sondern bestehen auch nach dem Ende der Bewusstseinsentwicklung als vom Sein des Menschen untrennbar fort. Nach Bataille gehören sie zu einer Welt, in der die Phänomene noch nicht von der sie umfassenden Totalität getrennt sind. Die Schönheit des Traums kennt daher auch jene Negativität des Scheidens nicht, wie sie den Verstand oder das menschliche Handeln charakterisiert; und genauso wenig kennt sie die Unruhe des Werdens, die die Bewegung in Gang setzt.

Die Schönheit ist, oder sie ist nicht, und wenn sie ist, ist sie souverän, das heißt: selbst ein Zweck. Sie handelt nicht, greift nicht aktiv in die Natur ein, und ihr geht es auch nicht um die Veränderung der Welt, sondern, mit Nietzsche gesprochen, um deren Rechtfertigung. Bataille spricht von einer Schönheit, die nichts sucht, nichts intendiert, die sich in ihrem Sein nicht stören lassen will, die aber von der negativen – trennenden – Kraft des Verstandes immer wieder aus der Ruhe gebracht wird. In »Hegel, der Tod und das Opfer« schreibt er, und es ist, als wolle er einen ästhetischen Imperativ formulieren: »Diese Schönheit, die nicht handelt, leidet darunter, die zutiefst unauflösliche Totalität dessen, was ist (des konkret Wirklichen), in Stücke brechen zu sehen. Sie selbst bliebe gern das Zeichen eines Einverständnisses des Realen mit sich selbst. Doch sie kann nicht zu jener bewussten Negativität werden, jenem luziden, vom Negativen absorbierten Blick, der in der Zerrissenheit erst erwacht ist. Diese letzte Haltung setzt den gewaltsamen oder mittels der Arbeit geführten Kampf des Menschen gegen die Natur voraus, dessen Ergebnis die Zerrissenheit ist. Es ist der historische Kampf, in dem sich der Mensch als ›Subjekt‹ oder als ›abstraktes Ich‹ des Verstandes, als ein getrenntes und benanntes Sein erschafft.«[265]

Was genau Bataille unter dem Hegel'schen Begriff der »kraftlosen Schönheit« versteht und wie er ihre Ohnmacht interpretiert, wird erst in diesem Essay deutlich, in dem die *kraftlose Schönheit* mit einer Art Paradiesvorstellung verbunden scheint. Wie die biblische Erzählung bedeutet sie das *ganz Andere* zur geschichtlichen Welt, hat aber sonst nicht viel mit den Ursprungslegenden der monotheistischen Religionen gemein. Dass Bataille der Welt des geschichtlichen Handelns keine vage, sondern eine ganz präzise Vorstellung gegenüberstellt, hat mit seiner Analyse der Höhlenmalereien von Lascaux zu tun, in denen die *kraftlose Schönheit* der vorgeschichtlichen Welt ihren höchst realen Ausdruck besitzt. Alles weist darauf hin, dass Bataille die Inspiration zu seiner Korrektur an Hegels Darstellung letztlich der Begegnung mit den vorgeschichtlichen Wandmalereien, insbesondere denen von Lascaux verdankt. Sie rufen in seinen Augen dieselbe Ehrfurcht und dasselbe Staunen hervor wie die Meisterwerke aller Epochen. Nicht nur gehen seine Studien zu diesem Thema den späten Hegel-Essays unmittelbar voraus, sondern haben möglicherweise sogar den Ausschlag für ihre Abfassung gegeben. Man könnte daher in *Die Höhlenbilder von Lascaux oder die Geburt der Kunst* einen regelrechten Antihegel erkennen: eine Antwort auf Hegels Darstellung des Prozesses, in dessen Verlauf das menschliche Tier zum Menschen wurde. Bataille selbst spielt darauf an, und es ist interessant festzustellen, dass er sich bei aller Hochachtung für Hegel, die er wiederholt zum Ausdruck bringt, gerade in der Frage, wie alles anfing, von ihm distanziert.

Er hält damit auch das Postulat vom *Ende der Geschichte* auf Distanz, das Kojève in eigener Verantwortung ausgemalt und dem er allererst seine moderne Bedeutung gegeben hat. Bataille hatte schon 1937 im »Brief an X« dieses Ende grundsätzlich anders reflektiert, nicht ohne eine gewisse Ironie in die Diskussion einzuführen. In den frühen fünfziger Jahren aber schien ein solches Ende plötzlich realistischer denn je, und damals stellte es sich so dar, als ob mit ihm auch die Vernichtung der Menschheit gemeint wäre. Der Beginn des atomaren Wettrüstens 1949 und die Erfindung der Wasserstoffbombe 1952/53 hatten das Gespenst eines dritten Weltkriegs an die Wand gemalt, und die Angst davor war umso größer, als ein solcher Krieg erstmals auch das Potential gehabt hätte, die Erde unbewohnbar zu machen. Bataille hat gelegentlich darauf angespielt.[266] Das Bemerkenswerte daran aber ist, dass dieser historische Moment gleichzeitig den Punkt bezeichnet, an dem sich Bataille vom Tod und dem Ende der Geschichte ab- und der Frage nach der Geburt und den Anfängen der Menschwerdung zugewandt hat. Bataille wagt den Sprung vom Ende der Geschichte in eine Theorie des Ursprungs. Man könnte daraus schließen, dass auch für ihn der Ursprung das Ziel ist.

Das Ende der Geschichte

1. Kojèves Sicht auf das Ende der Geschichte

Kojève war keineswegs der Erste und schon gar nicht der Einzige, der die Auffassung vertrat, dass das Ende der Geschichte mit logischer Notwendigkeit aus Hegels Philosophie folgt. Bereits dessen Schüler haben die Frage gestellt, was geschieht, wenn der Geist die Form seiner Vollendung erreicht hat und seine Entwicklung abgeschlossen ist. Sie haben diese Frage umso leidenschaftlicher diskutiert, als ihnen Hegels Philosophie keine Zukunft, keine eigene Geschichte zu lassen schien. Nicht wenige, darunter Rudolf Haym, haben ihm gerade deshalb eine Neigung zum Reaktionären unterstellt. Andere haben sich früh darüber mokiert, dass dieses Ende ausgerechnet mit Hegels eigener Epoche zusammenfallen sollte. Kojève selbst hat diese Koinzidenz für das zwanzigste Jahrhundert noch einmal affirmiert und ganz konkret die Schlacht von Jena als den Schlusspunkt der Geschichte gesetzt. Seit dieser Schlacht habe es streng genommen keine Geschichte mehr gegeben, zumindest nicht in dem emphatischen Sinn, den Hegel ihr als der Darstellung der Entwicklung des objektiven Geistes gibt.

Mit der These, dass die Geschichte 1806 an ihr Ende gelangt ist, und zwar just in dem Moment, als Hegel, wie die Legende will, unter dem Kanonendonner der Schlacht von Jena seine *Phänomenologie des Geistes* beendete[267], hat Kojève mehr als mit jeder anderen in die Breite gewirkt, und vor allem die französische Philosophie der zweiten Hälfte des zwanzigsten Jahrhunderts wurde durch sie geprägt. Dabei ging es jedoch, anders als in den dreißiger Jahren, weniger um die Herr-Knecht-Dialektik als dem Kern der Hegel'schen Anthropologie, als vielmehr um das Ende der Geschichte, das in Hegels *Phänomenologie* eigentlich gar nicht vorgesehen ist, jedenfalls nicht in der Form, die Kojève ihm gibt.[268] Kojèves These, dass das menschliche Handeln vom Ende der Geschichte an praktisch ohne Gegenstand, mithin beschäftigungslos ist, dass Geschichte nur noch als ein Als-ob stattfindet und schon deshalb nichts Neues mehr hervorgebracht wird, schien zwingend den Schluss nahezulegen, dass damit auch das Subjekt (des Handelns) zur Disposition gestellt ist: Vom Ende der Geschichte zum Ende des Subjekts und dem Tod des Menschen bei Foucault war es dann nur noch ein Schritt.[269] Kojève hatte diese Entwicklung angestoßen, er hatte die Rolle des Vermittlers gespielt, eines eigensinnigen Vermittlers gewiss, dem es in seiner Darstellung erklärtermaßen nicht so sehr auf das ankam, was Hegel gesagt hatte[270], als vielmehr darauf, das dialektische Denken für eine Erkenntnis der Gegenwart fruchtbar zu machen. Paradoxerweise weist ihn gerade das als treuen Anhänger Hegels aus, für den die vornehmste Aufgabe der Philosophie darin bestand, die je eigene Epoche in Gedanken zu fassen.

Nicht immer hat Kojève seine Karten offen auf den Tisch gelegt und so klar zwischen Hegels Philosophie und seiner Interpretation unterschieden. Gegenüber einigen Momenten dieser

Philosophie ist er ganz bewusst im Unbestimmten verblieben. Das gilt insbesondere für das Ende der Geschichte, wie Bataille im Brief vom 8. April 1952[271] moniert, und diese Vagheit wiegt umso schwerer, als sie Kojèves widersprüchliche Haltung verdeckt. Zwar hat er die Philosophie der Praxis und die sie begleitende Geschichtsphilosophie in Frankreich erst eingeführt. Er hat aber auch und fast im selben Atemzug die Diagnose gestellt, »dass die Geschichte beendet, die Praxis erschöpft und die Epoche eine der vollendeten Werklosigkeit ist«.[272] Diese Schlussfolgerung hat Kojève in Widerspruch zur Philosophie des deutschen Idealismus gebracht, die gerade umgekehrt den Akzent auf die Aktivität und die praktische Philosophie gelegt hatte. Hegel bildete da keine Ausnahme.

Auf Bataille, den man sich gern als einen Schüler Kojèves vorstellt, hat die These vom Ende der Geschichte weit weniger als auf die nachfolgenden Philosophen gewirkt. Er bewahrte ihr gegenüber eine charakteristische Ironie, die sie auf Distanz zu seinem Denken hielt. Zwar hat er das Ende der Geschichte zunächst als eine Hypothese akzeptiert, um es mit Kojève diskutieren zu können, gleichzeitig aber auf dem Unterschied seiner Sichtweise insistiert und verschiedentlich klargestellt, dass er Kojève an diesem Punkt niemals zustimmen wird. Er war so wenig Kojèves getreuer Adept wie dieser ein am Buchstaben klebender Exeget Hegels. Das hatte bereits der Widerspruch gezeigt, den Bataille spontan, im Augenblick ihrer Äußerung, gegen die These vom Ende der Geschichte einlegte. Bataille fragt, was nach dem Ende der Geschichte aus einer Negativität wird, die eines der Momente ist, die den Menschen unwiderruflich vom Tier trennen. Wenn es die vom Menschen nicht ablösbare Negativität nicht mehr gäbe, dieser Schluss scheint zwingend, wäre das Leben der Menschen tatsächlich ein nur noch biologisches, wie Kojève 1946 in der ersten von zwei Fußnoten, die vom Ende der Geschichte handeln, suggeriert. In dieser Fußnote, die Bataille in seinem letzten Hegel-Essay in extenso zitiert, heißt es: »Das Verschwinden des Menschen am Ende der Geschichte ist keine kosmische Katastrophe, die natürliche Welt bleibt vielmehr, was sie seit aller Ewigkeit ist. Ebenso wenig ist es eine biologische Katastrophe: Der Mensch bleibt als ein Tier am Leben, das im Einklang mit der Natur und dem Seienden existiert.«[273] Doch eben das wird Bataille niemals zugestehen. Es ist undenkbar für ihn, dass eine Negativität, die das Sein des Menschen definiert, im Augenblick seiner Vollendung einfach verschwinden könnte. Diese Möglichkeit bestünde in seinen Augen nicht einmal dann, wenn die Geschichte abgeschlossen werden könnte, es sei denn, ihr Ende wäre auch das des Menschen.

2. Kojèves Fußnoten zum Ende der Geschichte

Kojève hat das Ende der Geschichte in den fünfziger Jahren konsequent im Sinne der klassenlosen Gesellschaft interpretiert, was ihn nicht daran hinderte, die Sonntagsgesellschaft, die für dieses Ende steht, nach dem Modell des *American Way of Life* auszumalen. Dabei konnte er sich in gewisser Weise sogar auf Hegel berufen, der in seiner Geschichtsphilosophie davon gesprochen hatte, dass die Geschichte, die immer und in erster Linie »die Darstellung des Geistes« ist, im Osten begonnen habe und im Westen, in Europa, genauer: in den protestantischen Ländern, zur Vollendung gelangt sei. Hegel hatte Amerika als das Land der Zukunft bestimmt und dabei zweifellos an jenes Amerika gedacht, das in seiner Unabhängigkeitserklärung erstmals unveräußerliche Menschenrechte eingeräumt und einigen verfolgten politischen Freunden Zuflucht gewährt hatte. Aber Amerika war wie das antike Griechenland und das Römische Reich eine Sklavenhaltergesellschaft und hat diese Rechte einer breiten Schicht von Menschen vorenthalten. Hegel hat daher keinen Zweifel daran gelassen, dass sich Amerika als Staat und als Gesellschaft grundlegend ändern müsse, wenn es die in es gesetzten Hoffnungen tatsächlich erfüllen wolle. Mehr sagt er dazu nicht.

Folgt man Kojève, insbesondere jenen beiden Fußnoten[274], die neben dem Text, der als Einleitung[275] fungiert, zu den wenigen Passagen in den veröffentlichten Hegel-Vorlesungen gehören, die von ihm selber verfasst worden sind, dann verweist das Ende der Geschichte auf eine Welt, in der deren Erkenntnis und die Erkenntnis des Selbst abgeschlossen sind, alles bereits getan und alles gesagt worden ist und auch nichts Neues mehr entsteht, weil nichts, keine Not, keine Tyrannei die Menschen mehr ins Handeln und in die Veränderung ihrer Verhältnisse engagiert. Für die Menschen bedeutete dies, dass ein endloser »Sonntag des Lebens« beginnt, »der alles gleichmacht« und im Grunde als eine Art *Achter Tag* zu verstehen ist. Es ist dies der Tag, der für die Erlösten am Tag nach dem *Jüngsten Gericht* beginnt und nie wieder vergeht. Die Menschen im eigentlichen Sinn, diejenigen, die durch die Negativität ihres Tuns die geschichtliche Welt hervorgebracht haben, gibt es von dem Augenblick an nicht mehr, da die historische Welt an ihre Vollendung – den universellen und homogenen Staat oder die klassenlose Gesellschaft – rührt. So jedenfalls sieht es Kojève. »Das Ende der menschlichen Zeit oder der Geschichte, will sagen: die endgültige Aufhebung des Menschen im eigentlichen Sinn oder des freien, geschichtlichen Individuums«, schreibt er in der Fußnote von 1946, »bedeutet in der Tat ganz einfach das Beenden allen ›Tuns‹ im emphatischen Sinn des Wortes. Praktisch bedeutet es: das Verschwinden der Kriege und blutigen Revolutionen. Und auch das Verschwinden der *Philosophie*; denn wenn der Mensch sich selbst nicht mehr wesentlich ändert, gibt es auch keinen Grund mehr, die (wahren) Prinzipien zu ändern, die das Fundament seiner Welt- und Selbsterkenntnis sind. Alles andere aber kann unbegrenzt erhalten werden: die Kunst, die Liebe, das Spiel usw., kurz alles, was den Menschen glücklich macht.«[276]

Später, in einer Fußnote zur Fußnote, die er für die zweite Auflage von 1962 hinzugefügt hat, nimmt Kojève das jedoch wieder zurück und korrigiert den Schluss, zu dem er 1946 gekommen war. Wer, heißt es jetzt, »das Verschwinden des Menschen am Ende der Geschichte« zugesteht, muss auch anerkennen, dass seine Kunst, seine Liebe, sein Spiel davon nicht unberührt bleiben können. »Wenn der Mensch wieder zum Tier wird, müssen auch seine Künste, seine Liebe, seine Spiele wieder rein natürlich werden. Man müsste also annehmen, dass nach dem Ende der

Geschichte die Menschen ihre Bau- und Kunstwerke so schüfen, wie die Vögel ihre Nester bauen oder wie Spinnen ihre Netze weben, dass sie Konzerte gäben wie die Frösche und die Grillen, dass sie spielten wie junge Tiere und sich der Liebe hingäben wie ausgewachsene.«[277] Das Subjekt stürbe in dieser nachgeschichtlichen Welt einen »langsamen Tod«. Ja, sein ganzes Leben wäre ein »Sterben aus Langeweile«, was daraus resultiert, dass der Mensch des *Posthistoire* in der »absolut demoralisierenden Alternative von Arbeitslosigkeit und Müßiggang«[278] gefangen ist. Wenn Bataille von der Langeweile spricht, die auf das Ende der Geschichte folgt, hat er Kojèves Beschreibung eines solchen *Sonntags des Lebens* im Sinn, die ihrerseits an Queneaus epischen Darstellungen posthistorischer Lebensformen orientiert ist. Zwar ist in der zitierten Stelle die Ironie nicht zu überhören, und hier haben wir es mit einem generellen Merkmal von Kojèves Schreibweise zu tun. Doch diese Ironie vergeht, wenn er – durch sein Ausweichen in die Enge getrieben – als Grund dieser Selbstkritik »die plötzliche Eingebung«[279] anführt, dass das Ende der Geschichte nicht etwas ist, das noch ausstünde, sondern längst unsere Gegenwart beherrscht. Bei allem, was seit der Schlacht von Jena geschehen ist, gehe es letztlich nur noch darum, »die zahlreichen, mehr oder weniger anachronistischen Spuren einer vorrevolutionären Vergangenheit«[280] zu beseitigen. Positiv ausgedrückt, bedeutet es, die Prinzipien der Französischen Revolution und der Demokratie überall dort zur Geltung zu bringen, wo die Menschenrechte noch nicht angekommen, wo sie noch nicht vernommen worden sind. An diesem Punkt stehen wir, wie es scheint, heute noch.

Die beiden Fußnoten zeigen deutlich, dass die Welt des Posthistoire in Kojèves Augen jene immer wieder erträumte, endlich realisierte, durch und durch homogenisierte Welt ist, in der es keine Differenzen zwischen den Menschen mehr gibt, in der jeder sein will wie alle anderen und sich bestenfalls marginal von ihnen unterscheidet. Auf ein solches Ende der Geschichte drängen ihm zufolge sowohl der Fortschritt der Wissenschaften, der die Vermehrung des Wohlstands garantiert, als auch die fortschreitende Realisierung der von der Französischen Revolution verkündeten allgemeinen Menschenrechte in einem rationalen und universellen Staat. Ein solcher Staat erfüllt erst dann seinen Begriff, wenn er allen Menschen ein Leben frei von autokratischen Zwängen ermöglicht. Fortan würden sie sich der Handlungen enthalten, die zu einem solchen Staat geführt haben, und sich stattdessen auf seine Bewahrung konzentrieren. Die Menschen lebten auf einem relativ hohen materiellen Niveau einen konsumorientierten Lebensstil, den zu ändern ihnen nicht mehr in den Sinn käme. Ihre Bedürfnisse würden befriedigt, auch wenn sie weiterhin begehrten und die Befriedigung ihrer Bedürfnisse letztlich stets als unbefriedigend wahrnähmen. Reisen in die Vereinigten Staaten und die UdSSR haben Kojève davon überzeugt, »dass, wenn die Amerikaner nur wie reiche Chinesen und Sowjets wirken, dies nur deshalb der Fall ist, weil die Russen und Chinesen nichts sind als noch arme Amerikaner mit der Aussicht auf Bereicherung«.[281] Es genügt ein Blick auf die politische Gegenwart dieser Länder, um Kojèves Prognose voll und ganz bestätigt zu finden. Kojève schließt daraus, »dass der *American Way of Life* die eigentliche Lebensweise der posthistorischen Periode ist, und die heutige Gegenwart der USA […] die zukünftige ewige Gegenwart der ganzen Menschheit vorwegnimmt«. Wenig schmeichelhaft fährt er fort: »So erschien die Rückkehr des Menschen zur Animalität nicht als eine noch ausstehende Möglichkeit, sondern als eine schon gegenwärtige Gewissheit.«[282]

In der zweiten Fußnote hat er eine Alternative zu dieser wenig erstrebenswerten Situation vorgestellt. Auch sie wurde unter dem Eindruck einer Reise verfasst, die ihn diesmal nach Japan geführt hatte. Sie lehrte ihn, dass die Geschichte im Land der aufgehenden Sonne schon vor mehr als dreihundert Jahren zu Ende gegangen war.[283] Seitdem hatte die japanische Zivilgesellschaft Wege eingeschlagen, die dem *American Way of Life* strikt entgegengesetzt waren, und zwar hat das japanische Posthistoire den Snobismus mit seiner »das ›natürliche‹ oder ›animalische‹ Sein negierenden Disziplin« hervorgebracht. Das hervorstechende Merkmal dieses Snobismus ist, dass es in ihm um Anschauungen, Haltungen und Handlungen geht, die weder etwas mit kriegerischen oder revolutionären Kämpfen noch mit erzwungener Arbeit zu tun haben. Zu den Formen, die Ausdruck dieses Snobismus sind, gehören beispielsweise das Nō-Theater, die Teezeremonie, das Ikebana und das Harakiri. Was die Form des Snobs in den Augen Kojèves so anziehend macht, ist, dass auf sie die Herr-Knecht-Dialektik nicht angewendet werden kann. Ihm zufolge bezeichnet der Snobismus eine auf formalisierten Werten basierende, posthistorische Haltung, die den Menschen nicht weniger radikal vom Tier unterscheidet als der Triebverzicht, den die Arbeit fordert. »Kein Tier kann ein Snob sein«! Weil der Snobismus nur den Menschen definiert, hat Kojève in ihm eine echte Alternative zum befriedigten Leben in einer posthistorischen amerikanisierten Gesellschaft gesehen. Mehr noch: Der Snobismus überwindet dieses Leben, weil dort, wo er die Haltung vorgibt, »keine ›endgültige Aufhebung des Menschen im eigentlichen Sinne‹« denkbar ist, jedenfalls nicht, »solange es Tiere der Spezies *Homo sapiens* gibt, die als ›natürliche‹ Träger dessen dienen, was am Menschen menschlich ist«. Umgekehrt ist ein »Tier, das im Einklang ist mit der Natur und dem Seienden«, in Kojèves Augen nur »ein lebendes Wesen, das nichts genuin Menschliches hat«.[284]

Tritt also, wie Kojève letztlich suggeriert, das Ende der Geschichte genau in dem Augenblick ein, in dem alle Nöte behoben, alle Konflikte ausgetragen, alle Spannungen aufgelöst sind? Oder besteht das Ende darin, endlos die immer selben Konflikte auszutragen und sie dadurch immer weiter zu formalisieren? Kann ein solches Ende von allem, was die Geschichte des Menschen bis heute ausgemacht hat, akzeptiert werden? Wäre es auch nur als Idee? Oder muss man mit allen Mitteln versuchen zu verhindern, dass die Geschichte eines Tages endet, damit die menschliche Existenz nicht auf das Niveau animalischen Lebens zurückfällt? Bedeutet das Ende der Geschichte tatsächlich das Anbrechen einer neuen Zeit, die so anders wäre als alles, was wir aus der Geschichte kennen, dass man sie als eine »anhistorische« Zeit bezeichnen könnte?[285] Eines scheint gewiss: Wenn es eine solche Zeit je geben sollte, würde die Arbeit in ihr keine große Rolle spielen. Auf die Dominanz des Werktags, wie sie für die bürgerliche Epoche typisch ist, folgte, wie gesagt, ein nicht enden wollender *Sonntag des Lebens*, und mit ihm würden sich, jedenfalls in Batailles Sicht, die Formen des ungegenständlichen Handelns vermehren. Diese Formen wären denen des japanischen Snobismus gar nicht unähnlich. Alles, was an der Negativität nicht mit dem negierenden Tun zusammenhängt, gelangte jetzt erst zur freien Entfaltung.

3. Napoleon als Vollstrecker des Endes der Geschichte

Bedenkt man, dass es alles in allem nur wenige Äußerungen von Kojève über das Ende der Geschichte gibt, staunt man über die Wirkung, die er gerade mit dieser These erzielt hat. Bevor er die beiden Fußnoten von 1946 und 1959 verfasste, hatte er Hegels Bewunderung für Napoleon akzentuiert und im Bild ihrer Beziehung auf dieses Ende reflektiert. Auch dieser Abschnitt fehlt in der deutschen Ausgabe der Vorlesungen. Kojève geht von der berühmten Stelle in einem Brief an Friedrich Immanuel Niethammer aus, von Hegel wohl aus Sorge um das Manuskript der *Phänomenologie des Geistes* geschrieben, das er kurz zuvor an den Freund abgesandt hatte. Der Brief trägt das Datum des 13. Oktober 1806, ist also nur einen Tag, bevor Napoleon den vereinigten preußischen und sächsischen Armeen eine vernichtende Niederlage zufügte, geschrieben worden. In ihm berichtet Hegel auch, dass er den »Kaiser – diese Weltseele« aus der Stadt hinausreiten sah. »[E]s ist in der Tat eine wunderbare Empfindung, ein solches Individuum zu sehen«, schreibt er, »das hier auf einen Punkt konzentriert, auf einem Pferde sitzend, über die Welt übergreift und sie beherrscht.«[286] Die Stelle wurde gewöhnlich so kolportiert, Hegel habe den »Weltgeist zu Pferde« gesehen. Kojève hat diese Briefstelle eigenmächtig ausgebaut, als er am Ende des Studienjahres 1936/37 Napoleon als den Vollender der Geschichte, zumindest aber als den Vollstrecker ihres Endes interpretierte, doch dafür findet sich in Hegels Schriften kein Beleg. Kojève übertreibt ganz entschieden die Rolle, die Napoleon für Hegel und dessen Denken spielte. Er hat Napoleon, den Mann der Tat, und Hegel, den Mann des Wissens, zueinander in Analogie gesetzt und diese im Sinne seiner These vom Ende der Geschichte eng geführt: hier der Realisator, der den politischen Raum verändert, dort der Weise, der ihn versteht. Und da Napoleon »die Geschichte ganz in sich aufgenommen hat«, heißt ihn verstehen, »den Menschen verstehen, heißt sich selbst verstehen. Indem er Napoleon versteht (= rechtfertigt), vollendet Hegel sein Selbstbewusstsein. So wird er zum Weisen, zum vollkommenen Philo-Sophen. Wenn Napoleon der erscheinende Gott ist, hat Hegel ihn offenbart. Absoluter Geist = Fülle des Bewusstseins und des Selbstbewusstseins, das heißt: die wirkliche (natürliche) Welt, die den universellen und homogenen Staat einschließt, der von Napoleon realisiert und von Hegel offenbart wird.«[287] Und das war es auch schon. Jedenfalls endet in Kojèves Augen mit dieser flüchtigen Begegnung in Jena, die nicht einmal eine war, die Geschichte.

Hegel hat das trotz seiner offenkundigen Bewunderung für Napoleon weitaus nüchterner gesehen. Individuen wie Napoleon hat es einige in der Geschichte gegeben, denken wir bloß an Julius Caesar, mit dem sich dieser verschiedentlich selbst identifiziert hat.[288] Zwar trifft zu, dass Hegel versucht war, den Großen der Geschichte göttliche Züge zu leihen: Sie verkörperten für ihn Typen, die nicht aus Ton geformt und auch nicht aus Holz geschnitzt werden können; vielmehr bedarf es des Marmors, um sie darzustellen. Aber im Grunde hat Hegel in diesen historischen Größen wie zuletzt in Napoleon, der an ihm vorbeiritt, dem einzigen, dem er sozusagen körperlich nahegekommen ist, eher die »Geschäftsführer des Weltgeistes« gesehen[289], wie ja auch die Geschichte für ihn in erster Linie ein Geschäft bedeutete. Es wäre ihm daher nie eingefallen, ihre Helden mit dem Weltgeist selber zu identifizieren. In den *Vorlesungen über die Philosophie der Geschichte* spricht er davon, dass nicht der Mensch das Subjekt der Geschichte sei, sondern der Weltgeist, dessen Werkzeuge diese Großen lediglich sind. Auch wenn er für Napoleon Partei ergriff, zu einer Zeit, da dies vaterländische Gefühle verletzte, hat Hegel in ihm weniger den Vollender der Weltgeschichte als vielmehr den Vollender der Revolution gesehen. Und als solchen hat er ihn gefeiert. Die Weltgeschichte selbst ist als das Werk der Vernunft bestimmt, und wie weit sich das reale Geschehen zu Zeiten auch von ihr entfernen, wie viel Opfer es kosten mag, letztlich hat sich die Vernunft, so seine These, in der Geschichte immer durchgesetzt. Daran ändert auch die Tatsache nichts, dass die Helden der Geschichte nicht weniger von ihren Leidenschaften beherrscht werden als die Helden der Literatur. Sie sind und bleiben die ausführenden Organe eines Willens, den sie oft selbst nicht verstehen. In Hegels Augen ist die Vernunft der Geschichte letzter Zweck, und er stellt auch klar, dass damit

»nicht die Vernunft eines besonderen Subjekts, sondern die göttliche, die absolute Vernunft« gemeint ist. So lautet die vorausgesetzte Wahrheit, deren Richtigkeit von der Philosophie der Weltgeschichte bewiesen wird. Sie arbeitet genau das heraus, was die Weltgeschichte als »das Bild und die Tat der Vernunft«[290] erscheinen lässt. Anders gesagt, Individuen wie Napoleon gehören zur Exekutive des objektiven Geistes, dessen Pläne sie ausführen, ohne sie zu kennen. Subjektiv mögen sie ihren Leidenschaften frönen, ihren Ehrgeiz befriedigen oder ihre Eitelkeit bedienen, aber im Grunde genommen sind sie die Erfüllungsgehilfen eines Geists, der über sie hinweggeht. Was sie tatsächlich auszeichnet und ihnen diese Rolle zuspielt – der Grund ihres Aufstiegs –, ist, dass sie sich immer auf der Höhe ihrer Zeit bewegen, dass sie tun, »was an der Zeit, was wahr, was notwendig ist«.[291]

5. Ende der Geschichte oder Beginn einer neuen Epoche?

Hegel, der die Philosophie dadurch definiert, dass sie »ihre Zeit in Gedanken erfasst« , hat sich zeitlebens geweigert, vor dem Sein der Gegenwart in irgendein vages Seinsollen oder eine nicht weniger unbestimmte Utopie zukünftiger

Welten auszuweichen. Unter denen, die auf ihn gefolgt sind, als Schüler, Kritiker oder Gegner, hat sich dagegen immer stärker die Tendenz ausgeprägt, sich auf ein Seinsollen zu berufen und die Zukunft in Bildern vorwegzunehmen. Das gilt in gewisser Weise auch für Kojève, der, wie gesagt, nicht der Einzige war, der im 19. und 20. Jahrhundert ein Ende der Geschichte imaginiert hat. Andere haben ein solches Ende aus anderen Blickwinkeln avisiert, was nicht nur beweist, dass sich das Ende der Geschichte auf mehrere Weisen abspielen kann, sondern auch, dass es sich hinzieht. Das erwartete, vorhergesagte, aber immer wieder ausgebliebene Ende hat als religiöser wie als geschichtsphilosophischer und ästhetischer Topos selbst bereits eine lange Geschichte, und auch diese Geschichte ist noch nicht abgeschlossen. Möglicherweise leben wir gar nicht, wie Kojève suggeriert, nach dem Ende der Geschichte, vielleicht leben wir nur das Ende der Geschichte, das, immer wieder erklärt und immer wieder verschoben, immer noch bevorsteht. Es ist nicht einmal klar, ob Hegels neue Welt, die er als die des wissenschaftlichen Geistes bestimmt, tatsächlich, wie er selbst annahm, als ein radikaler Bruch mit dem zu verstehen ist, was sich bis dahin entwickelt hat. Wenn nach der Prophezeiung von Kojève all die Kriege und Palastrevolutionen, deren

Zeugen wir heute im zweiten Jahrzehnt des einundzwanzigsten Jahrhunderts immer noch sind, letztlich nur stattfinden, um die universalen Menschenrechte auf dem ganzen Planeten durchzusetzen, wenn also Geschichte im emphatischen Sinn nicht mehr geschrieben, sondern nur noch fortgeschrieben oder wiederholt wird, sei es als Tragödie, sei es als Farce, dann bleibt auch im Jahre 212 nach der Schlacht von Jena noch eine Menge zu tun. Wäre das Ende tatsächlich erreicht, würde damit zwangsläufig auch ein Neuanfang gesetzt. Daher hat Bataille, der gegenüber der Idee eines Endes der Geschichte zunächst eine ambivalente Haltung einnahm, ihr in den fünfziger Jahren eine klare Absage erteilt. Das macht eine Stelle aus seinem Lascaux-Buch deutlich. Sie befindet sich im ersten Teil dieses Werks, den man auf Grund seines theoretischen Gewichts – und in Analogie zu Hegels *Phänomenologie* – als *Vorrede* bezeichnen könnte. Sie lautet: »Wir unsererseits leben im Bewusstsein unendlicher Möglichkeiten, und, ob wir es wollen oder nicht, immer ist unsere Welt in Bewegung und wandelt sich, genauso wie sich die Welt verändert hat von den Anfängen der Rentierzeit bis zur Höhle von Lascaux.«[292] Und hier ist von einem Zeitraum die Rede, der mehr als zwölf Mal so lang gedauert hat wie die Epoche der Christentums.

Folgt man Kojève, setzt das absolute Wissen voraus, dass alle Möglichkeiten, die dem Menschen gegeben sind, in der Vergangenheit realisiert wurden und in der Gegenwart ausgeschöpft sind. Das trifft sich aber nur zum Teil mit Hegels Sicht, nach dessen Lehre lediglich die Entwicklungsgeschichte des Bewusstseins abgeschlossen ist, wenn der Geist am Ende einer langen historischen Odyssee zu sich selbst zurückkehrt, sich selbst zum Gegenstand hat und reines Selbstbewusstsein geworden ist. Erst im Selbstbewusstsein weiß der Geist sich selbst; nur als Selbstbewusstsein ist er »das Beurteilen seiner eigenen Natur, und […] zugleich die Tätigkeit, zu sich zu kommen und so sich hervorzubringen, sich zu dem zu machen, was er an sich ist. […] Die ersten Spuren des Geistes enthalten virtualiter die ganze Geschichte.«[293] Darauf baut Kojève auf, wenn er die *Phänomenologie* selbst als die Entfaltung dieser Bewusstseinsgeschichte bestimmt. Das heißt, dass der darin beschriebene Prozess des sich Entäußerns und zu sich Zurückkehrens des Geistes in einem Buch aufgehoben ist, als das und in dem seine Geschichte gegenwärtig bleibt.

Damit endet für Kojève die Geschichte, nicht aber für Hegel, demzufolge lediglich eine bestimmte, wenngleich wesentliche Epoche in der Entwicklung der Menschheit zu Ende geht, die er als Universalgeschichte des sich selbst hervorbringenden objektiven Geistes bestimmt. Nur diese Geschichte der Selbsterziehung des Geistes ist mit dem Erreichen des Selbstbewusstseins und des absoluten Wissens beendet, nicht aber die Geschichte überhaupt, nicht die Geschichte *in actu*, die fortgesetzt wird. Auch hört, wenn der Bildungsroman des Geistes abgeschlossen ist, für Hegel das Denken nicht auf. Genauso gut und wahrscheinlich sogar mit mehr Recht ließe sich daraus schließen, dass, emphatisch gesprochen, die Erkenntnis der menschlichen Welt erst in dem Moment beginnt, in dem der Geist seine wahre Form gefunden hat. Der zu sich selbst zurückgekehrte Geist wird, laut Hegel, zum wissenschaftlichen Geist, dessen Epoche gerade erst anbricht. Von ihm wird erwartet, dass er die kommende Welt nach seinen Prinzipien gestaltet. Viel mehr sagt Hegel über das Kommende nicht, weil die vollentwickelte Gestalt der neuen Welt in der Gegenwart noch verborgen ist und weil sich die Philosophie nicht mit Prophezeiungen abgibt. Philosophie, die diesen Namen verdient, sagt nicht die Zukunft vorher, sie arbeitet nicht mit Antizipationen zukünftiger Verhältnisse, und es geht ihr auch nicht darum, ein Seinsollen zu konstruieren, an dem sich das

Handeln zu orientieren hätte. Auch der Philosoph ist sich bewusst, dass er nicht über seine Zeit, nicht über das Jetzt, das Hier hinausgehen kann. »Was das Individuum betrifft«, schreibt Hegel in der *Einleitung zu* den *Grundlinien der Philosophie des Rechts*, »so ist ohnehin jedes ein *Sohn seiner Zeit*; so ist auch die Philosophie *ihre Zeit in Gedanken erfasst.*« Es sei töricht »zu wähnen, irgendeine Philosophie gehe über ihre gegenwärtige Welt hinaus«.[294] Damit ist nicht die gewöhnliche Unwissenheit um die Zukunft gemeint, vielmehr erkennt Hegel in dem, was sich der Philosophie als unüberschreitbare Grenze entgegenstellt, ein aktives Prinzip, das er die Negativität der Zukunft nennt. Es ist dies die Negativität dessen, was sich ankündigt, aber noch nicht ist, und diese Negativität ist keine subjektive Barriere, sondern hat ihren Grund objektiv im historischen Prozess. Weil die Zukunft negativ auf die Gegenwart einwirkt – sie zersetzt mit der Zeit die Formen, in denen sich diese verständigt –, ist ihre Negativität der Motor der historischen Entwicklung. Das heißt, dass, wenn Hegel von seiner Zeit als der letzten Epoche der Geschichte spricht, in dieser umgangssprachlichen Wendung die Vorläufigkeit seiner Aussage nicht zu überhören ist. Im Grunde bezeichnet die »letzte historische Epoche« nur die Linie, an der sich die historische Entwicklung mit der

Gegenwart des sie Erkennenden berührt. Daher kann es in ihr Vollendung auch immer nur als vorläufige geben. Während so die Philosophie in ihrer eigenen Zeit einen unüberschreitbaren Horizont besitzt und während die Geschichte, die zu ihr führt, in dem Moment beendet ist, in dem sie aufgezeichnet ist, geht die Geschichte als Geschehen weiter, weil der meschliche Geist bei dem Erreichten nicht stehen bleibt, sondern seine vergangenen Konstruktionen und Synthesen wieder auflöst. Sie geht damit auch über die geschriebene Geschichte hinweg. Die Geschichte spielt laut Hegel zwischen einer Vergangenheit, die, welche Vollendung sie auch erreicht und welche Präsenz sie gegenwärtig noch haben mag, unaufhaltsam vergeht, das heißt, an die Zeit zurückfällt, und einer Zukunft, die, wie sehr sie auch immer geplant werden mag, für die Lebenden stets unvorhersehbar bleibt. Zwar erleidet die Gegenwart – jede Gegenwart – die Zukunft, allerdings ohne sich dessen bewusst zu sein. Unter den Gegenwärtigen gibt es keinen, der das Zukünftige erkennt, weil es, wenn es geschieht, das ist, womit niemand gerechnet hat. Umgekehrt bleiben die Vorhersagen eng mit der Gegenwart verbunden, und vor allem von ihr handeln sie auch.

7. Hegels Blick auf das Ende der Geschichte

Um Hegels Begriff der historischen Zeit ganz erfassen zu können, ist es wesentlich, daran zu erinnern, dass er sie schon in den *Jenenser Vorlesungen* im Spannungsfeld von Negativität und Totalität verortet hatte. Hegel hat die Geschichte als einen Prozess bestimmt, der zwar die Versöhnung der beiden entgegengesetzten Momente der unaufhörlichen Bewegung und der Vollendung anstrebt, sie aber dauerhaft nicht erreichen kann. Man wäre geneigt, ein berühmtes Goethewort auf die Geschichte zu übertragen und von ihr zu sagen: »Dass sie nicht enden kann, das macht sie groß.« Die historische Zeit ist mit anderen Worten durch die paradoxe Spannung zwischen dem Streben nach Vollendung in der Gegenwart und der prinzipiellen Offenheit für die Zukunft bestimmt, und darin spiegelt sich einmal mehr der Widerspruch zwischen der schöpferischen Dimension der Dialektik und ihrer Abschließung im System. Schon Alexandre Koyré hatte in seinem Aufsatz »Hegel à Iéna« betont, dass man, um Hegel gerecht zu werden, die Geschichte als einen Prozess darstellen müsse, der Vollendung in jeder Epoche kennt, der aber in seinem Fortgang noch über jede Vollendung hinweggegangen ist. Die Totalisierung der Vergangenheit in der Fülle einer Gegenwart kann insofern immer nur eine vorläufige sein, als mit der erreichten Vollendung bereits der Prozess ihrer zukünftigen Auflösung einsetzt. Dass der Höhepunkt einer Bewegung immer auch der Beginn einer Krise und damit ein Umschlagspunkt ist, bedeutet hier, dass jeder vollendeten Gegenwart die Male ihres kommenden Verfalls schon eingeschrieben sind, in der Form hauchzarter Linien oder haarfeiner Risse. Alles in Hegels Geschichtsphilosophie drängt auf die These hin, dass die Totalität oder die vollendete Gegenwart, für die sie steht, kaum erreicht, auch schon »detotalisiert« wird, um so Raum für die »Retotalisierung« der bedeutenden Elemente auf einer anderen, ›höheren‹ Stufe zu schaffen. Das legt den Schluss nahe, dass die historische Zeit in jeder Epoche sowohl vollendet als auch endlich ist. Die historische Zeit ist im Prinzip unbegrenzt. Sie hätte nur dann eine Grenze, wenn der Mensch eines Tages aufhören würde, seine Welt zu verändern, wenn er aufhörte, sich zu verändern, wenn sich mit anderen Worten das menschliche Leben tatsächlich bloß noch in animalischen Formen abspielte.

Böse Stimmen, darunter auch diejenige Nietzsches, haben zwar insinuiert, Hegel habe die Entwicklung des Geistes so dargestellt, dass sie nur bei ihm enden konnte, aber das ist ein bewusst inszeniertes Missverständnis. Hegel hatte anderes im Sinn. Für ihn ist, wie übrigens für Nietzsche, jedes Zu-Ende-Gehen auch der Augenblick einer Geburt, eines Neuanfangs. Sobald eine Bewegung konkrete Formen angenommen hat und abgeschlossen ist, beginnt eine neue Epoche, die im konkreten Fall an den Aufschwung der Wissenschaften gebunden ist. Das folgt aus Hegels verstreuten Aussagen über seine eigene Zeit. Schon auf den ersten Seiten der »Vorrede« zur *Phänomenologie* schreibt er: »Es ist übrigens nicht schwer zu sehen, dass unsere Zeit eine Zeit der Geburt und des Übergangs zu einer neuen Epoche ist. Der Geist hat mit der bisherigen Welt seines Daseins gebrochen und steht im Begriffe, es in die Vergangenheit hinab zu versenken, und in der Arbeit seiner Umgestaltung.«[295] Wie groß der Abstand zwischen Kojève und seinem philosophischen Meister ist, manifestiert sich allein darin, dass Hegel seine Zeit als die eines Epochenwandels begreift, während Kojève mit ihr die Geschichte enden lässt. »Wir stehen«, hatte Hegel am Schluss seines »Collegiums über die spekulative Philosophie« gesagt, »in einer wichtigen Zeitepoche, einer Gärung, wo der Geist einen Ruck gethan, über seine vorherige Gestalt hinausgekommen ist und eine neue gewinnt. Die ganze Masse der bisherigen Vorstellungen, Begriffe, die Bande der Welt sind aufgelöst und fallen wie ein Traumbild in sich zusammen. Es bereitet sich ein neuer Hervorgang des Geistes.«[296] Das hatte Hegel am 18. September 1806 gesagt, und er rückte von dieser Einschätzung nie mehr ab. Noch am 18. Januar 1831, wenige Monate vor seinem Tod, schreibt er an seine Frau: »Aber unsere Zeit bleibt darum eine beunruhigende Zeit, in der, was bislang als fest und sicher galt, zu schwanken scheint.«[297] Die wiederholte Akzentuierung seiner Gegenwart als einer Epoche vielfacher Umstürze beweist, dass in seinen Augen »etwas Anderes im Anzuge ist«, dass der Geist »ein Teilchen des Baues seiner vorherigen Welt nach dem anderen« wieder abträgt, ohne dass sich dies in der Physiognomie des Ganzen bereits abzeichnen würde. Der Verfall der alten Strukturen setzt unmerklich ein. Doch dies »allmähliche Zerbröckeln [...] wird durch den Aufgang unterbrochen, der, ein Blitz, in einem Male das Gebilde der neuen Welt hinstellt.«[298] Mehr als diese blitzartige Intuition gibt es von dem Kommenden allerdings nicht, da das Neue noch keine vollendete Wirklichkeit hat, die sich fassen, erklären und lehren ließe. Über das, was im Entstehen begriffen ist, lässt sich schon deshalb nichts sagen, weil es vorerst nur »das in seine Einfachheit verhüllte Ganze«[299] ist. Die Wissenschaft steht in Hegels Zeit erst am Beginn; sie hat es weder zur Vollständigkeit der Details noch zur Vollkommenheit der Form gebracht. Aber die Erwartungen, die sie weckt, sind hoch und im Prinzip eng mit der Idee einer immer vollkommeneren Realisierung der Freiheit verbunden.

Hegel hat klar erkannt, dass sich in der Gegenwart nicht antizipieren lässt, wie sich die Geschichte entwickeln wird, und vom Philosophen verlangt, sich jeglicher Aussagen über zukünftige Entwicklungen zu enthalten. Ihm zufolge ist das Neue zunächst nur ein Begriff. Es kann zwar in einer echten Intuition erahnt werden, aber nur für die Dauer eines Blitzes, denn niemand, auch der Weise nicht, kann seine Gestalt in der Gegenwart vorwegnehmen. Bis das Neue sich in die ihm entsprechende Wirklichkeit auseinandergelegt hat, braucht es Zeit, deren Dauer sich in der Gegenwart so wenig ermessen lässt, wie sich die konkreten Formen vorwegnehmen lassen, in denen es erscheinen wird. Hegel zufolge handelt es sich hierbei um einen komplexen Prozess, der »das Produkt einer weitläufigen Umwälzung von mannigfachen Bildungsformen, der Preis eines vielfach verschlungenen Weges und ebenso vielfacher Anstrengung und Bemühung« ist. Das beweist für sich allein, dass für ihn, anders als für Kojève, das Ende der Geschichte nicht logisch aus dem absoluten Wissen folgt. Zwar hat der Geist, so die *Phänomenologie*, mit dem absoluten Wissen ein Stadium der Vollendung erreicht: Alles, was sich bis dahin ereignet hat, ist jetzt in Sprache verwandelt und in Schrift gefasst. Das Geschehene ist in ein Buch eingegangen, und dieses Buch bleibt bestehen, während die konkreten historischen Erscheinungen, von denen es handelt, definitiv vergangen sind. Bei all dem aber sollte nicht vergessen werden, dass das *absolute Wissen* Hegels einen vorwiegend selbstreflexiven Charakter besitzt.

Wenn Hegel also davon spricht, dass die Geschichte mit der Aufklärung und der Französischen Revolution in ihr letztes Stadium getreten ist, heißt das nur, dass jede Aufzeichnung der menschlichen Universalgeschichte notwendig mit der Gegenwart des sie Aufzeichnenden endet. Die Geschichte selbst endet so wenig wie der Geist, an einem avancierten Punkt seiner Entwicklung angelangt, nur noch sich selbst repetiert. Hegel ist davon überzeugt, dass der Geist niemals ruht und dass er, kaum hat er sich in einer Gestalt vollendet, schon dabei ist, eine neue zu erproben. Er vergleicht dies »langsame und stille Reifen des Geistes der neuen Gestalt entgegen« mit dem Heranreifen eines Kindes, als handele es sich hier nicht nur um ein Gesetz des biologischen, sondern auch des historischen Werdens. Aber da der Historiker ein rückwärtsgewandter Prophet ist, kann er redlicherweise nicht sagen, wie die neue Gestalt aussehen wird, bevor sie sich entfaltet und die Wirklichkeit nach ihren Prinzipien gestaltet hat. Dasselbe gilt für den Philosophen.

8. Das Ende der Epoche des Christentums

Tatsächlich hat Hegel ein Ende der Geschichte in dem Sinn, den Kojève ihm gibt, nie in Erwägung gezogen. Eine der spärlichen Äußerungen, die man in diesem Sinne deuten könnte, bezieht sich auf die christliche Welt, von der Hegel sagt, dass sie die »Welt der Vollendung ist«, in welcher »das Prinzip vollendet und folglich das Ende der Zeit gekommen ist«.[300] Das Christentum habe, so sein Argument, die Ideen der Freiheit und des Individuums eingeführt und damit den Schlüssel zum Verständnis der Geschichte gegeben. In den *Vorlesungen zur Philosophie der Geschichte* hat er dargelegt, dass das Ziel der Geschichte in der immer vollkommeneren Realisierung der Freiheit besteht. Das könnte zwar die Vorstellung eines Endes nahelegen, sobald dieses Ziel erreicht ist. Es bedeutet aber vor allem, dass die christliche Epoche beendet ist, sobald ihre welthistorische Mission erfüllt und die Idee der individuellen Freiheit vollständig realisiert wäre. Trotz des Tributs, den Hegel dem

Protestantismus und selbst dem preußischen Staat noch zollt, hat er letztlich für eine republikanische Verfassung votiert, und da es eine solche in Europa damals nicht gab, konnte das Ende der Geschichte in seiner Zeit auch noch nicht gekommen sein. Hegel sagt im Grunde nur, dass sich mit der fortschreitenden Realisierung des laizistischen, liberalen, rationalen und homogenen Weltstaats die durch das Christentum geprägte Epoche der Geschichte der Menschheit dem Ende zuneigt.

Es lassen sich in seinen Schriften keine aussagekräftigen Anhaltspunkte für Kojèves Vision eines Endes der Geschichte finden. Stattdessen häufen sich die Stellen, die eine Fortsetzung der Geschichte nahelegen. So spricht Hegel von dem »Gesichtspunkt der Gegenwart«, mit dem »die Reihe der geistigen Konfigurationen bis jetzt beendet« sei. Bis jetzt, will sagen, bis in Hegels Zeit, bis heute, also vorläufig. Wir tendieren zwar, vor allem in der Jugend, dazu, das Heute, in dem wir leben, zu überschätzen[301], es aus der Verkettung der Zeit herauszuheben und ihm einen besonderen Glanz zu verleihen, den es am Ende des Lebens schon nicht mehr besitzt. Aber letztlich ist dieses Heute, wie Foucault bemerkt, ein Tag wie jeder andere. Das Heute ist die uns jeweils umgebende Alltäglichkeit und verdient gerade als solche unsere Aufmerksamkeit. So hat Foucault gegen Ende seines Lebens das Pathos reduziert, das Kojève mit seiner Hegeldeutung eingeführt und das Foucault selbst, der leidenschaftliche Antihegelianer, zunächst geteilt hatte.[302]

Auch Hegel kannte dieses Pathos. Er war Zeitgenosse der Revolution und damit Augenzeuge eines Traditionsbruchs, durch den, wie er selber sagt, die Gesamtheit der Vorstellungen und Begriffe, in denen man bislang gedacht hatte, aufgelöst wurde. Karl Löwith hat Hegels Philosophie treffend als einen *»letzten Schritt vor einer großen Umkehr und einem Bruch mit dem Christentum«*[303] charakterisiert. »Indem Hegel mit dem ›Mut der Erkenntnis‹ eine Epoche von zweieinhalbtausend Jahren abschloss und eben damit eine neue Epoche erschloss, hat er in der Tat die Geschichte des christlichen Logos beendet.«[304] Löwith hat auch gesehen, dass die Möglichkeit einer neuen Entzweiung von vornherein in Hegels historischem Bewusstsein angelegt war. Ihm zufolge ist Hegel der letzte christliche Philosoph, bevor es zum definitiven Bruch zwischen der Philosophie und dem Christentum kam. Auch das belegt, dass es, wenn Hegel von einem Ende oder Zu-Ende-Gehen der Geschichte spricht, immer um das einer bestimmten historischen Konstellation, einer bestimmten Epoche und auf gar keinen Fall um das Ende der Geschichte überhaupt geht. Es gibt keine Stelle, die belegt, dass Hegel die Geschichte an einem willkürlich gewählten Punkt enden ließe.

9. Kurze Skizze von Hegels Auffassung der Geschichte

Christophe Bouton hat diejenigen Äußerungen Hegels, die bislang vage für Hinweise auf ein Ende der Geschichte gehalten wurden, minutiös analysiert und ist zu dem Schluss gekommen, dass zwar die ideale Geschichte des Bewusstseins mit dem Erreichen des absoluten Wissens abgeschlossen, dass dieser Abschluss aber nicht notwendig auch als ein Ende, als ein Schlusspunkt zu verstehen ist. Im Gegenteil, Hegel begreift die Geschichte als ein im Prinzip grenzenloses Fortschreiten auf ein bestimmtes Ziel zu, das sie nie ganz erreichen, dem sie sich immer nur asymptotisch nähern kann. Da die Geschichte mit ihrem Ziel, der Realisierung der Freiheit, nie zusammenfällt, bleibt immer noch etwas zu tun übrig, beispielsweise die Freiheit gegen alle Anfechtungen eines partikularen Willens zur Macht, gegen alle Rückfälle in autoritäre und autokratische Muster zu verteidigen. Immer wieder hat Hegel seine Zeit als eine der Gärung und des Umbruchs charakterisiert, was schlechterdings nicht auf ein unmittelbar bevorstehendes Ende der Geschichte schließen lässt. Angenommen selbst, der Geist hätte mit Hegels Philosophie die Stufe seiner Vollendung erreicht, und sie wäre der wesentliche Inhalt jenes Buchs, folgt daraus nicht, dass der Geist von nun an nur noch in sich selber kreist, vielmehr tritt er, ist das absolute Wissen erreicht, in eine neue Epoche ein. Hegels neue Welt ist kein Ende der Geschichte in einem ewigen Sonntag des Lebens, wie Kojève unterstellt, sondern wird durch den vorwärts preschenden wissenschaftlichen Geist geprägt. Von den ersten Seiten der Vorrede zur *Phänomenologie des Geistes* bis ins Schlusskapitel hinein spricht Hegel davon, dass »die Erhebung der Philosophie zur Wissenschaft an der Zeit«[305] sei. Daran arbeitet er, darin besteht die weltgeschichtliche Aufgabe, die er sich selbst gestellt hat. Die Idee, dass der Geist, der für ihn Freiheit und unendliche Tätigkeit ist, in Zukunft sein Tun, sein Voranschreiten beenden und an die Sphäre der Natur zurückfallen könnte, ist Hegel zutiefst fremd.

Das zeigen jene Überlegungen zur Geschichte, in denen gerade nicht mehr, wie in der *Phänomenologie*, von der Bildung des Bewusstseins die Rede ist. Hegel skizziert in seiner Geschichtsphilosophie vor allem eine praktische Philosophie, und je näher er seiner eigenen Zeit kommt, umso mehr wird die historische Perspektive durch die politische ersetzt. In einem nach der Julirevolution geschriebenen Brief an Carl Friedrich Goeschel spricht er davon, dass gegenwärtig »das ungeheure politische Interesse alle anderen verschlungen [hat], eine Krise, in der alles, was sonst gegolten hat, problematisch zu werden scheint«.[306] Genauer, es geht um die Frage, welche Verfassung einem Staatswesen zugrunde zu legen ist, damit das Recht auf Freiheit politische Wirklichkeit wird, und Hegel erwartet, dass eine Entscheidung darüber in naher Zukunft fallen wird.

Der Sonntag des Lebens

1. Wie Kojève ihn sieht

In Aussagen wie den zuletzt zitierten hat Hegel kein Urteil über die Möglichkeit oder Unmöglichkeit eines Endes der Geschichte gefällt. Im Gegenteil, mit vielen der Äußerungen, die als Verweis auf ein von ihm prognostiziertes Ende der Geschichte verstanden wurden, hat er lediglich gesagt, dass die Aufklärung, die unmittelbar an seine Gegenwart heranreicht, das letzte Kapitel der Geschichte ist, der geschriebenen Geschichte wohlgemerkt, die als Ganze in seinem philosophischen System erfasst und durch es abgeschlossen ist. Dass die aktuelle Geschichte, die Geschichte als Geschehen, davon nicht berührt wird, ist auch Batailles Überzeugung, der an diesem Punkt Hegel näher als Kojève steht. Möglicherweise hat ihn das zu dem Bonmot veranlasst, dass »die meisten […] die These vom Ende der Geschichte für eine Dummheit« halten.[307] Batailles Vorbehalte ihr gegenüber bilden sich auch stilistisch ab; sie zeigen sich beispielsweise darin, dass er, wenn er das Ende der Geschichte thematisiert, dieses in der Regel nicht selbst darstellt – das hat er nur einmal getan, als er den Begriff einer *négativité sans emploi* einführte –, sondern regelmäßig Kojève selbst in einer Art Zitatcollage zu Wort kommen lässt.

Noch weniger ist Hegels Sicht auf das Ende der Geschichte mit der von Kojève kompatibel. Weder in der Phänomenologie noch in der Geschichtsphilosophie gibt es, um mit den gröbsten Voraussetzungen zu beginnen, eine Stelle, die belegt, was Kojève suggeriert, dass dieses Ende für Hegel mit der Schlacht von Jena bereits eingetreten sei. Erst Kojève lässt das Posthistoire mit diesem geschichtlichen Ereignis beginnen, das dadurch zu einem weltgeschichtlichen wird, und einer seiner Hörer, Raymond Queneau, war offenbar so beeindruckt, dass er gleich mehrere Romane über das Leben nach dem Ende der Geschichte schrieb, die gerade dadurch überzeugen, dass sie weite Teile unserer gegenwärtigen sozialpsychologischen Verfasstheit vorwegnehmen. Mit ihnen kommt auch die Negativität ohne Anstellung und ohne Verwendung wieder ins Spiel, wenn auch in einem anderen Sinn als bei Bataille. In einem der gelungensten, der den Titel *Sonntag des Lebens* trägt und unter einem Hegel'schen Motto steht, erlebt der Held den Ausbruch eines Krieges, den es nach Kojèves Diagnose eigentlich nicht mehr hätte geben dürfen. Dieser Held, der den Zweiten Weltkrieg fern von allen Schlachten in einem Depot verbringt und ansonsten ein bescheidenes Leben lebt, das ihn durchaus befriedigt, ein zutiefst pazifistischer und eigentlich auch sehr sesshafter Soldat, der nichts denkt, nichts will, nichts tut, ja, überhaupt keinen Ehrgeiz hat, dieser Valentin Brü, der ein, zwei Züge mit Kojève gemein zu haben scheint, träumt davon, einmal in seinem Leben auf den Spuren jener Schlacht, mit der die Geschichte endete, nach Jena zu reisen.

Queneau hat noch zwei weitere Romane mit ähnlich simplen und passiven Helden verfasst, die immer wieder verblüffen und ausgesprochen amüsant zu lesen sind. Der eine handelt von einem Proleten, der eine philosophische Haltung an den Tag legt, der andere von einem Schriftsteller, der nichts publiziert und gerade damit in seiner Welt Anerkennung findet. Kojève selbst hat Queneaus Helden zwar als »untätige Spitzbuben« charakterisiert, die ein »banales« Leben führen; doch das hinderte ihn nicht, in ihnen drei Aspekte des Hegel'schen Weisen verkörpert zu sehen. In seinen Augen sind Queneaus Helden posthistorische »Avatare der Weisheit«[308], drei ebenso moderne wie normale Figuren, denen er, wie er selber sagt, aus Hegel'scher Perspektive den Prozess macht. Das heißt, Kojève prüft sie aus der Perspektive, in die sie bereits ihr Autor gestellt hatte. In seiner 1952 in *Critique* erschienenen Rezension mit dem Titel *Die Romane der Weisheit* hat er Queneaus Helden selbst dort noch philosophische Qualitäten attribuiert, wo er sie gnadenlos der Lächerlichkeit preisgibt. Er tut dies mit der Begründung, dass es vernünftig sei, nichts Besseres anzustreben als »das stille Glück vollkommener Befriedigung, die ein Selbst gewährt, das man in und auswendig kennt«.[309]

War das ernst gemeint? Oder wollte Kojève seine Leser nur in ihrer posthistorischen Sonntagsruhe aufschrecken? Vielleicht fühlte er sich ja auch nur Queneau gegenüber verpflichtet, weil es ihm unmittelbar nach dem Ende des Zweiten Weltkriegs vermutlich nicht eingefallen wäre, selbst seine Vorlesungen aus den dreißiger Jahren zu veröffentlichen. Dazu hätte er sie erst einmal schreiben müssen. Ohne Queneaus Initiative, die Hegel-Lektüren nach Notizen und Mitschriften herauszugeben, hätte es wohl nie ein Buch mit dem Titel *Introduction à la lecture de Hegel* gegeben. Gut möglich, dass er mit diesem Artikel Queneau etwas zurückerstatten wollte. Dafür spricht auch die Verve, mit der er dessen Helden in seiner Kritik verteidigt. Kojève hat sie als das erkannt, was sie sind: Spiegelungen seiner Deutung der *Phänomenologie*. Er nennt sie Weise im Hegel'schen Sinn, weil es ihm zufolge in der Gegenwart unmöglich ist, von der Weisheit aus einer anderen als der Hegel'schen Perspektive zu sprechen. Für ihn ist Hegels philosophischer Standpunkt der letzte, damit aber auch der einzige, der dem modernen Menschen unmittelbar zugänglich ist. Diesem bleibe, sofern er nach Weisheit strebe, gar nichts anderes übrig, als Hegelianer zu sein. Kojève hat die moderne Weisheit als »die vollkommene, von der Fülle des Bewusstseins seiner selbst begleitete Befriedigung«[310] definiert. Dank ihrer ist das Ende der Geschichte gleichbedeutend mit dem Beginn einer Welt, »in der die friedfertige Muße des Menschen in seinen eigenen Augen wie in denen der Anderen gerechtfertigt wäre«.[311]

Erstaunlich an dem Artikel von 1952 ist, dass Kojève in ihm erstmals die Möglichkeit einräumt, die Geschichte könnte vielleicht noch andauern: »Solange die letzten negierenden Kämpfe und die letzte, das Gegebene verwandelnde Arbeit nicht abgeschlossen sind«, schreibt er, »kann aus Hegel'scher Sicht die geschichtslose Seelenruhe nichts anderes sein als ein Simulakrum der Weisheit, das ihr wahrhaftig zuweilen zum Verwechseln ähnlich sieht.«[312] Anders gesagt: Solange die Kämpfe andauern, bleibt die Weisheit bloßer Schein. Kojève spricht sogar von einem *Trompe l'œil*, der unmittelbar die Weisheit und ihre modernen Erscheinungsformen angeht. Solche *Trompe-l'œil*, schreibt er, »sind seit jeher in raffinierten Gärten der besonderen Art aufgestellt worden«.[313] Am Paradigma von Queneaus Romanen hat er den Sonntag des Lebens als einen *Sabbat des Menschen* bestimmt, als seine »endgültige Erholung nach der Beendigung der harten Kämpfe und der harten Arbeit«. Die posthistorische Welt wäre so gesehen eine ihrer selbst bewusste, wesentlich friedliche und von der Arbeit befreite, selbstzufriedene Welt, wie sie für eine kleine Schicht, die fast den gesamten Reichtum besitzt, zweifellos heute schon besteht. Iring Fetscher, dem Kojève den Artikel zugesandt hatte, muss seine Zweifel gehabt haben, ob das ernst gemeint war. Er bedankte sich für die Zusendung des »sehr witzigen Artikels« und fragte an, ob Kojève nicht auch »die von Hegel beschriebene Zukunftsgesellschaft schrecklich«[314] fände. Am 5. Juni 1953 kam die Antwort: »Die ›Zukunftsgesellschaft‹ finde ich nicht schrecklich. Aus dem einfachen Grund, weil sie, meiner Auffassung nach, von der heutigen Gesellschaft nicht zu unterscheiden ist.«

2. Wie Hegel ihn gesehen hat

Hegel hatte unter dem Sonntag des Lebens jedoch etwas anderes verstanden. Das von Queneau seinem Roman vorangestellte Motto, das diesen Sonntag näher bestimmt, ist den Vorlesungen zur *Ästhetik*, genauer: dem Abschnitt über die niederländische und deutsche Malerei entnommen, über die Hegel im Sommer 1826 las. In ihr hat er das ideale Moment eines solchen Sonntags in die »unbekümmerte Ausgelassenheit« gelegt, wie sie auf den Volksfestdarstellungen der niederländischen Genremalerei vorherrscht, und von ihr gesagt, dass sie »alle Schlechtigkeit entfernt«. Diesen Gedanken hat er in den *Vorlesungen über die Philosophie der Religion*[315] vertieft. Schon auf den ersten Seiten der Einleitung heißt es: »Alle Völker wissen, dass das religiöse Bewusstsein das ist, worin sie Wahrheit besitzen, und sie haben die Religion immer als ihre Würde und als den Sonntag ihres Lebens angesehen. Was uns Zweifel und Angst erweckt, aller Kummer, alle Sorge, alle beschränkten Interessen der Endlichkeit lassen wir zurück auf der Sandbank der Zeitlichkeit [...] In dieser Region des Geistes strömen die Lethefluten, aus denen Psyche trinkt, worin sie allen Schmerz versenkt, alle Härten, Dunkelheiten der Zeit zu einem Traumbild gestaltet und zum Lichtglanze des Ewigen verklärt.«[316]

Hegel hat den »Sonntag des Lebens« in seiner Berliner Zeit immer wieder definiert, ihn aber in der Regel zur Philosophie in Beziehung gesetzt. So heißt es schon im *Konzept der Rede beim Antritt des philosophischen Lehramts an der Universität Berlin (Einleitung zur Enzyklopädie Vorlesung) vom 22. Oktober 1818*: »Verkehr mit der Philosophie ist der Sonntag des Lebens.« Dem Gedanken, den er daran anschließt, könnte man soziologische Qualitäten zuerkennen, die in manchem den Überlegungen von Bataille über das Verhältnis von profaner und sakraler Sphäre erstaunlich nahekommen. So heißt es in Hegels Antrittsvorlesung: »Es ist eine der größten Institutionen, dass im gewöhnlichen bürgerlichen Leben die Zeit verteilt [ist] zwischen Geschäften des Werktags, den Interessen der Not, des äußerlichen Lebens, [wo der] Mensch versenkt [ist] in die endliche Wirklichkeit, – und einem Sonntag, wo der Mensch sich diese Geschäfte abtut, sein Auge von der Erde zum Himmel erhebt, seiner

Ewigkeit, Göttlichkeit seines Wesens sich bewusst wird. Der Mensch arbeitet die Woche durch um des Sonntags willen, hat nicht den Sonntag um der Wochenarbeit willen.«[317] Auch wenn Hegel die Phänomene von profaner und sakraler Zeit der bürgerlichen Gesellschaft zuschreibt, teilt er doch die bürgerliche Wertung nicht, wenn er den Sonntag als Zweck der Arbeit bestimmt und ihn nicht, wie in der bürgerlichen Ökonomie üblich, in den Dienst der Reproduktion der Arbeitskraft stellt. Das hat er 1828 in seiner Rezension »Solgers nachgelassene Schriften und Briefwechsel« noch einmal affirmiert: »Aber sie [die Philosophie] ist nur der Sonntag des Lebens, es folgen die Werktage; aus dem Kabinette des Innern tritt der Mensch zur besonderen Gegenwart und Arbeit heraus, und es ist die Frage: wie sieht der Reflex des Göttlichen, das in der Andacht gegenwärtig ist, nun in dieser Welt aus?«[318] Wenig später, in den *Vorlesungen über die Geschichte der Philosophie*, in dem Abschnitt, in dem von dem Unterschied zwischen Philosophie und Popularphilosophie die Rede ist, hat Hegel diese Einschätzung leicht korrigiert. Dort wird die Philosophie nicht mehr einfach nur mit dem Sonntag des Lebens identifiziert, vielmehr fordert sie – echt dialektisch – »die Einheit, Durchdringung beider Momente; sie vereinigt diese beiden Seiten in eins: den

Sonntag des Lebens, wo der Mensch demütig auf sich selbst verzichtet, und den Werktag, wo der Mensch auf seinen Beinen steht, Herr ist und nach seinen Interessen handelt«.[319]

Die zitierten Stellen zeigen, dass Hegels Sonntag des Lebens mit demjenigen Kojèves oder gar Queneaus nicht viel gemein hat. Hegel, der wie bereits Kant die Idee eines ewigen Friedens für unrealisierbar hielt, hatte schon in der *Phänomenologie*[320] verschiedentlich die einem solchen ewigen Sonntag korrespondierende subjektive Verfasstheit attackiert. So schreibt er auf den ersten Seiten der *Vorrede*: »Wer nur Erbauung sucht, wer seine irdische Mannigfaltigkeit des Daseins und Gedankens in Nebel einzuhüllen und nach dem unbestimmten Genusse dieser unbestimmten Göttlichkeit verlangt, mag zusehen, wo er dies findet; er wird leicht selbst sich etwas vorzuschwärmen und damit sich aufzuspreizen die Mittel finden. Die Philosophie aber muss sich hüten erbaulich sein zu wollen.«[321] Wenige Seiten später hat er der Vorstellung eines Endes der Geschichte im Sinne Kojèves eine klare Absage erteilt. Dort ist Hegel auch noch einmal auf die Negativität eingegangen und hat deutlich gemacht, dass er sich deren Verschwinden nicht vorstellen kann. »Das Leben Gottes und das göttliche Erkennen«, heißt es da, »mag also wohl als ein Spielen der Liebe mit sich selbst ausgesprochen werden; diese Idee sinkt zur Erbaulichkeit und selbst zur Fadheit herab, wenn der Ernst, der Schmerz, die Geduld und Arbeit des Negativen darin fehlt.«[322]

3. Batailles Brief über den Sonntag des Lebens

Batailles Briefe an Kojève, so lückenhaft sie überliefert sind, werfen ein Licht auf die verschiedenen Phasen ihrer letztlich unverbrüchlichen Beziehung. Die ersten erhaltenen Briefe stammen aus dem Spätherbst 1935 und zeigen deutlich, wie Bataille – wenn auch vergeblich – Kojève für den antifaschistischen Kampfbund revolutionärer Intellektueller *Contre-Attaque* zu gewinnen suchte. Kojève bleibt, wie gezeigt, auf Distanz auch gegenüber dem *Collège de Sociologie*, an dem er nur einmal teilgenommen hat. Interessant ist vor allem der dritte Brief vom Mai 1936, in dem es um eine Einladung zum Abendessen geht, zu dem Bataille außerdem Roger Caillois gebeten hatte, um ihn Kojève vorzustellen. Doch der Brief ist viel mehr als nur eine Einladung zum Souper. In ihm spielt Bataille bereits auf die Figur des *Acéphale* und die Idee eines neuen Mythos an, bevor er im Herbst des Jahres mit der Gründung der gleichnamigen Geheimgesellschaft ernst macht. Der Brief äußert erstmals eine gewisse Kritik an Kojève, die er in den folgenden Debatten mit ihm immer mehr vertiefen wird.[323] Bataille unterstreicht darin Kojèves »Sympathien für den menschlichen Kopf« und merkt an, dieser sei viel zu sehr Hegelianer, als dass eine Verständigung zwischen ihnen möglich wäre. »Nach allem kann es sein, dass der gefallene Kopf noch etwas zu Unmittelbares hat. Es handelt sich in jedem Fall um einen Mythos, und ich glaube nicht, dass ein Mythos die Existenz verkümmern lässt. Ich denke vielmehr, dass eine Existenz ohne Mythos eine unerträgliche Verarmung bedeutet.«[324]

Batailles fünfter Brief stammt vom 8. April 1952 und bezieht sich auf Kojèves Thesen zu Queneaus *Romanen der Weisheit*, gegen die er Widerspruch einlegt. Zwar könnte es scheinen, als habe Bataille keinen Sinn für den Witz der Romane Queneaus, in Wahrheit aber interessieren sie ihn nicht. Bataille stößt sich vielmehr daran, dass nach Kojève der Mensch am Ende der Geschichte rundum befriedigt und mit allem versöhnt sein soll. Schon 1937 im »Brief an X« hatte er Anstoß daran genommen. So wenig in Batailles Augen die Unruhe des Negativen je aufhören wird, das menschliche Treiben zu bestimmen, so wenig kann er akzeptieren, dass ausgerechnet die Saturiertheit an die Stelle tritt, der bei Hegel die Negativität des Tuns zukam. Es musste ihn wie eine Karikatur der *négativité sans emploi* anmuten. Der Brief ist mit Polemik imprägniert, die jedoch die Grenzen der Höflichkeit nie überschreitet. »Ich denke immer«, schreibt er, »dass Sie das Interesse an vagen Ausdrücken kleinreden, in die sie jedes Mal verfallen, wenn Sie vom Ende der Geschichte sprechen. Was mir an Ihrem Artikel so gut gefällt, ist ja gerade, dass er auf die lächerlichste Weise, das heißt in meinen Augen, auf die ehrlichste Weise, von diesem Ende spricht.«[325] Ihn wundert, dass Kojève Queneaus Romanen philosophische Qualitäten zuerkennt, obwohl er doch selbst die Weisheit, die damit in Frage steht, in ihren Protagonisten lächerlich gemacht habe. Zwar sei es lohnend, der Frage nachzuspüren, worin die Weisheit mit dem Gegenstand des Lachens koinzidiert, schreibt er, aber ausgerechnet diese Frage klammere Kojèves Rezension aus. Bataille kommentiert: »Ich habe Sie nie etwas sagen hören, das in dem Moment, da Sie am Punkt der Lösung ankommen, nicht freiwillig und ausdrücklich komisch ist. Das ist vielleicht auch der Grund, warum Sie mir manchmal vorgetäuscht haben, meine eigene Weisheit in Betracht zu ziehen. Trotz allem unterscheidet uns dies: Sie sprechen von Befriedigung, und in Ihrer Befriedigung wollen Sie natürlich auch, dass es etwas zu lachen gibt, nicht aber, dass das Prinzip der

Befriedigung selbst lächerlich ist.«[326] Schade sei, dass Kojève in seinem Artikel »zu großes Aufheben von dieser provozierenden und wenig intelligiblen Literatur« mache[327], die er zuvor doch »so überzeugend bloßgestellt« habe.

Vielleicht rührt Batailles Desinteresse für diese Art Literatur ja gerade daher, dass sie nicht nur von der Sonntagsgesellschaft handelt, sondern auch für sie geschrieben ist. Doch letztlich stellt sich ihm die literarische Frage nur am Rand. Sein Problem ist vielmehr das der Souveränität, in dessen Zeichen insbesondere der letzte seiner Hegel-Essays steht. Kojève werfe »eine gewisse Anzahl neuer Fragen« auf, die ein Problem betreffen, das »nicht exakt das Problem der Befriedigung, sondern das der Souveränität ist«.[328] Der Unterschied zwischen ihnen sei keiner des Vokabulars, sondern resultiere daraus, dass die Souveränität schwerer zu erreichen sei als die Befriedigung. »[M]enschlich sein heißt aufhören, souverän zu sein«, schreibt Bataille, und dennoch bleibe das Problem der Souveränität historisch gesehen an all jene Formen gebunden, »in denen sich der Mensch sich selbst hingibt«. Um die Souveränität ganz erfassen zu können, müsse man sie »auf den menschlichsten Ebenen ins Auge fassen: auf der des Lachens, der Erotik, des Kampfs, des Luxus«.[329] Bataille hat »die Souveränität des Weisen und nicht die Befriedigung«

des posthistorischen Menschen ans Ende der Geschichte gestellt, nur dann wäre »die Geschichte als Ganze – konkret – in diesem Ende gegenwärtig«.

Anmerkungen

1 Erstveröffentlichung in: *La Critique sociale*, März 1932. Bataille hat diesen Artikel nicht allein geschrieben, sondern unter Mitwirkung von Raymond Queneau, der die Passage über die Mathematik verfasst hat. Anm. d. Ü.

2 Der ursprüngliche Titel lautete: »Für eine neue positive Kritik der Hegel'schen Dialektik«. Anm. d. Ü.

3 Eine Studie über diesen Philosophen ist auf Französisch in: G. Gurvitch, *Les tendances actuelles de la philosophie allemande*, Paris 1930, S. 187–206, erschienen.

4 »Hegel et le problème de la dialectique du réel«, 1931, S. 285–316.

5 Op. cit., S. 307.

6 »Der Einfluss der Herr-Knecht-Dialektik«, sagt Hartmann, »scheint weniger bekannt (als der der Dialektik der Strafe), aber ihre aktuelle Wirkung ist womöglich noch größer: es genügt, daran zu erinnern, dass aus ihr die marxistische Theorie des Klassenkampfes hervorgegangen ist.« Op. cit., S. 310.

7 Cf. Hegel, *Enzyklopädie*, § 250, Anhang/Appendix.

8 Wir zitieren daraus nach der Übersetzung von Laskine, Paris 1911.

9 Lenin selbst hat davon gesprochen, dass die Ar-

beiten, die sich mit dem dialektischen Materialismus befassen, unzureichend sind. »Die Richtigkeit der Dialektik«, schreibt er, »muss durch die Geschichte der Wissenschaften verifiziert werden. Gewöhnlich (insbesondere Plechanow) beschäftigt man sich nicht genug mit dieser Seite der Dialektik: die Identität antinomischer Prinzipien wird als ein Ensemble von *Beispielen* betrachtet (siehe auch Engels: ›das Korn‹, ›der ursprüngliche Kommunismus‹). Man denkt eher daran, einen Begriff zu vulgarisieren, als ein Gesetz der Erkenntnis (das auch ein Gesetz der objektiven Welt ist) auszudrücken.« Lenin, »A propos Dialektik« (wahrscheinlich wurde der Text zwischen 1912 und 1914 geschrieben), in: *Materialisme et Empiriocritizisme*, O. C., t. XIII, S. 324.

10 In den *Archives Marx-Engels*, t. II, S. 54.

11 Wir sprechen hier nicht von der Umwandlung der Quantität in Qualität, eine Frage, die eine gründlichere Untersuchung verdient, aber mit den Problemen, die wir in diesem Artikel ins Auge fassen wollten, nichts zu tun hat. Was wird aus der Schlagkraft dieses Gesetzes, ist es erst einmal von seiner Rechtfertigung *a priori* befreit? Worin besteht dann seine wirkliche Bedeutung? Welchen Wert den Beispielen beimessen, die man anführt, und denen, die man nicht anführt? In welchen Beziehungen steht er zu den Gesetzen der Erfahrung? Kann er im Bereich der Naturwissenschaften zu neuen Entdeckungen führen? Lauter methodologische Probleme, die eine künftige Untersuchung erfordern.

12 Von uns hervorgehoben.

13 F. Engels, *Herrn Eugen Dühring's Umwälzung der Wissenschaften*, in: MEW, Bd. 20, S. 14.

14 *Revue de métaphysique et de morale*, 1931, S. 289 f.

15 Im Original deutsch. Anm. d. Ü.

16 [Für Hegel ist die Mathematik im Gegenteil das Werk des abstrakten Geistes (Verstand) und nicht des konkreten Geistes (Vernunft), das heißt, der dialektischen Denkweise.] Diese Anmerkung ist der erste Eingriff von Raymond Queneau in den Text. Anm. d. Ü.

17 Von uns hervorgehoben.

18 Op. cit., S. 11.

19 Vgl., Engels, op. cit., S. 125.

20 Beginn des von Queneau verfassten Teils: die Kritik an Engels' Auffassung der Mathematik. Anm. d. Ü.

21 Engels, ibid.

22 Op. cit., S. 125.

23 J. Tannery, *Introduction à la théorie des fonctions*, Paris 1886, S. VIII.

24 Engels, op. cit., S. 128.

25 Ende der Intervention von Raymond Queneau. Anm. d. Ü.

26 Plechanow, *La philosophie de Hegel.*

27 *Archives Marx-Engels*, 1925, t. II, S. 14.

28 Im *Kommunistischen Manifest* wird der revolutionäre Prozess »durch Maßnahmen ausgedrückt, die ökonomisch unzureichend und unerträglich scheinen, die aber im Laufe der Bewegung über sich selbst hinausgehen und sich als unverzichtbare Mittel einer vollständigen Umkehrung der Produktionsmethoden erweisen«.

29 In einem Brief an die Redaktion hat Karl Korsch auf diesen Artikel geantwortet. Der Brief wurde

im September 1932 in *La Critique Sociale* no 6 veröffentlicht. Hier in deutscher Übersetzung: »Der Artikel der Genossen Bataille und Queneau scheint mir ausgezeichnet und treffend, was den kritischen und negativen Teil anbetrifft, ganz besonders die Darlegung der Selbsttäuschungen von Engels über die Entwicklung der Dialektik in der Mathematik oder darüber, wie die Ergebnisse des *Anti-Dühring* in den letzten Publikationen des *Marx-Engels-Archivs* zur Frage der Dialektik in der Natur analysiert worden sind. Mir scheint jedoch, dass die Autoren unseren braven bürgerlichen Ideologen Nicolai Hartmann sehr überschätzen. Weder vom marxistischen Gesichtspunkt noch von dem der modernen mathematischen Methode der Naturwissenschaften aus kann man sagen, dass Hartmann etwas Neues oder auch nur Richtiges zum Problem der Dialektik beigetragen hat. Die Affirmation, dass ›ohne diese Negation der Negation die Dialektik ihren praktischen Wert auf dem sozialen Terrain verliert‹ (S. 7), scheint mir ein bisschen voreilig. Viel wichtiger und richtiger scheint mir der Hinweis (S. 19) auf den ›spezifischen‹, für eine wahre dialektische Negation so wesentlichen Wert, dass in der Mathematik und der Physik Widersprüche wie ›positiv‹ und ›negativ‹ nicht zu Beispielen dialektischer Widersprüche werden können. Aber ein gewöhnlicher Brief genügt nicht, das Thema auszuschöpfen.« Anm. d. Ü.

30 Auszug aus einer Studie über das zutiefst hegelianische Denken Alexandre Kojèves. Dieses Denken will im Rahmen des Möglichen das

Denken Hegels sein, wie ein gegenwärtiger Kopf, der weiß, was Hegel nicht wusste, (der beispielsweise die Ereignisse seit 1917 und auch die Philosophie Heideggers gut kennt) es auffassen und entwickeln könnte. Man muss sagen, dass die Originalität und der Mut Alexandre Kojèves darin liegen, dass er sowohl die Unmöglichkeit weiterzugehen wie auch die daraus folgende Notwendigkeit erkannt hat, auf eine eigene Philosophie und damit auf den endlosen Neuanfang, der das Eingeständnis der Eitelkeit des Denkens ist, zu verzichten.

31 G. W. F. Hegel, *Jenenser Realphilosophie 1805–1806*, Bd. II, Johannes Hoffmeister (Hrsg.), Hamburg 1931, S. 164. Anm. d. Ü.

32 Op. cit., S. 180 f. Anm. d. Ü.

33 Darin ist zweifellos auch eine Anspielung auf Bretons Selbstdarstellung in seiner »Confession dédaigneuse« enthalten. Cf. A. Breton, *Les Pas perdus*, Paris 1924. Anm. d. Ü.

34 A. Kojève, *Hegel. Eine Vergegenwärtigung seines Denkens.* Kommentar zur *Phänomenologie des Geistes*, Iring Fetscher (Hrsg.), Frankfurt am Main 1975, S. 268. Die deutsche Übersetzung ist stark gekürzt. Anm. d. Ü.

35 Op. cit., S. 228.

36 Das Französische kennt nur das Wort »anéantissement«, Vernichtung, das im selben Kontext ebenfalls auftaucht. Wenn Kojève – und in seiner Nachfolge Bataille – die Vorsilbe streichen, nehmen sie also die gleiche Differenzierung vor wie Heidegger, der in *Was ist Metaphysik?* den Neologismus »Nichtung« eingeführt hatte, um die gemeinte Negativität von der Vernich-

tung und der Verneinung zu unterscheiden. Anm. d. Ü.

37 Op. cit., S. 268.

38 In diesem wie dem folgenden Abschnitt greife ich in anderer Form wieder auf, was Alexandre Kojève gesagt hat. Allerdings nicht nur in anderer Form; ich muss vor allem den zweiten Teil dieses auf den ersten Blick in seinem konkreten Charakter schwer zu verstehenden Satzes deuten: »Das Sein oder die Nichtung des ›Subjekts‹ ist die verzeitlichende Vernichtung des Seins, das sein muss, *bevor* es vernichtet wird: das Sein des Subjekts hat daher notwendig einen Anfang. Und da es (zeitliche) Nichtung des Seins ist, da es Nichtsein ist, das (als Zeit) nichtet, ist das Subjekt wesentlich Negation seiner selbst: Es muss daher notwendig ein Ende haben.« Ich bin (wie ich bereits im vorangegangenen Abschnitt gesagt habe) dem Teil der *Introduction à la lecture de Hegel* mit dem Titel »Die Idee des Todes in der Philosophie Hegels« gefolgt, auf den sich die beiden ersten Teile der vorliegenden Studie beziehen.

39 G. W. F. Hegel, *Die Phänomenologie des Geistes*, in: *Werke*, Bd. 3, op. cit., S. 22 f.

40 Kojève, op. cit., S. 218.

41 Dieses Wort wurde von Bataille dem Hegel-Zitat in Klammern hinzugefügt. Anm. d. Ü.

42 Hegel, *Werke*, Bd. 3, op. cit., S. 36.

43 Hier weicht meine Interpretation ein wenig von derjenigen Kojèves ab. Kojève sagt einfach, dass »die kraftlose Schönheit unfähig ist, sich den Forderungen des Verstandes zu beugen. Der Ästhet, der Romantiker, der Mystiker fliehen die Idee des Todes und sprechen vom Nichts selbst

wie von etwas, das *ist.*« Vor allem definiert er so in bewundernswerter Weise den Mystiker. Aber dieselbe Mehrdeutigkeit findet sich auch beim Philosophen (bei Hegel, bei Heidegger) zumindest am Schluss. Mir scheint, Kojève hat unrecht, dass er neben der klassischen Mystik nicht auch eine bewusste Mystik ins Auge fasst, die weiß, dass sie aus einem Nichts ein Sein macht, die diese Sackgasse außerdem als die einer Negativität bestimmt, der (am Ende der Geschichte) kein Betätigungsfeld mehr bleibt. Der atheistische, selbstbewusste Mystiker, der weiß, dass er sterben und verschwinden muss, würde, wie Hegel sagt, *natürlich aus sich heraus* leben, »in der absoluten Zerrissenheit«; aber für ihn handelt es sich nur um eine Zeitspanne: im Unterschied zu Hegel käme er nicht aus ihr heraus, wenn er dem Negativen ins Angesicht sieht, er könnte es aber auch nie ins Sein umkehren, weigerte sich, es zu tun, und verharrte in der Ambiguität.

44 Op. cit., S. 240.

45 Hegel, *Werke*, Bd. 3, Kap. VIII, »Die Religion, B: Die Kunstreligion, a) Das abstrakte Kunstwerk«, S. 518–520. Auf diesen beiden Seiten nimmt Hegel zwar Bezug auf das Verschwinden der *objektiven Essenz*, aber ohne dessen Gehalt zu entwickeln. Auf der zweiten Seite beschränkt er sich in seinen Überlegungen auf die »Kunstreligion« (die Religion der Griechen).

46 Obwohl das Tieropfer dem Menschenopfer vorausgegangen scheint, beweist nichts, dass die Wahl des Tieres den unbewussten Wunsch bedeutet, sich vom Tier als solchem abzugrenzen; der Mensch setzt sich nur dem körperlichen Sein,

dem gegebenen Sein entgegen. Genauso setzt er sich der Pflanze entgegen.

47 Von der Komödie spreche ich später.

48 Vielleicht, weil er keine katholische Erfahrung hatte. Ich meine, dass der Katholizismus der heidnischen Erfahrung nähersteht. Darunter verstehe ich eine universelle religiöse Erfahrung, von der sich die Reformation entfernt hat. Vielleicht konnte nur eine tiefe katholische Frömmigkeit das innere Gefühl einführen, ohne das eine Phänomenologie des Opfers unmöglich ist. Die modernen Erkenntnisse, die viel umfassender sind als zu Hegels Zeit, haben ganz sicher zur Lösung dieses fundamentalen Rätsels beigetragen (warum *die Menschheit im Allgemeinen* ohne plausiblen Grund »geopfert« hat), aber ich glaube im Ernst, dass eine korrekte phänomenologische Beschreibung nicht umhinkann, sich auf wenigstens eine katholische *Periode* zu stützen. – Aber Hegel, gegenüber dem Sein, das nichts tut, feindlich eingestellt und damit dem gegenüber, was einfach nur *ist* und nicht Tat ist – hat sich mehr für den militärischen Tod interessiert und aus dieser Perspektive das Thema des Opfers ins Auge gefasst (allerdings gebraucht er das Wort auch im moralischen Sinn): »Soldatenstand und Krieg«, sagt er in den *Jenenser Vorlesungen 1805–1806*, »sind die wirkliche Aufopferung des Selbst, die Gefahr des Todes für den Einzelnen, die[s] Anschauen seiner abstrakten unmittelbaren Negativität«. (*Werke*, Bd. 2. S. 261.) Doch darum hat die religiöse Opferung eine nicht weniger wesentliche Bedeutung, auch vom Gesichtspunkt Hegels aus.

49 A. Kojève, *Hegel*, a. a. O., S. 241.

50 Op. cit., S. 242.

51 Wenigstens ist das möglich, und wenn es sich um die gängigsten Verbote handelt, ist es auch banal.

52 Zum Thema dieses dunklen Buchs, s. E. Jolas, »Élucidation du monomythe de James Joyce«, in: *Critique*, Juli 1948, S. 579–595.

53 Das folgt aus dem Dokumentarfilm, den Eisenstein über seine Arbeit an einem langen Film, *Donner über Mexiko*, gedreht hat. Er handelt im Wesentlichen von den Seltsamkeiten, von denen ich spreche.

54 Erstveröffentlichung in der Zeitschrift *Monde nouveau-Paru*, no 96, janvier 1956, und no 97, février 1956.

55 Gallimard, 1947; dt.: Die deutsche Übersetzung ist stark gekürzt.

56 Es handelt sich hier und in den folgenden Sätzen um eine fast wörtliche Übernahme aus dem zuvor erschienenen Essay »Hegel, der Tod und das Opfer«. Anm. d. Ü.

57 Vgl. »Hegel, der Tod und das Opfer«, zuerst veröffentlicht in einer Sondernummer der Zeitschrift *Deucalion* mit dem Titel *Hegel-Studien*. Neuchâtel, La Baconnière, 1955.

58 In *Lascaux oder die Geburt der Kunst* (Genf, Skira) habe ich dargestellt, dass die Arbeit dem Kampf um Anerkennung vorangegangen ist, allerdings ist die logische Konstruktion Hegels von der Chronologie der Ereignisse unabhängig. Die Entwicklungen, die ich in *Lascaux* eingeführt habe, sind vom Hegel'schen Gesichtspunkt aus korrekt.

59 In seiner *Introduction à la lecture de Hegel*:
1. Zunächst hat Kojève (S. 9–34) eine lange, kommentierte Übersetzung des Kap. IV der *Phänomenologie des Geistes* publiziert, das den Gegensatz von Herr und Knecht behandelt.
2. Das Exposé derselben Dialektik wird in den Notizen (S. 51–56) aufgegriffen, die Raymond Queneau während der Vorlesungen von Kojève an der École des Hautes Études 1933–1934 angefertigt hatte, desgleichen im vollständigen Text der Vorlesungen von 1937–1938 (S. 172–180); und noch einmal in dem Kapitel mit dem Titel »La Dialectique du réel et la méthode phénomenologique chez Hegel« (S. 494–501).
Die von Bataille angegebenen Seitenzahlen beziehen sich auf die französische Originalausgabe. Anm. d. Ü.

60 Als er die Dialektik von Herr und Knecht verfasste (es ist ebenjener Text, dessen kommentierte Übersetzung Kojève als Einleitung diente, S. 9–34), hatte Hegel nur die Bewegungen des individuellen Seins des Menschen im Sinn. Von der dialektischen Entwicklung der Gesellschaft selbst spricht er erst in den Kapiteln VI und VII der *Phänomenologie des Geistes*. Das ist aus meiner Sicht ein Fehler, wenn auch ein eher unbedeutender. In der Dialektik der Souveränität, die ich skizziere, lassen sich die Gesichtspunkte der Kap. IV/V und die der Kap. VI/VII auf eine einzige Perspektive zurückführen, in der das Individuum nicht von den sozialen und religiösen Funktionen getrennt ist.

61 Die in Anführungsstriche gesetzten Worte sind der berühmten Stelle in der Vorrede zur *Phäno-*

menologie entnommen, in der Hegel vom Tod spricht.

62 James Frazer hat ein Ensemble von Fakten (aktuelle oder aus der Geschichte bekannte Relikte) zusammengetragen, die von der in archaischen Zeiten erstaunlich weit verbreiteten Sitte der Opferung des Souveräns Zeugnis ablegen. Das jüngere Werk von Georges Dumézil hat die allgemeinen Merkmale der indoeuropäischen Souveränität herausgearbeitet: Das Studium der Mythen, Riten und Institutionen eines begrenzten Bereichs läuft auf einen Dualismus – religiös und militärisch – hinaus. Dieses Werk wird immer wieder kritisiert, und seine Ergebnisse sind sicherlich überraschend; sie erweitern den Bereich historischer Erkenntnisse auf eine Weise, die den Geist an einem entscheidenden Punkt in Verwirrung stürzt. Doch steht die Klugheit Georges Dumézils der Kühnheit seiner Unternehmung nicht nach. Die allgemeinen Gegebenheiten der phänomenologischen Anthropologie, die in diesem wesentlich von Hegel inspirierten Artikel skizziert werden, müssten nicht verändert werden, wenn sich die Konstruktionen Dumézils eines Tages als hinfällig erwiesen. Auf jeden Fall fällt die Konstruktion, unabhängig von jeder vorgefassten Theorie, mit diesen Gegebenheiten zusammen und bildet gemeinsam mit ihnen die Realität einer sinnlich wahrnehmbaren Bewegung.

63 A. Kojève, op. cit., S. 40.

64 G. W. F. Hegel, *Phänomenologie des Geistes*, op. cit., S. 152. Anm. d. Ü.

65 A. Kojève, op. cit., S. 37 f. Anm. d. Ü.

66 Op. cit., S. 40. Anm. d. Ü.

67 Op. cit., S. 42. Bataille hat diese Stelle nicht ganz wörtlich zitiert. Anm. d. Ü.

68 Hegel selbst warnt uns davor: Es versteht sich von selbst, wie ich weiter oben gesagt habe, dass die Kapitelfolge der *Phänomenologie* keine zeitliche Abfolge ist.

69 Selbstverständlich ist eine solche Konstruktion des *Ganzen* die elementare Bedingung jeder Phänomenologie *der Geschichte*: Zunächst handelt es sich darum, in uns, mit Hilfe historischer Orientierungen, den Inhalt des Bewusstseins zu ordnen.

70 Meines Erachtens hat sich der Mensch durch das *Verbot* und die religiösen Verbote von der Animalität getrennt. Doch indem ich das Wort schreibe, drücke ich, ohne seinen Sinn zu entfalten, nur vage ein Moment der Negativität aus, das sich in gewisser Weise ganz von selbst den Hegel'schen Konstruktionen einfügt. Kojève spielt auf den Moment, von dem ich sprechen möchte, an, ohne ihn allerdings zu situieren. Er schreibt: »Jede Erziehung schließt eine lange Reihenfolge von Selbst-Negationen des Kindes ein: Die Eltern veranlassen es zwar dazu, bestimmte Aspekte seiner ursprünglichen animalischen Natur zu negieren, aber im Grunde muss es das selbst tun. (Beim kleinen Hund genügt es, wenn er bestimmte Dinge nicht mehr tut; das Kind aber muss sich ihrer auch noch *schämen* usw. (Op. cit., S. 138). Nur aufgrund solcher Selbst-Negationen (Verdrängungen) ist jedes ›erzogene‹ Kind nicht nur ein dressiertes Tier (identisch mit sich selbst und in sich selbst),

sondern ein wahrhaft menschliches (oder komplexes) Wesen: meistens jedoch in zu schwachem Grade, weil die Erziehung (das heißt: die Selbstnegation) im Allgemeinen zu früh aufhört. Kojève spricht hier nur vom menschlichen Werden jedes Individuums in der Kindheit, aber der Übergang vom Tier zum Menschen schließt in meinen Augen notwendig solche anfänglichen Selbst-Negationen ein, und zwar im selben Sinn wie zu Beginn dieses Werdens. (In *Die Höhlenbilder von Lascaux oder die Geburt der Kunst* (Genf, Skira) habe ich diese an den Ursprung rührenden Fragen zu klären versucht.)

71 Im äußersten Fall, denn es ist möglich, sich Kriege und Revolutionen auch nach dem Ende der Geschichte noch vorzustellen, die aber zu dem, was der Mensch bereits gelebt hat, keine *neuen* Kapitel mehr hinzufügen.

72 A. Kojève, *Introduction à la lecture de Hegel*, op. cit., S. 434. Der Abschnitt fehlt in der deutschen Ausgabe. Anm. d. Ü.

73 Dieses Buch ist laut Bataille kein anderes als die *Phänomenologie des Geistes*. Die zitierte Stelle (op. cit., S. 387) fehlt in der dt. Ausgabe. Kojève greift hier das Thema Mallarmés, eines der ersten französischen Hegelianer, wieder auf, freilich ohne diesen zu nennen. Außerdem wird das in Frage stehende Buch in Kojèves Überlegung ganz ausschließlich als ein wissenschaftliches Werk verstanden. Anm. d. Ü.

74 Op. cit., S. 387.

75 Ibid., S. 387 f. (Fußnote).

76 Obwohl ich in dieser Entwicklung von der Souveränität des Herrn spreche, fasse ich von letzte-

rer nur den individuellen Geist ins Auge, wie es Hegel in Kapitel IV der *Phänomenologie* tut.

77 Kojéve schreibt: »Aber die meisten Leute glauben, dass sie eher arbeiten, um Geld zu verdienen oder ihren Wohlstand zu vermehren. Man sieht jedoch leicht, dass der erworbene Überschuss von reinen Prestigeausgaben aufgezehrt wird und dass der angebliche Wohlstand vor allem darin besteht, besser zu leben als der Nachbar oder nicht schlechter als die Anderen.« (Op. cit., S. 320) Ja, aber nur, weil in der modernen Homogenität der Wohlstand als Kitt der Homogenität dienen muss: Keinesfalls darf er der Unterscheidung dienen. Kojève fügt hinzu: »Das Mehr an Arbeit und mithin der technische Fortschritt sind in Wirklichkeit eine Funktion des Wunsches nach Anerkennung.« (Op. cit., S. 321) Ja, aber Kojève würde auch sagen, dass dieser Faktor in umgekehrter Weise »in die gegenseitige, rivalitätsfreie Anerkennung aller Menschen« hineinspielt.

78 In diesem Band.

79 Cf. G. Bataille, *Madame Edwarda*, in: ders., *Das obszöne Werk*, dt. v. Marion Luckow, Hamburg 1972, S. 91. Dazu auch: Knut Ebeling, *Die Falle. Zwei Lektüren zu Georges Batailles »Madame Edwarda«*, Wien 1998.

80 In dem kurzen Hegel-Kapitel der *Inneren Erfahrung*, an der Bataille schrieb, als er *Madame Edwarda* verfasste, erinnert er an ein Porträt des alten Hegel, aus dem er die Erschöpfung und den Schrecken eines Menschen liest, der den Dingen auf den Grund gekommen und dadurch selbst zu Gott geworden ist. Der Prozess der

Vollendung des Selbst, wie er in der *Phänomenologie* dargestellt wird, schließt in seinen Augen das Alleswerden und die Vergottung des Selbst ein. Wie eng die ersten Bände seiner *Atheologie* mit *Madame Edwarda* verbunden sind, erhellt allein daraus, dass diese Erzählung unmittelbar vor dem Kapitel »Le Supplice« entstanden ist, und Bataille hat bekannt, dass er dieses Kapitel nicht hätte schreiben können, wenn er nicht zuvor den obszönen Schlüssel für seine Entzifferung geschaffen hätte.

81 Der Text war ursprünglich für Batailles ersten Roman *W.-C.* vorgesehen, dessen Manuskript er schon kurz nach der Niederschrift wieder vernichtet hat. *Dirty* blieb dieses Schicksal schon deshalb erspart, weil der Text unabhängig davon entstanden war.

82 Der Roman ist erst 1957 auf Drängen einiger seiner Freunde erschienen.

83 Er zitiert nach der Übersetzung von Jean Hippolyte, die 1939 erschienen ist. Kojève hatte in seinen Vorlesungen nur den ersten Satz dieser Passage zitiert.

84 Bataille zitiert Hegel hier verkürzt.

85 Es wäre reizvoll, der Bedeutung, die Hegel für die Komposition von Batailles erotischer Literatur besitzt, im Detail nachzugehen. Doch da Bataille in seiner *Autobiographischen Notiz* keines seiner obszönen Werke erwähnt, die, von *Das Blau des Himmels* abgesehen, außerdem alle unter Pseudo- oder Heteronymen erschienen sind, soll diese Spurensicherung Teil einer eigenen Studie werden.

86 Brief vom 2. Juni 1961, in: G. Bataille, *Choix de*

lettres 1917–1962, Éditions Gallimard, Paris 1997, S. 573.

87 Wie Jacques Derrida erkannt hat.

88 Wie sie zunächst in der *Dialektik der Aufklärung* von Horkheimer und Adorno, dann viel später und ganz anders noch einmal von Lacan in »Kant mit Sade« unternommen wurde.

89 Bataille hat diesen Vergleich 1947/48 in dem Text »Sade und die Moral« angestellt.

90 Cf. Bataille, »Dossier de la polémique avec André Breton«, O. C. II.

91 Jacques D'Hondt spricht von der erstaunlichen Popularität, die Hegel bei den Surrealisten genießt. Hegel erscheine »in einem sehr befremdlichen Milieu, das auf poetische Weise eine gewisse Sinnwidrigkeit in Hegel und einige triftige Interpretationssplitter zum Erklingen brachte. In dieser Ausbeutung Hegels triumphiert eine bewundernswerte Impertinenz.« Ders., »Die populäre Hegel-Rezeption im Frankreich«, in: Ulrich Johannes Schneider (Hrsg.), *Der französische Hegel*, Akademie Verlag, Berlin 2007, S. 25.

92 Es handelt sich hier um den Titel der Zeitschrift *Littérature*, nur rückwärts gelesen.

93 Nicht aber in unmittelbarer Nachbarschaft, wie immer wieder behauptet wurde.

94 Vgl. Peter Bürger, *Ursprung des postmodernen Denkens*, Velbrück Wissenschaft, Weilerswist 2000.

95 Knut Ebeling hat den Begriff von Bürger übernommen und auf Kojève projiziert, was insofern noch gewagter erscheint, als Bretons Auffassung von Hegel weder auf dessen Philosophie noch

auf Kojèves Vorlesungen darüber zurückgeführt werden kann. Vgl. K. Ebeling, »Alexandre Kojève. Ein Snobismus sans réserve«, in: *Der französische Hegel*.

96 Diese Essen fanden vor allem zur Zeit der *Union de lutte des intellectuels révolutionaires: Contre-Attaque* (1935/36) statt, für die Bataille und Breton Kojève zu gewinnen suchten.

97 Auch seine Kontakte mit Queneau fallen kaum ins Gewicht, da dieser schon 1930 mit den Surrealisten gebrochen hatte.

98 In den späteren Hegel-Essays finden sich nur noch versteckte Hinweise darauf.

99 Das heißt des »humour« ohne h, zu Deutsch also des Umors.

100 G. Sebbag, *Potence avec paratonnerre. Surréalisme et philosophie*, Paris 2012, S. 25.

101 Zit. n. Sebbag, op. cit., S. 25 f.

102 G. Ribemont-Dessaignes, *Dada*, t. II, Paris 1978.

103 Schon 1916, mitten im Ersten Weltkrieg, schrieb Breton an Théodore Fraenkel: »Ich möchte Hegel lesen!«; und 1919 an Louis Aragon: »Ich lese Hegel!« (zit. n. Sebbag, op. cit., S. 26 f.). Das war zwar eine Übertreibung, aber Breton hatte Hegel schon am Ende seines Gedichts *Forêt noire* ein Denkmal gesetzt. Er erinnert darin an drei der größten Söhne Tübingens, die gekommen sind, ihn zu empfangen; allerdings verstand er darunter nicht die drei Verschworenen des Tübinger Stifts, sondern neben Hegel Johannes Kepler und Ludwig Uhland, den Autor des »Guten Kameraden«, wie er selbst hervorhebt. Dass Uhland erwähnt wird, ist so verwunderlich nicht, auch nicht die damit einströmende, aber ganz und gar

unhegelianische Sentimentalität, denn schließlich hat Breton das Gedicht während des Ersten Weltkriegs geschrieben und noch vor dessen Ende, im Oktober 1918, veröffentlicht.

104 Georges Limbour hat das in dem Pamphlet *Un Cadavre* folgendermaßen kommentiert: »Hegel war schwer zu lesen, aber hatte nicht Croce eine exzellente Studie über ihn geschrieben?« Gemeint ist die französische Übersetzung von: Benedetto Croce, *Ciò che è vivo e ciò che è morto de la filosofia de Hegel*, Bari 1907.

105 In seinen Sade-Essays, die parallel oder als Gegengewicht zu den Hegel-Essays ebenfalls in den fünfziger Jahren entstanden sind.

106 Cf. Slobodan Zunjic, »Herrschaft und Souveränität. Hegel und Nietzsche in der Lektüre von Georges Bataille«, in: Mihailo Djuric (Hrsg.), *Nietzsche und Hegel*, Würzburg 1992.

107 Bataille, »Figure humaine«, in: O. C. I, S. 181–185.

108 Derrida, »Von der beschränkten zur allgemeinen Ökonomie. Ein rückhaltloser Hegelianismus«, in: ders., *Die Schrift und die Differenz*, dt. v. Rodolphe Gasché, Frankfurt am Main 1972, S. 383.

109 Bataille, »Figure humaine«, in: O. C. I, S. 182.

110 Wie Georges Didi-Hubermann in seinem Buch *Formlose Ähnlichkeit*, dt. v. Markus Sedlacek, München 2010, hervorhebt.

111 M. Leiris, »Von dem unmöglichen Bataille zu den unmöglichen Documents«, in: *Das Auge des Ethnographen*, dt. v. Rolf Wintermeyer, hrsg. u. mit einer Einleitung v. Hans-Jürgen Heinrichs, Frankfurt am Main 1978, S. 72 f.

112 Vgl. Didi-Huberman, op. cit., S. 54 ff.

113 Sein Lachen erstreckt sich, wie das Beispiel zeigt, auch auf den Surrealismus.

114 W. Benjamin, *Das Passagenwerk*, Gesammelte Schriften Bd. V.1/2., Rolf Tiedemann (Hrsg.), Frankfurt am Main 1982, insbes. Konvolut N. Cf. auch R. Bischof, »Plädoyer für eine Theorie des ›Dialektischen Bildes‹«, in: *Teleskopagen, wahlweise. Der Literarische Surrealismus und das Bild*, Frankfurt am Main 2001.

115 A. Breton, *Die Manifeste des Surrealismus*, dt. v. Ruth Henry, Reinbek bei Hamburg, o. J., S. 96.

116 Bataille, O. C. I, S. 183.

117 Und nicht erst, als er sich näher mit der Figur der Aufhebung auseinandersetzte. Cf. J. Derrida, op. cit.

118 Bataille, op. cit., S. 183 f.

119 Op. cit., S. 184.

120 Tzara hat, wie Bataille ausdrücklich hervorhebt, diesen Satz als Epigraph zu dem 1920 erschienenen Roman *Anicet oder das Panorama* von Louis Aragon verfasst, was beweist, dass das Gespenst Hegel die nachmaligen Surrealisten schon zu Zeiten von DADA Paris heimgesucht hatte.

121 Dieser Vorwurf des Panlogismus war nach dem Zeugnis von Queneau den Philosophischen Handbüchern entnommen und zur gängigen Meinung unter den französischen Intellektuellen geworden.

122 Op. cit., S. 183.

123 Gemeint ist die blendende Sauberkeit, zu der sich Breton hier emphatisch bekennt.

124 Breton, op. cit., S. 95.

125 Auch Queneau hat in seinem Nachruf auf Bataille betont, dass die Surrealisten damals den Begriff

der Dialektik ganz selbstverständlich zum »Kommunismus mit dem Messer zwischen den Zähnen« in Beziehung gesetzt haben.

126 Bataille, O. C. I, S. 337.

127 Didi-Huberman, op. cit., S. 232.

128 Dieses Manifest, das in verschiedener Hinsicht eine wahre Streitschrift ist, enthält auch Bretons Polemik gegen die Zeitschrift *Documents* und alle abtrünnigen Surrealisten, die an ihr mitgearbeitet haben.

129 Es handelt sich um ein Zitat aus der *Philosophie des Rechts* und um eines aus der *Phänomenologie des Geistes*, die Breton nicht aus den jeweiligen Werken geschöpft hat, da sie nicht auf Französisch vorlagen. Breton hat sie in Veras Anmerkungen zu dem Band *La Philosophie de l'esprit* bereits als Zitate vorgefunden.

130 A. Breton, *Die Manifeste des Surrealismus*, dt. v. Ruth Henry, Reinbek bei Hamburg, o. J., S. 96. Vgl. auch: Marguerite Bonnets Kommentar zum »Zweiten Manifest«, in: A. Breton, *Œuvres complètes*, t. I, S. 1601–1603.

131 Michel Surya, *Georges Bataille, la mort à l'œuvre*, Éditions Gallimard, Paris 1992 u. 2012, S. 145.

132 Breton, *Manifeste*, op. cit. S. 96 ff.

133 Breton zitiert nach einer Anmerkung aus der *Philosophie des Geistes*, in der A. Vera, der Übersetzer, aus der *Philosophie des Rechts* zitiert.

134 Op. cit., S. 65 f.

135 Op. cit., S. 65.

136 Ibid.

137 Op. cit., S. 55.

138 In seiner Rede an der Universität von Yale 1944 hatte Breton allerdings die entgegengesetzte

These vertreten und das Prinzip des »Himmel oben, Himmel unten«, wenn man so will, ausschließlich auf die okkulte Tradition zurückgeführt.

139 A. Breton, *Entretiens – Gespräche*, hrsg. u. übersetzt v. Unda Hörner und Wolfram Kiepe, Verlag der Kunst, Dresden 1996, S. 180 f.

140 Ibid.

141 Bereits 1894, als er noch links stand, hatte Barrès einen Artikel über Hegel, dann 1904 eine Textsammlung mit dem, wie Jacques D'Hondt schreibt, »surrealistisch anmutenden Titel«: »De Hegel aux cantines du nord« publiziert, in der er einen »sozialistischen« Hegel präsentiert und damit eine gewisse Breitenwirkung erreicht hat. Über sie schreibt D'Hondt: »Seine weithin verbreitete Studie über Hegel hat nicht nur die Bergleute von Borinage erreicht, sondern auch ein großes gebildetes Publikum, das daraus seine Sicht des Hegelianismus entnahm, wahrscheinlich ohne das Bemühen, sie zu verifizieren« (op. cit., S. 26). In diesen Texten zeigt sich aber auch, wie stark damals der Einfluss der Studie von Friedrich Engels über Ludwig Feuerbach auf Barrès war. Für die Surrealisten dürfte allerdings der Roman *Les Déracinés* (1897), dem das Zitat entnommen ist, von größerer Bedeutung gewesen sein.

142 Wir erfahren lediglich, dass in Frankreich nur wenige von Hegels Schriften in extrem kostspieligen Einzelausgaben vorliegen, während in der UdSSR Hegels *Sämtliche Werke* in nur fünf Jahren 25 000 Mal verkauft worden sind.

143 René Crevel, »Résumé d'une conference«, in: *Le*

Surréalisme au service de la Révolution, Nr. 3, Paris 1931, S. 35.

144 Lucien Herr, selbst Sozialist, Mitbegründer und Namensgeber der Zeitung *L'Humanité* und mit Charles Andler einer der großen Germanisten der III. Republik, hat wie dieser Hegel als Reaktionär dargestellt. In ihren Augen ist Hegels Philosophie an die Tradition und die Vergangenheit gebunden, sein Denken infolgedessen irrational, unlogisch und sentimental. Sie glaubten daher, dass Hegel denen, die wie sie am sozialen Wandel interessiert sind, nichts zu bieten habe. Vgl. dazu: J. D'Hondt, *Hegel in seiner Zeit. Berlin 1818–1831*, dt. v. Joachim Wilke, Akademie-Verlag, Berlin 1973, der es sich zur Aufgabe gemacht hat, dieses Hegel-Bild zu widerlegen unter Hinzuziehung von Fakten, unter anderem aus den Akten, die die Geheimpolizei über Hegel angelegt hat. D'Hondt kommt zu dem Schluss: »Hegel hat dazu beigetragen, dass Deutschtümelei, Fremdenhass, Antisemitismus, anarchistischer Individualismus und sinnlos provokatorische Phrasendrescherei zurückgedrängt wurden. Er hat seine Schüler nicht dazu veranlasst, sich mit dem Absolutismus, der willkürlichen Macht, der Heiligen Allianz, dem deutschen Partikularismus auszusöhnen.« Op. cit., 133.
Noch Bataille und Queneau zeigten sich dagegen zur Zeit ihrer Zusammenarbeit Anfang der dreißiger Jahre in ihren Urteilen über Hegel von Lucien Herrs Hegel-Auffassung beeinflusst. Anm. d. Ü.

145 Vgl. R. Queneau, »Premières Confrontations

avec Hegel«, in: *Critique*, no 195–196, *Hommage à Georges Bataille*, Paris 1963, S. 694.

146 Vgl. die Fußnote in: Jaques Derrida, »Von der beschränkten zur allgemeinen Ökonomie. Ein rückloser Hegelianismus«, in: *Die Schrift und die Differenz*, dt. v. Rodolphe Gasché, Frankfurt am Main 1972, S. 384; und insb. Georges Didi-Huberman, *Formlose Ähnlichkeit oder die Fröhliche Wissenschaft des Visuellen*, dt. v. Markus Sedlaczek, München 2010, der diesen Spuren noch einmal in extenso nachgeht.

147 Queneau, op. cit., S. 696.

148 Da gibt es denjenigen, »der die *absolute* Zerrüttung auf sich nahm, derjenige, der *verrückt zu werden glaubte*; jener, der zwischen Wolff und Comte und *einem Heer an Professoren* in dem ländlichen Fest, das die Philosophie ist, sich keine Frage stellte, während *Kierkegaard, das Böse vor Augen, allein Fragen stellte*; derjenige, der *gegen Ende seines Lebens* [...] *seine Vorlesungen wiederholte und Karten spielte*; das *Bildnis des gealterten Hegel*, vor dem man wie *beim Lesen der Phänomenologie des Geistes* nicht umhin kann, *von dem eisigen Gefühl der Vollendung ergriffen zu sein*; endlich jener, der *kleinen komischen Rekapitulation.*« In: J. Derrida, *Die Schrift und die Differenz*, dt. v. Rodolphe Gasché, Frankfurt am Main, 1972, S. 383.

149 Bataille, »Hegel, der Tod und das Opfer«, in diesem Band.

150 Bataille, O. C. V, S. 348.

151 Bataille, O. C. VIII, S. 190.

152 Op. cit., S. 403.

153 Vgl. Derrida, op. cit., S. 382 f.

154 Hierzu ist anzumerken, dass Bataille die Begriffe Idealismus, idealistisch nicht streng philosophiegeschichtlich versteht, sondern mit ihnen fast ausschließlich den Gegensatz zu Materialismus, materialistisch bezeichnet.

155 G. Bataille, »Der niedere Materialismus und die Gnosis«, dt. v. Bernd Mattheus, in: Wolfgang Schulz (Hrsg.), *Dokumente der Gnosis*, München 1986, S. 8. Dass die Dialektik noch auf andere als nur philosophische Vorläufer zurückblickt, hat er später auch in seinem ersten Hegel-Essay betont und sich nicht gescheut, in diesem Zusammenhang »Phantome wie Meister Eckhard, den Kardinal Nikolaus von Kues oder Jakob Böhme« zu erwähnen, die gerade deshalb Vorläufer seien, weil ihre Lehren gelebten Erfahrungen entsprungen sind. Zu dieser Genealogie angeregt wurde Bataille zweifellos durch die Vorlesungen über Religionsphilosophie von Alexandre Koyré, der sich selbst auf Hegels Frühschriften stützte.

156 Wir nähern uns hier der in die Moderne transponierten Frage, die Parmenides in Platons gleichnamigem Dialog an Sokrates richtet. Cf. Fußnote 177.

157 Bataille, »Le cheval académique«, in: O. C. I, S. 159.

158 Ibid.

159 So hebt er ausdrücklich eine Parallele in der Evolution des Pferdes und der des Menschen hervor: wie dieses von schweren Dickhäutern abstamme so der Mensch vom Affen.

160 Cf. Didi-Huberman, der in seiner kenntnisreichen und tiefsinnigen Analyse der Beiträge

Batailles zur Zeitschrift *Documents* seinerseits Zweifel an Queneaus These angemeldet hat.

161 Der Text bringt Bataille einen Verweis von Pierre d'Espezel ein, der ihn zur Ordnung ruft und an den Geist des ersten Entwurfs der Zeitschrift erinnert. »[...] der Titel, den Sie für diese Zeitschrift gewählt haben«, schreibt er in einem Brief an Bataille, »[ist] nur noch insofern gerechtfertigt, als er uns Dokumente über Ihren Geisteszustand liefert.« Zit. nach D. Hollier, »La Valeur d'usage de l'impossible«, Vorwort zum Neudruck von *Documents*, Bd. I, S. XVII. Cf. auch Didi-Huberman, op. cit., S. 26; B. Mattheus, *Thanatographie I*, München 1984, S. 139 f.

162 Bataille, O. C., I., S. 160 f.

163 Op. cit., S. 161.

164 Ibid.

165 Ibid.

166 Gemeint ist der gleichnamige platonische Dialog.

167 Op. cit., S. 217.

168 Op. cit., S. 162.

169 Op. cit., S. 163.

170 Op. cit., S. 229.

171 Op. cit., S. 230.

172 Op. cit., S. 180.

173 Op. cit., S. 220.

174 Platon, *Parmenides*, in: *Sämtliche Dialoge*, Bd. 4, übers. u. erläutert v. Otto Appelt, Hamburg 1988, S. 57 f.

175 Bataille, »Der niedere Materialismus und die Gnosis«, op. cit., S. 14.

176 Zwar hat es einen gewissen Einfluss Heideggers auf Kojève gegeben; allerdings hat Pinard-Légry

(op. cit.) überzeugend nachgewiesen, dass Kojève lediglich einige Begriffe aus *Sein und Zeit* übernimmt, sie aber in der Regel in seinem eigenen Sinn versteht. Was Bataille betrifft, so kann man seiner Selbstaussage, Heidegger nur sehr unzulänglich gelesen zu haben, nicht widersprechen.

177 Vgl. Bataille, Queneau, »Kritik der Grundlagen der Hegel'schen Dialektik«, in diesem Band.

178 Ibid.

179 Der Brief ist in der Septembernummer der Zeitschrift abgedruckt worden.

180 Cf. Bataille, O. C. I, S. 625.

181 Queneau, op. cit., S. 697.

182 Kojève, op. cit., S. 9.

183 Erst in der zweiten Hälfte des 20. Jahrhunderts sollte Jaques D'Hondt das mit seinem Buch *Hegel in seiner Zeit. 1818–1831*, Berlin 1973, nachholen.

184 Hans Friedrich Fulda/Dieter Henrich, *Materialien zu Hegels »Phänomenologie des Geistes«*, Frankfurt am Main 1973, S. 26. Der Vergleich Kojèves mit einem Alchimisten entbehrt nicht der Pikanterie, hatte er doch seinerseits die Begründer des *Collège de Sociologie* 1937 als *Zauberlehrlinge* charakterisiert, weil ihm deren Projekt einer Soziologie des Sakralen suspekt war.

185 So Jacob Klein, ein Freund von Leo Strauss, über die französische Fassung von dessen Rezension eines Hobbes-Buches von Zbigniew Lubienski in den *Recherches philosophiques* 2, 1932–33. Cf. Andreas Hiepko, »Früchte einer Fernbeziehung«, in: L. Strauss / A. Kojève / F. Kittler, *Kunst des Schreibens*, Berlin 2009, S. 13 ff.

186 Der Ausdruck geht zweifellos auf Jacques D'Hondt zurück, verdankt seine Popularisierung jedoch den deutschen Rezensenten. In dem bereits zitierten Artikel schreibt D'Hondt: »So genießt Hegel beispielsweise bei den surrealistischen Dichtern und ihren Lesern [...] eine erstaunliche Popularität: Eine erstaunliche Hinwendung zu Hegel in einem sehr befremdlichen Milieu, die auf poetische Weise eine gewisse Sinnwidrigkeit in Hegel und einige triftige Interpretationssplitter zum Erklingen brachte. In dieser Ausbeutung Hegels triumphiert eine bewundernswerte Impertinenz. [...] Es ist aber vor allen Dingen André Breton, der sich mit diesem kostbaren Aushängeschild schmückt und in dadaistischer Ernsthaftigkeit die Hegel'schen Texte erklärte und kommentierte.« In: »Die populäre Hegel-Rezeption in Frankreich«, in: *Der französische Hegel*, op. cit., S. 25.

187 Queneau, op, cit, S. 694.

188 Als Hippolyte Taine den Wunsch äußerte, eine Dissertation über Hegels Logik zu schreiben, wurde ihm bedeutet, besser davon abzulassen, wenn er seine Karriere nicht aufs Spiel setzen wolle. Das gilt bis zu Beginn der dreißiger Jahre. 1931 schreibt Breton: »Unter Missachtung aller kulturellen Pflichten, die sie zu erfüllen vorgibt, findet es die französische Bourgeoisie einfacher, die Hegel'schen Werke dem Zugriff all derer zu entziehen, die sie durch Geld nicht kontrollieren kann.« *Le Surréalisme au service de la Révolution* Nr. 3, S. 1.

189 J. D'Hondt, »Die populäre Hegel-Rezeption«, op. cit., S. 23.

190 Eingeleitet wird das Zitat folgendermaßen: »Hegel hat den Irrtum auf den Begriff gebracht; er hat ihn systematisiert, ihn sozusagen ausformuliert, ausgesprochen, und zwar in einem einzigen Wort. Seine Formel steht über dem Eingang der Schule Satans, der nun die Nachahmer verhöhnt, damit sie ihn übertreffen.« Zit. n. Jean-Luc Nancy, *Die spekulative Anmerkung*, dt. v. Thomas Laugstien und Jörn Etzold, Zürich 2011, S. 35.

191 Vgl. J. D'Hondt, op. cit., V. Descombes, op. cit., die beide diesen Satz zitieren.

192 Patrice Vermeren, »Victor Cousins Hegel«, in: *Der französische Hegel*, op. cit., S. 43 ff.

193 Herr hatte in der *Grande Encyclopédie* geschrieben: »Es ist unbestreitbar, dass seine Lehre die triumphale Schnelligkeit ihres Erfolgs Preußen zu verdanken hat: sie war die offizielle, vorgeschriebene Lehre [...] Der autoritäre Monarchismus und Bürokratismus des restaurierten Preußen erschien ihm, wenn nicht als das vollkommene politische Regime, so doch als das Regime, das den aus seinem System resultierenden politischen Auffassungen am besten entsprach.« (*Grande Encyclopédie*, Bd. 19, S. 998) D'Hondt zeigt in *Hegel in seiner Zeit*, wie wenig die Darstellung von Lucien Herr den historischen und biografischen Fakten entspricht. Aber schon Kojève hatte damit aufgeräumt und das davon gänzlich verschiedene Bild eines sozialistischen oder revolutionären Hegels gezeichnet.

194 F. Fischbach, »Der französische Neo- und Anti-Hegelianismus als Quietismus«, in: *Der französische Hegel*, op. cit., S. 114 f. Die Bergson-Zitate

darin sind Domenico Losurdo, *Hegel et la catastrophe allemande*, Paris 1994, S. 111, entnommen.

195 Bataille, O. C. II, S. 51.

196 Darin sind sich die hauptsächlichen Interpreten dieser Epoche der französischen Philosophie, darunter Jacques D'Hondt, Jean-Luc Pinard-Legry und Vincent Descombes, einig.

197 Pinard-Legry, »Alexandre Kojève. Zur französischen Hegel-Rezeption«, in: Jürgen Sieß (Hrsg.), *Vermittler. Deutsch-französisches Jahrbuch 1*, Syndikat Autoren- und Verlagsgesellschaft, Frankfurt am Main 1981, S. 107.

198 Cf. Descombes, op. cit., S. 46.

199 Kojève, op. cit., S. 317.

200 Heißt es in *Sinn und Nicht*-Sinn. Zit. nach Descombes, op. cit., S. 19.

201 A. Kojève, *Hegel, Marx et le christianisme*, in: *Critique*, 1946, Nr. 2–3, S. 366.

202 Dazu cf. R. Bischof, »Der Sprung ist das Lachen des Tanzes. Versuch über das Nicht-Wissen«, in: A. R. Boelderl (Hrsg.), *Welt der Abgründe. Zu Georges Bataille*, Wien 2015.

203 Surya, op. cit., S. 222.

204 Zit. n. Surya, op. cit., S. 621.

205 A. Kojève, *Introduction* ..., op. cit., S. 151 f.

206 Op. cit., S. 153 ff.

207 D. Hollier (Hrsg.), *Das Collège de Sociologie*, op. cit., S. 69. Die wenigen veröffentlichten Reaktionen darauf zeigen, dass die Collégiens weniger dadurch skandalisiert wurden, dass Kojève suggerierte, Hegel habe in Napoleon den Vollender der Geschichte gesehen, als vielmehr dadurch, dass er, ohne auch nur einen Moment zu zögern, Napoleon durch Stalin ersetzte.

208 A. Kojève, *Überlebensformen*, hrsg. u. mit einem Nachwort v. Andreas Hiepko, Berlin 2007, S. 61 f.

209 Das geht aus den drei ersten Briefen aus den Jahren 1935/36 hervor. Cf. Bataille, Choix des lettres, op. cit.

210 *Das Collège de Sociologie*, op. cit., S. 69.

211 Dieser Begriff hat verschiedene Übersetzungen gefunden. Am geläufigsten sind die einer »Negativität ohne Verwendung« oder einer anwendungslosen beziehungsweise unbeschäftigten Negativität. Es ist aber durchaus auch möglich, von einer »Negativität außer Gebrauch« oder sogar von einer »arbeitslosen Negativität« zu sprechen.

212 Cf. Bischof, »Der Sprung ist das Lachen des Tanzes«, op. cit., S. 158.

213 Wie sich Kojève 1967 vor Berliner Studenten ausgedrückt hat.

214 »Bataille, Brief an X …«, in: D. Hollier, *Das Collège de Sociologie 1937–1939*, op. cit., S. 75.

215 Ibid.

216 J. Derrida, op. cit., S. 392 f.

217 »Brief an X«, op. cit, S. 77.

218 Op. cit., S. 78.

219 Op. cit., S. 76.

220 Cf. dazu insbesondere den Essay »Hegel, der Tod und das Opfer« in diesem Band.

221 Sein Biograf, Dominique Auffret, spricht von einer »merkwürdigen Distanz« zur Psychoanalyse, »nicht ohne Abwehr«. Zit. n. Hollier, op. cit., S. 63.

222 Und hier ist insbesondere das unreine oder linke Sakrale gemeint.

223 Bataille, »Brief an X«, op. cit., S. 77.

224 Im Abschnitt über »Die sinnliche Gewissheit oder das Diese und das Meinen«.
225 Hegel, op. cit., S. 73.
226 Op. cit., S. 335.
227 Ibid.
228 Op. cit., S. 151.
229 Bataille, *Innere Erfahrung*, op. cit., S. 151.
230 Bataille, O. C., VIII, S. 207.
231 Op. cit., S. 137.
232 Op. cit., S. 77.
233 Op. cit., S. 133.
234 Op. cit., S. 67.
235 G. Bataille, »Anziehung und Abstoßung«, op. cit.
236 Op. cit., S. 135.
237 Op. cit., S. 138
238 Ibid.
239 Ibid.
240 G. Bataille, *Choix de lettres 1917–1962*, hrsg. u. kommentiert v. Michel Surya, Paris 1997, S. 573.
241 Kojève, op. cit., S. 57.
242 *Das Collège de Sociologie*, op. cit., S. 137.
243 Ibid. Bataille hat die Anekdote bei Jean Wahl gefunden, der sie bereits in seinem Buch *La Conscience malheureuse dans la philosophie de Hegel* zitiert hatte.
244 Cf. Bataille, O. C., XII, S. 362.
245 Johannes Hoffmeister (Hrsg.), *Briefe von und an Hegel. Bd. 1: 1785–1812*, Felix Meiner-Verlag, Hamburg 1969, S. 314.
246 Angelika Pillen, »Foucault und der Versuch, Hegel zu entkommen«, in: *Der französische Hegel*. Op. cit., S. 182.
247 Cf. Bataille, *Die innere Erfahrung*, dt. und hg.

von Gerd Bergfleth, mit einem Nachwort von Maurice Blanchot, München 1999, S. 153.

248 Op. cit., S. 152

249 Ibid.

250 Surya, op. cit., S. 221.

251 *Innere Erfahrung*, op. cit., S. 155.

252 Hegel, op. cit. S. 18.

253 Hollier, »De l'au-delà de Hegel à l'absence de Nietzsche«, op. cit., S. 83.

254 G. Bataille, *L'Expérience intérieure*, O. C., V, 128 f. Dt.: *Die innere Erfahrung*, S. 152 f.

255 G. Bataille, »Nietzsche und der Kommunismus«, O. C., VIII, op. cit., S. 402. Dieser Text ist das erste Kapitel des vierten Teils der Souveränitätstheorie und wurde noch nicht auf Deutsch veröffentlicht.

256 Op. cit., S. 403.

257 Op. cit., S. 404.

258 Dieser Essay, der – aus welchen Gründen auch immer – in die *Œuvres complètes* nicht aufgenommen worden ist, wurde bereits 1978 auf Deutsch veröffentlicht. Cf. G. Bataille, *Die psychologische Struktur des Faschismus. Die Souveränität*, Elisabeth Lenk (Hrsg.), München 1978.

259 G. Bataille, »Hegel, der Mensch und die Geschichte«, in diesem Band.

260 Ibid.

261 Schon etwa zwei Seiten vorher schreibt er: »Bis jetzt habe ich mich eng an Hegel – und an Kojève – angelehnt. Nicht ohne mich zu fragen, ob die Abfolge der beschriebenen Momente auch die befriedigendste ist.« Die Frage, ob ein anderer als der von Hegel dargestellte Übergang vom Tier zum Menschen denkbar ist, beantwortet er

erst, nachdem er das Problem der Auffassung dieses Übergangs theoretisch behandelt hat.

262 Cf. Fußnote 17 in Batailles Essay.

263 Das Tier kennt keine Askese, sondern nur Fortpflanzungstrieb, Hunger und Durst.

264 Op. cit., S. 5.

265 Bataille, »Hegel, der Tod und das Opfer«, in diesem Band. O. C., XII, S. 333 f.

266 Beispielsweise in seinen Interventionen während der von der Unesco organisierten *VIIIes Rencontres Internationales de Genève* im September 1953. Cf. G. Bataille, *Die Aufgaben des Geistes. Gespräche und Interviews 1948–1961*, hrsg., übersetzt u. mit einem Vorwort v. R. Bischof, Berlin 2012, S. 141–158.

267 Tatsächlich hatte er das Manuskript wenige Tage vor dieser Schlacht auf dem Postweg an seinen Freund Niethammer nach Bamberg gesandt.

268 Es findet sich so auch in seinen späteren Texten nicht, weder in der Philosophie der Geschichte noch in der Geschichte der Philosophie.

269 Franck Fischbach, op. cit., S. 117. Weiter schreibt er: »Die Diagnose vom Ende der Geschichte wurde in gewisser Weise einstimmig angenommen, und die Fragezeichen knüpften sich allein daran zu wissen, ob man die Tatsache, in einer Epoche des Endes zu leben, als eine Chance oder als einen Fluch betrachten sollte.« Op. cit., S. 118.

270 So heißt es in einem Brief an den vietnamesischen Philosophen Tran-Duc-Thao: »Mein Werk hat nicht den Charakter einer historischen Studie, es kam mir kaum darauf an zu wissen, was Hegel in seinem Buch selber sagen wollte.« Thao antwortete, er würde sich persönlich mehr

für das interessieren, was Hegel selbst gesagt hat. Zit. in: Gwendoline Jarczyk/Pierre-Jean Labarrière, *De Hegel à Kojève. 150 ans de pensée hégélienne an France*, Paris 1994, S. 64.

271 Bataille, *Choix des lettres 1917–1962*, op. cit., S. 441.

272 Fischbach, op. cit., S. 120.

273 Kojève, op. cit., S. 41.

274 Sie fehlen charakteristischerweise in der deutschen Ausgabe, und damit ist auch, wie Jacob Taubes treffend bemerkte, Kojèves Witz gestrichen. Cf. J. Taubes, »Ästhetisierung der Wahrheit im Posthistoire«, in: A. Kojève, *Überlebensformen*, op. cit., S. 40.

275 Der Text, der einen von langen Exzerpten durchsetzten Kommentar zu dem Abschnitt IV/A der *Phänomenologie*: »Selbständigkeit und Unselbständigkeit des Selbstbewusstseins; Herrschaft und Knechtschaft« darstellt, ist bereits 1939 in der Zeitschrift *Mésures* erschienen.

276 Zit. nach J. Taubes, der in seinem Artikel »Ästhetisierung der Wahrheit im Posthistoire« die beiden in Fetschers Übersetzung fehlenden Fußnoten Kojèves zitiert hat. In: A. Kojève, *Überlebensformen*, op. cit., S. 41.

277 Op. cit., S. 42 f.

278 F. Fischbach, op. cit., S. 117.

279 So plötzlich, wie er sagt, kann ihm diese Eingebung aber nicht gekommen sein, da sie schon dem Vortrag vom 4. Dezember 1937 zugrunde lag. Damals hatte er Stalin als den Vollender der Geschichte gepriesen und damit die ausgewiesenen Stalingegner des *Collège de Sociologie* regelrecht vor den Kopf gestoßen.

280 Op. cit., S. 44.

281 Zit. n. Taubes, op. cit., S. 45.

282 Ibid. In der Fußnote zur zweiten Auflage heißt es dann darauf anspielend: »Zu der Zeit, als ich obige Fußnote verfasste (1946), schien mir die Rückkehr des Menschen zur Animalität als (übrigens mehr oder weniger bevorstehende) Zukunftsperspektive nicht undenkbar. Aber wenig später schon (1948) verstand ich, dass das Hegelsch-Marxsche Ende der Geschichte nicht mehr aussteht, sondern schon jetzt Gegenwart ist.« Op. cit., S. 43.

283 Nämlich mit »der ›Liquidation des Feudalismus‹ durch den Nichtadeligen Hideyoshi und der künstlichen Isolierung des Landes […] durch seinen adeligen Nachfolger Ieyasu.« Op. cit., S. 45 f.

284 Op. cit., S. 46 f.

285 Den Ausdruck »anhistorisch« hat Rainer Klemens Maurer in seinem Versuch über das Ende der Geschichte vorgeschlagen. Sein Buch *Hegel und das Ende der Geschichte*, Stuttgart 1965, ist knapp dreißig Jahre nach Kojèves Hegel-Vorlesungen erschienen und setzt sie voraus.

286 *Briefe von und an Hegel*, Bd. I, op. cit., S. 120.

287 Kojève, *Introduction à la lecture de Hegel*, op. cit., S. 153.

288 Das geht auch aus dem Vorschlag hervor, den er Goethe bei ihrer Begegnung in Erfurt gemacht hatte, nämlich: nach Paris zu kommen und dort für ihn einen Julius Caesar zu schreiben. In diesem Zusammenhang fiel der berühmte Satz: »Die Politik ist das Schicksal.«

289 Hegel, Werke, Bd. 12, S. 46.

290 Hegel, *Die Vernunft in der Geschichte. Vorlesun-*

gen über die Philosophie der Weltgeschichte, Bd. I, Hamburg 1955, S. 29.

291 Hegel, *Vorlesungen über die Philosophie der Geschichte*, Hamburg 1996, S. 69.

292 G. Bataille, *Die Höhlenbilder von Lascaux oder die Geburt der Kunst*, deutsch v. Karl Georg Hemmerich, Stuttgart 1986, S. 26.

293 So heißt es schon auf den ersten Seiten seiner Einleitung in die *Vorlesungen über die Philosophie der Geschichte.* Werke, Bd. 12.

294 Hegel *Werke*, Bd. 7, op. cit., S. 26.

295 Hegel, *Phänomenologie*, op. cit., S. 9/14.

296 Zit. n. Karl Rosenkranz, *G. W. F. Hegels Leben*, Darmstadt 1977, S. 214.

297 *Briefe von und an Hegel*, Bd. 3, Hamburg 1969.

298 Op. cit., S. 18 f.

299 Op. cit., S. 19.

300 Hegel, *Vorlesungen über die Philosophie der Geschichte*, Hoffmeister-Ausgabe, S. 414.

301 Dies hat sich in letzter Zeit beispielsweise in den Erinnerungen einiger Historiker an die siebziger Jahre und an eine theorieverliebte Jugend gezeigt.

302 Cf. Bouton, »Hegel, penseur de la fin de l'histoire«, in: Jocelyn Benoist/Fabio Merlini (Hrsg.), *Après la fin de l'histoire. Temps, monde, historicité*, Paris 1998.

303 K. Löwith, *Von Hegel zu Nietzsche. Der revolutionäre Bruch im Denken des 19. Jahrhunderts*, Stuttgart 1958, S. 53.

304 Löwith, op. cit., S. 54.

305 Hegel, *Phänomenologie*, op. cit., S. 6/11.

306 Brief vom 13. Dezember 1830, zit. n. Löwith, op. cit., S. 42.

307 Bataille, »Hegel, der Mensch und die Geschichte«, in diesem Band.

308 Kojève, »Die Romane der Weisheit«, op. cit., S. 15.

309 Op. cit., S. 25.

310 Op. cit., S. 11.

311 Op. cit., S. 21.

312 Op. cit., S. 23.

313 Ibid.

314 Offenbar glaubte er, dass Kojève lediglich Hegels Meinung wiedergäbe.

315 Die *Vorlesungen über die Ästhetik* fanden während der ganzen zwanziger Jahre des neunzehnten Jahrhunderts statt; parallel dazu hat Hegel mehrfach die *Philosophie der Religion* gelehrt, deren Gestalt sich mit jeder neuen Vorlesung verändert hat.

316 Hegel, *Vorlesungen über die Philosophie der Religion*, HW 16, Bd. 1, S. 12.

317 Hegel, *Enzyklopädie der philosophischen Wissenschaften*, Bd. 3, HW 10, S. 412.

318 Hegel, *Berliner Schriften 1818–1839*, HW 11, S. 258.

319 Hegel, *Vorlesungen über die Geschichte der Philosophie*, HW 18, S. 113.

320 In ihr ist von einem Sonntag des Lebens noch keine Rede.

321 Hegel, *Phänomenologie*, op. cit., S. 9/13.

322 Op. cit., S. 14 f./18.

323 Seine kritische Haltung gegenüber bestimmten Momenten von Kojèves Hegel-Interpretation hinderte ihn nicht, und das ist charakteristisch für Bataille, einige Jahre später – in der sich zuspitzenden Polemik mit Sartre über den Surrealismus –, Kojève zum größten lebenden Philosophen Frankreichs zu erklären.

324 G. Bataille, *Choix des Lettres 1917–1962*, hrsg. u. mit Anmerkungen v. Michel Surya, Paris 1997, S. 127.

325 Bataille, *Choix des lettres*, op. cit., S. 441.

326 Op. cit., S. 442.

327 Op. cit., S. 443

328 Op. cit., S. 442.

329 Ibid.

Dieses Buch erscheint im Rahmen
des Förderprogramms des Institut Français.

Erste Auflage Berlin 2018

Göhrener Str. 7 | 10437 Berlin
info@matthes-seitz-berlin.de
Hegel, la mort et le sacrifice
Hegel, l'homme et l'histoire
La critique des fondements de la dialectique hégélienne

Satz: psb, Berlin
Druck und Bindung: Art Druk, Szczecin
Umschlaggestaltung nach einer Idee von Pierre Faucheux
ISBN 978-3-95757-353-7
www.matthes-seitz-berlin.de